Resignation – Empörung – Zuversicht

Brigitte Dorst / Christiane Neuen / Wolfgang Teichert (Hg.)

Resignation – Empörung – Zuversicht

Psychotherapeutische und gesellschaftliche Aspekte

Mit einem Vorwort von Verena Kast
und Beiträgen von Linda Briendl, Stefan Büchi, Roland Heinzel, Wilhelm Heitmeyer, Michaela Kopp-Marx, Sylvia Kotting-Uhl, Geseko von Lüpke, Oskar Negt, Luzia Sutter Rehmann

Patmos Verlag

Veröffentlichungen der Internationalen Gesellschaft
für Tiefenpsychologie e. V. Stuttgart
Geschäftsstelle: Postfach 701080, D-81310 München

Diesen Band erhalten die Mitglieder der Gesellschaft als Dokumentation über ihre Arbeit. Der Gesellschaft gehören als Mitglieder an: Ärztinnen und Ärzte, Seelsorgerinnen und Seelsorger, Psychotherapeutinnen und Psychotherapeuten, Psychagoginnen und Psychagogen, Psychologinnen und Psychologen, Pädagoginnen und Pädagogen, Juristinnen und Juristen, Sozialarbeiterinnen und Sozialarbeiter, im Heilberuf Tätige. Das Thema der Jahrestagung 2012 war »Resignation – Empörung – Zuversicht. Psychotherapeutische und gesellschaftliche Aspekte«.
Die Vorträge wurden durch Kurse und Gruppenarbeit vertieft und ergänzt.

FSC www.fsc.org
MIX
Papier aus verantwortungsvollen Quellen
FSC® C014496

Für die Schwabenverlag AG ist Nachhaltigkeit ein wichtiger Maßstab ihres Handelns. Wir achten daher auf den Einsatz umweltschonender Ressourcen und Materialien. Dieses Buch wurde auf FSC®-zertifiziertem Papier gedruckt. FSC (Forest Stewardship Council®) ist eine nicht staatliche, gemeinnützige Organisation, die sich für eine ökologische und sozial verantwortliche Nutzung der Wälder unserer Erde einsetzt.

Bibliografische Information der Deutschen Nationalbibliothek
Die Deutsche Nationalbibliothek verzeichnet diese Publikation in der Deutschen Nationalbibliografie; detaillierte bibliografische Daten sind im Internet über http://dnb.d-nb.de abrufbar.

www.patmos.de

Umschlaggestaltung: Finken & Bumiller, Stuttgart
Umschlagabbildung: © thoffmann / photocase.com
Druck: GGP Media GmbH, Pößneck
Hergestellt in Deutschland
ISBN 978-3-8436-0433-8

Inhalt

Vorwort

Die Menschen scheinen heute mehr beunruhigt zu sein als in früheren Zeiten. Sozioökonomische und ökologische Verunsicherungen, verbunden mit einer tiefen, in vielen Lebensbereichen sich zeigenden Vertrauenskrise, lösen Gefühle der Hilflosigkeit aus. Angesichts von vielen Problemen, die man nicht wirklich versteht, die aber irgendwie zu bewältigen wären, kann man in Resignation verfallen: Wo anpacken? Wie? Und hat das alles überhaupt noch einen Sinn? Es gibt aktuell viel Resignation unter den Menschen. Das erklärt unter anderem auch, weshalb die kleinen Bändchen »Empört Euch!« und »Engagiert Euch!« von Stéphane Hessel geradezu einen Ruck in der Gesellschaft ausgelöst haben: Man könnte sich auch empören, sich engagieren! Sich empören, indem man nicht alles verloren gibt, sondern sieht, ausmacht, was »so« nicht geht, dass dafür neue Wege gefunden werden müssen, dass Kreativität gefordert ist und dass neue Wege realisiert werden müssen.

Als Resignierende – und zum Glück resignieren wir in der Regel ja nicht total und auch nicht in jeder Beziehung – fühlen wir uns in unserer Selbstwirksamkeit gelähmt, beschnitten und beschneiden uns in der Folge selber die Möglichkeiten, die wir hätten und haben. Menschen haben aber auch einen Gestaltungswillen. Er gehört zu unserer Grundausstattung. Wir wollen nicht einfach nur hinnehmen, sondern gestalten, unser Leben verbessern. In der Resignation ist der Gestaltungswille verdrängt, und dieser kann sich Bahn brechen in Empörung – meistens in einer Situation, in der das »Fass zum Überlaufen« gebracht wurde. Dann schießt die Empörung so richtig hoch in uns. Sind wir empört, empören wir uns, richten wir uns in unseren Körpern auf, abrupt und kraftvoll: Nichts mehr von der gebeugten Haltung in der Resignation!

Wir erleben Gefühle des Ärgers, des Zorns etwa angesichts von Ungerechtigkeit, und das gibt uns Antrieb und Motivation, der Empörung lautstark Ausdruck zu verleihen.

Empörung ist aber auch nicht immer hilfreich: Der Ausdruck der Empörung kann auch selbstgerecht sein. Die daraus erwachsenden Anforderungen an »die anderen« sind manchmal manipulativ – man möchte die anderen zwingen, das zu tun, was man selbst für richtig hält. Nicht selten versteckt man sich mit der Empörung in einer Gruppe, die anscheinend »gleich« fühlt. Manchmal verpufft die Empörung aber auch rasch – es hat genügt, dass man sich Luft verschafft hat.

Handlungsleitend zur Veränderung wird Empörung dann, wenn sie mit Zuversicht verbunden wird, Zuversicht verstanden als eine vom Vertrauen getragene Sicht auf die Zukunft. Vorstellungskraft ist dabei gefragt, ein Ziel, vielleicht auch eine Vision, und die Hoffnung und die Vorstellung, das Ziel auch zu erreichen. Zuversicht ist gespeist aus Liebe zum Leben, aus der Überzeugung, dass Situationen sich verändern, auch zum Besseren hin.

Gedankliches Mitläufertum in Resignation und fruchtloser Empörung verhindern aber die Vorstellungen des Besseren. Das Bessere ist möglich, nicht nur, weil wir uns bemühen, Ideen haben, wie den Missständen zu begegnen ist, sondern auch, weil es Emergenzen gibt, neue Ideen aufbrechen, die nicht vorhersagbar waren, weil wirklich Neues sich ereignen kann.

Neue Perspektiven können von einem erwartungsbereiten, nicht aber von einem resignierten Geist aufgenommen werden; sie können aufgenommen werden von Menschen, die wissen, was ihnen unaufgebbar wichtig ist, wofür ihr Herz letztlich schlägt. Und das braucht es: ein entschiedenes emotionales Wissen darum, was uns Menschen wichtig ist, was wir bewahren wollen, in welcher Welt wir leben wollen. Und an dieser Welt arbeiten wir alle; auf jeden und jede kommt es an.

In verschiedenen Vorträgen, die in diesem Band versammelt sind, haben Kolleginnen und Kollegen aus unterschiedlichen Fachrichtungen das Thema aufgenommen und aus ihrer Sicht beleuchtet. Es geht dabei um die Sensibilisierung der Dynamik in einem möglichen Prozess von der Resignation hin zur Zuversicht, um das Aufzeigen von Ansätzen dazu, die bereits bestehen und erprobt werden und die zeigen, dass mit der Resignation und auch mit der Empörung so umgegangen werden kann, dass Veränderung möglich ist – oder dass man zumindest besser weiß, wo man etwas lassen können muss und wo man auf Veränderung hoffen darf.

Verena Kast

Stefan Büchi

Herausforderung chronische Krankheit*

Von Chaos, Widerstand und Akzeptanz

Einleitung

Ich möchte Ihnen heute Einblick in eine Thematik geben, die mich seit rund zwanzig Jahren als klinischer Arzt und Forscher sehr beschäftigt und die ich als sehr relevant einstufe, da sie die meisten von uns wohl einmal persönlich und in Zukunft auch als Gesellschaft stark beschäftigen wird: die Herausforderung chronischer Krankheit.

In meinem Vortrag möchte ich Phasen der Verarbeitung der Krankheit beschreiben und insbesondere auf die Bedeutung von Sinnsuche vertieft eingehen. Die gelingende Sinnsuche ist äußerst zentral für eine gute Adaptation des chronisch kranken Individuums an seine Umwelt. Zum Schluss des Vortrags möchte ich die soziale Einbettung des Betroffenen beleuchten: Krankheit ist etwas, das immer in einen sozialen Kontext eingebunden ist. Vor allem die Angehörigen sind stark mitbetroffen und haben auch einen relevanten Einfluss auf den Verarbeitungsprozess. In diesem Zusammenhang möchte ich Ihnen den Begriff des dyadischen Copings, des gemeinsamen Umgangs von Paaren mit der Krankheit näherbringen. Mit aktuellen Forschungsarbeiten möchte ich Ihnen zudem aufzeigen, dass die innere Einstellung und die Bewertung der Situation von zentraler Bedeutung in Bezug auf Leiden sind. Dabei zeigt sich, dass eine Haltung von Akzeptanz im Sinne einer

* Der vorliegende Text ist eine redigierte Transkription des auf der Tagung frei gesprochenen Vortrags.

aktiven Resignation der Schlüssel zum gelingenden Umgang mit Krankheit und Verlust ist.

Chronische Krankheiten

Chronische Krankheiten sind in der Industriegesellschaft weit verbreitet und daher ein relevantes Thema. Gerade die aktuellen Entwicklungen in der Spitzenmedizin, wie beispielsweise im Bereich der Onkologie, der Transplantationsmedizin oder der Neonatologie, aber auch die ansteigende Zahl alter Menschen in unseren Ländern führen zu einer stetigen Zunahme von Personen, die mit einer dauernden, chronischen Behinderung leben müssen. Eine der größten Herausforderungen für das Gesundheitswesen in Industrienationen ist es, diese wachsende Zahl von Patienten mit chronischen Krankheiten möglichst gut zu betreuen. Wie aktuell diese Frage auch im gesellschaftlichen Kontext ist, zeigt die heutige Schlagzeile in der *Welt am Sonntag*, in der es heißt: »Deutschland kann sich die Pflege chronisch Kranker nicht mehr leisten.« Ich möchte mich in diesem Vortrag aber auf die Herausforderung für Individuen und ihre Angehörigen beschränken.

Chronische Krankheiten können nicht geheilt werden. Das Ziel der Medizin ist hier daher, Leiden zu lindern. Das Hauptinteresse der westlichen Medizin gilt der Heilung; sie will die vorhandenen gesundheitlichen Probleme verstehen, sie eliminieren und dem Menschen wieder Gesundheit ermöglichen. Im klinischen Alltag ist dies jedoch häufig nicht möglich; mehr als die Hälfte aller Arztkonsultationen beim Hausarzt betreffen chronisch wiederkehrende Probleme.

Das Erstaunliche ist, dass sich die Medizin, im Gegensatz zur Philosophie und Theologie, mit dieser zentralen Thematik nur wenig beschäftigt hat. Dies wird z. B. daran deutlich, dass man den Begriff Leiden in den medizinischen Datenbanken vergeblich sucht. Auch in vielen Lehrbüchern der Psychologie ist »Leiden« kein Stichwort. Die Auseinandersetzung mit Leiden in der medizinischen Literatur zeigt häufig eine vereinfachte Sichtweise, die Schmerz mit Leiden gleichsetzt. Ich möchte aufzeigen, dass der Schlüssel zum Verständnis von Leiden in der je individuellen Beziehung der Person zu ihrem Schmerz liegt, die ihr Leiden verständlich macht. Das Paradoxe ist, dass sich die Medizin wenig mit einer Thematik beschäftigt, die im Alltag zu einem immer wichtigeren Thema wird. Allein bei Google gab es am 1. Oktober 2012 insgesamt 223 Millionen Einträge zum Thema »suffering«.

Erfreulicherweise gibt es in der Schulmedizin aber auch Felder, etwa die Palliativmedizin, die sich umfassend mit dem Thema Leiden beschäftigen und sich um Wege eines für die medizinische Praxis hilfreichen Verständnisses bemühen. Aus meiner Sicht stammt eine der einfachsten und hilfreichsten Ansätze, Leiden zu definieren, von Prof. Cassel, einem Mediziner aus New York: Leiden ist ein schwerer Distresszustand, der im Zusammenhang mit einem drohenden Verlust der Intaktheit der Person steht.

Die Person steht im Zentrum von allem, was mit Leiden zu tun hat. Es geht also um den Zustand einer sehr unangenehmen Spannung, die dann entsteht, wenn die Person wahrnimmt, dass diese Intaktheit bedroht ist. Was ist nun diese Person? Als Mediziner werde ich mich hier phänomenologisch orientieren: Alles, was Teil des Selbstbildes sein kann, kann leidenswirksam werden.

In unserer Medizin herrscht Zeitknappheit, und es fehlen, wie bereits erwähnt, Theoriemodelle, um Leiden zu verstehen und mit ihm umzugehen. So haben Prof. Tom Sensky aus London und ich versucht, ein Instrument zu entwickeln, welches hilft, die Dimension der Person und ihres Leidens im klinischen Alltag abbildbar zu machen. Das Resultat ist das PRISM-Instrument (Abb. 1). Es besteht aus einer rechteckigen Metalltafel, die das Leben eines Menschen darstellt. Mit einem gelben Punkt in der rechten unteren Ecke wird die Person selbst repräsentiert. Des Weiteren wird eine kleine rote Scheibe eingeführt, die den Schmerz oder die Krankheit symbolisiert.

Abb. 1: PRISM (Pictorial Representation of Illness and Self Measure)

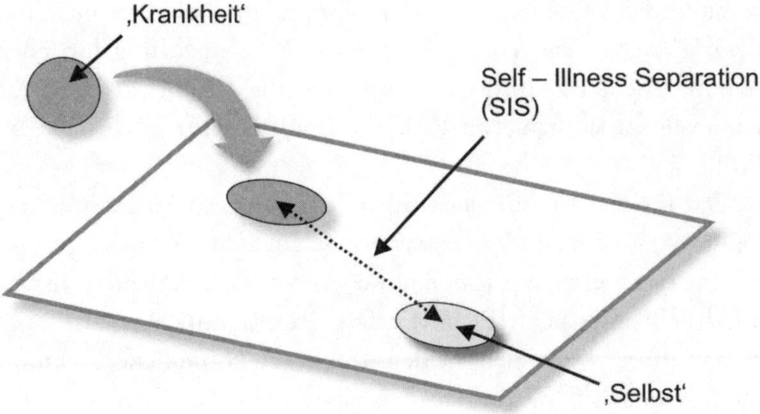

Die Bedeutung der Krankheit wird in folgender Weise erfragt: »Wenn das hier Ihre Krankheit ist, welchen Platz nimmt dieses Problem in Ihrem Leben ein?« Hat der Patient die Scheibe platziert, kann mit der Frage »Was bedeutet das für Sie?« die subjektive Bedeutung erfragt werden. Da diese Leidensdiagnostik in 5 Minuten problemlos umsetzbar ist, ermöglicht sie uns, in einfacher Weise die Person und das Thema Leiden in die Praxis der Schulmedizin einzubringen.

Wichtig für den klinischen Einsatz ist also, dass die untersuchte Person berichtet, was die Krankheit für sie bedeutet und welche Themen und Rollen für sie nun bedroht sind, etwa die Rolle als Ehefrau, als Mutter oder als Berufstätige. Hier geht es um sehr verschiedene, höchst persönliche Aspekte, die in ganz individueller Weise erfasst werden können. Das Interessante, was wir mit anfänglichem Erstaunen in unseren Forschungsarbeiten gefunden haben, ist, dass diese messbare Distanz der Person zu ihrem Problem in einem direkten Zusammenhang zum Ausmaß des Leidensdrucks steht: Je näher das Problem der Person ist, desto höher der Leidensdruck, desto stärker wird die Person durch die Krankheit verändert und desto wahrscheinlicher ist es, dass der Patient Aspekte seiner wichtigen sozialen Rollen eingebüßt hat. Ist die Distanz klein, nimmt der Patient wenig Kontrolle über seinen Zustand wahr, und das Problem ist zeitlich sehr präsent – der Patient ist mit dem Problem identifiziert: »Ich bin das Problem.« Im gelungenen therapeutischen Prozess können sowohl die Distanz als auch die Kontrolle zunehmen. Der Patient formuliert dann: »Ich habe ein Problem.«

Das PRISM-Instrument wird auf der ganzen Welt in Spitälern, Palliativstationen und Arztpraxen wie auch im Bereich der Forschung eingesetzt. Wir haben bisher etwa 50 000 Patienten wissenschaftlich untersucht. PRISM erfasst in erstaunlich präziser und zeitsensitiver Weise den Leidensdruck bei körperlichen, chronischen Krankheiten, aber auch beispielsweise bei Eltern, die ihr Kind verloren haben. Neuste Untersuchungen zeigen den erfolgreichen Einsatz zur Erfassung des Ausmaßes der Suizidalität in psychischen Krisen. Das Instrument wird im klinischen Alltag dann eingesetzt, wenn es gilt, die Dimension der Beziehung der Person zu ihrer Krankheit oder ihrem Hauptproblem besser zu verstehen.

Phasen

Nach dieser Einleitung möchte ich nun Phasen aufzeigen, welche die Patienten mit chronischer Krankheit häufig durchlaufen.

Die erste Phase im Umgang mit Krankheit ist häufig durch Chaos und Überforderung gekennzeichnet. Allein die Information, eine Krankheit zu haben – etwa Diabetes oder zu hohen Blutdruck –, kann eine schwere Krise auslösen. Hierzu möchte ich eine kurze Geschichte erzählen, die aufzeigen soll, dass ein Symptom erst durch die Zuschreibung einer Bedeutung sein Leidensgewicht erhält: Ein Patient wurde in die Uniklinik Zürich eingewiesen wegen Rückenschmerzen. Bei der Aufnahme war er davon überzeugt, dass der Grund seiner mittelstarken Rückenschmerzen ein sogenanntes Hebetrauma war – er hatte eine schwere Kiste gehoben und in der Folge akute Rückenschmerzen wahrgenommen. Auf die körperliche Untersuchung folgte eine computertomografische Untersuchung. Als ihm anschließend mitgeteilt wurde, dass die Ursache des Schmerzes eine Metastase seines vor drei Jahren behandelten Prostatakarzinoms sei, wurden die Schmerzen für den Patienten kaum mehr aushaltbar. In den nächsten Tagen blieben verschiedene Versuche, den Schmerz auch mit stärksten morphinhaltigen Medikamenten zu behandeln, völlig erfolglos. Der Kontrollverlust des Patienten konnte erst durch ein Gespräch, in welchem seine Situation mit PRISM visuell dargestellt wurde, gewandelt werden. Die Bildsprache des Instruments ermöglichte, dem Patienten in einfacher Weise Hoffnung zu vermitteln, dass sich seine Situation und sein Schmerz wieder verändern können. In der Folge verbesserte sich der Zustand des Patienten merklich, und die Schmerzmittel konnten wieder reduziert werden.

Nach einer Phase, die wie eben geschildert mit Chaos, Überforderung und einer Erschütterung des Selbstbildes einhergeht, erleben wir häufig eine Phase, die ich als Widerstand oder Sinnsuche bezeichnen möchte. Leiden löst beim Betroffenen je eigene Sinnsucheprozesse aus, die für die Neuorganisation der Person wichtig und hilfreich sind. Diese Prozesse unterscheiden sich stark von Person zu Person, abhängig von den persönlichen biographischen und genetischen Resilienzfaktoren. Ich glaube auch, dass wir die soziokulturellen Kontextfaktoren im Umgang mit Leiden nicht außer Acht lassen dürfen. In unserer wertepluralistischen Welt gibt es keine für den Betroffenen einfach greifbaren Antworten mehr auf die Frage nach dem Sinn von Leiden. So ist der einzelne Mensch viel stärker als noch vor 200 Jahren gefordert, diese Antworten selbstständig zu finden.

Wenn wir diese Sinnsuche empirisch untersuchen, können wir feststellen, das sie zwei Dimensionen hat: Zunächst beinhaltet sie das allen bekannte »Warum ich?«. Die meisten Menschen – rund 80 bis 90 % aller Betroffenen – beschäftigen sich zunächst intensiv mit dieser Frage. Wir können sagen, dass das Ausmaß dieser Warum-ich?-Frage nach etwa 6 bis 12 Monaten darauf schließen lässt, wie gut die Integration der Krankheit gelingt. Wenn die Warum-ich?-Frage nach 12 bis 24 Monaten noch ganz zentral ist, deutet dies darauf hin, dass die Integration der Krankheit ins Leben noch nicht vollständig geglückt ist.

Einige Zeit später kann bei vielen Patienten ein Sinnsucheprozess des »Wozu?« beobachtet werden, der eine Ausrichtung auf einen neuen Selbstwert bedeutet. Diese Thematik wurde in den letzten 15 Jahren gründlich unter dem Fachbegriff »posttraumatische Reifung« erforscht. Posttraumatische Reifung umfasst all das, was Menschen antworten, wenn sie nach ein oder zwei Jahren gefragt werden, ob das, was sie Schlimmes erlebt haben, auch etwas Positives zur Folge hatte. Diese Informationen können fünf großen Kategorien zugeordnet werden:

1. Intensivere Beziehungen zu Mitmenschen: In existenziellen Krisen erleben die Betroffenen, dass soziale Beziehungen persönlicher und tiefer werden. Viele schildern eine Zunahme der Qualität von Beziehungen, bei gleichzeitiger Abnahme der Quantität, d.h. es gibt weniger, dafür tiefere soziale Beziehungen.
2. Wertschätzung des Lebens: Durch den Verlust von Wichtigem wird das Vorhandensein des noch Verbleibenden mehr wertgeschätzt.
3. Persönliche Stärke: Durch die Erfahrung, Schlimmes zu überstehen, erleben manche Betroffene eine innere Sicherheit und Zuversicht, auch in zukünftigen Belastungssituationen bestehen zu können.
4. Religiöse Veränderungen: Die persönliche Welt- und Glaubenssicht kann sich wandeln. Unsere Untersuchungen in Zürich zeigten, dass religiöse Veränderungen viel seltener angesprochen wurden, als dies in Studien in den USA der Fall war.
5. Neue Lebensperspektiven: Manche erleben rückblickend den Verlust als eine Öffnung hin zu einer ganz neuen Perspektive auf das Leben.

Zusammenfassend kann man also sagen, dass Krankheit einen Prozess auslöst: Zunächst steht die kausale Warum-Frage im Zentrum: »Warum ich?«, die Frage nach der Ursache, später die Frage nach dem »Wozu?«, die eher positiv nach dem Sinn und Zweck der

Krankheit fragt und auf die Zukunft ausgerichtet ist. Diese zwei Dimensionen sind die Suchprozesse, die sich empirisch belegen lassen und von großer Bedeutung sind.

Ich möchte nun die Prozesse und ihre Folgen bei einer Patientin aufzeigen, der es gelungen ist, ihre Krankheit in einem positiven Sinne zu akzeptieren, und anschließend darstellen, warum bei rund etwa einem Viertel der Patientinnen und Patienten diese Integration schlecht gelingt. Zunächst zu der Patientin, die mich sehr beeindruckt hat. Ich habe sie im Rahmen eines Forschungsprojekts, das sich mit Leidensprozessen bei Autoimmunerkrankungen beschäftigte, kennen gelernt. Es handelte sich um eine jüngere Frau, etwa dreißig Jahre alt, und ich habe mit ihr ein längeres Gespräch geführt. Die Krankheit, unter der die Patientin litt, war Lupus erythematodes, eine Autoimmunerkrankung, welche die Gefäße aller Organe befallen kann und in den betroffenen Organen Entzündungsprozesse auslöst. Sie kann mit verschiedensten Symptomen wie Müdigkeit, Schmerzen oder Nierenproblemen einhergehen. Da eine Schwangerschaft den Krankheitsprozess häufig beschleunigt, wird jüngeren Frauen von den Ärzten in der Regel von einer Schwangerschaft abgeraten.

Im Gespräch mit dieser jungen Frau haben wir uns dafür interessiert, wie sich die Patientin vor der Erkrankung erlebt hatte. Das Interessante war, dass vor der Krankheit, also vor etwa zehn Jahren, das Wichtigste im Leben für sie der Ausgang war. »Ausgang« heißt in der Schweiz, mit Kolleginnen und Kollegen am Freitagabend auszugehen. Ich konnte das zunächst nicht so richtig nachvollziehen, erst später wurde klar, dass das in Zusammenhang mit ihrer kranken Mutter stand, die an Multipler Sklerose litt. Sie war die jüngste Tochter und musste für ihre Mutter sorgen, was für sie sehr belastend war. Sie hatte sich durch diese Krankheit zu Hause eingeschränkt und gebunden gefühlt, und so war Ausgang, das Wegsein von zu Hause zusammen mit ihren Freunden, ganz wichtig für sie. Sie war auch eine engagierte Schülerin. Als ihre Krankheit diagnostiziert wurde, und der Arzt ihr mitteilte, dass es das Beste wäre, wenn sie keine Kinder bekäme, reagierte die Patientin darauf sehr störrisch und sagte: »Ich mache genau das Gegenteil!« Sie heirate zwei Jahre später ihren Freund und bekam bald Kinder. Sie sagte: »Ich will unbedingt intensiv leben! Wenn ich sterbe, ist das eben so, aber jetzt lebe ich intensiv!«

Als ich sie mithilfe von PRISM fragte, wie sie sich zur Zeit selbst sehen würde, sagte sie: »Die Krankheit ist noch präsent, mit Müdigkeit, Schmerzen, aber es gibt wieder Raum für anderes.« Das Wichtigste für sie waren ihre beiden Kinder. Sie hatte zwei Kinder bekommen und hatte eine eigene Familie. Sie sagte: »Durch diese Krankheit bin ich auch sehr spirituell geworden.« Sie war jetzt engagiertes Kirchenmitglied, während sie vor ihrer Krankheit dem Glauben sehr distanziert gegenübergestanden hatte. Die Krankheit der Mutter belastete sie nach wie vor. Sie war immer noch stets bemüht, sich um sie zu kümmern. Freunde waren ihr wichtig; Ausgang, wegzukommen, war immer noch etwas, das sie brauchte.

Die Schattenseite ihres Lebensentwurfs der frühen Bindung und Elternschaft war, dass sie sich beruflich wenig entwickeln und ihr eigentliches Potenzial nicht ausschöpfen konnte. Sie hatte eine Teilzeitstelle in einem Beruf, der ihr nicht besonders viel Freude machte.

Diese Patientin betonte im Gespräch: »Für mich war die Krankheit tatsächlich die große Chance meines Lebens«, wobei sie darauf hinwies, dass sie jeden Tag darum ringt, die Krankheit zu akzeptieren, aber es gelinge ihr immer wieder und sie habe eigentlich eine sehr positive Einstellung dazu gefunden.

Akzeptanz

Wenn man sich nun fragt, was Akzeptanz meint, könnte man es vielleicht so verstehen: Die Krankheit wird zu etwas, das man nicht einfach nur weghaben will. Vielmehr entsteht in einem Prozess die Erkenntnis, dass die Krankheit ein Teil des Lebens ist, mit dem es sich lohnt, sich auseinanderzusetzen, und dass es in der eigenen Verantwortung liegt, mit dieser unerwünschten Krankheit sein

Leben zu gestalten. Das ist der entscheidende Schritt. Unsere Untersuchungen belegen: Solange Menschen es ablehnen, sich innerlich mit ihrer Krankheit zu beschäftigen, sind die Effekte der Patientenedukation sehr gering. Erst wenn innerlich eine Form von Annahme vollzogen wird, gelingt der Integrationsprozess.

Wenn wir die Lebensqualität von Patienten mit chronischer Krankheit untersuchen, wird deutlich, dass das Maß an Akzeptanz der wichtigste Prädiktor für gute Lebensqualität ist. Unter Akzeptanz wird wissenschaftlich die Bereitschaft verstanden, sich mit der Krankheit auseinanderzusetzen, anstatt eine nur abwehrende Haltung einzunehmen, und sich mit anderen Aspekten des Lebens, nämlich mit den eigenen Ressourcen und Aufgaben, zu beschäftigen. Mit den Worten Karl Jaspers' lässt sich sagen, dass diese Form von Akzeptanz eine »aktive Resignation« ist. Resignation im Sinne von: Es begleitet mich etwas, das ich nicht will, aber ich bin nicht passiv resigniert, indem ich mich einfach zurücklehne und das Unglück beklage. Nein, es ist ein aktives Ringen mit dem Problem, das mich lange begleiten wird.

Es ist glücklicherweise so, dass diese Form von Akzeptanz den meisten Menschen gelingt, und es sind sehr unterschiedliche Wege, die dazu notwendig sind. Wenn wir größere Patientengruppen anschauen – ich beziehe mich hier etwa auf eine Untersuchung bei chronischer Polyarthritis –, wird deutlich, dass die Krankheitsverläufe sehr unterschiedlich sind. Etwa 25 bis 30% aller Patienten mit chronischer Krankheit sind langfristig überfordert. Dies drückt sich in begleitenden Angst- und Depressionsstörungen aus. Wer zählt nun zu dieser Gruppe? Hier spielt sicherlich die biologische Prädisposition eine Rolle, d. h. es gibt eine Neigung, überfordert zu sein und/oder depressiv zu werden, die rein biologisch begründet ist.

Ich möchte an dieser Stelle aber auf die psychologische Dimension eingehen, die mit dem Zustand ungenügender Adaption zusammenhängt, und aufzeigen, wie in der kognitiven Psychologie dieses Thema erfasst wurde: mit dem Selbst-Schema. Man hat dazu untersucht, in welchem Zusammenhang die zentralen Überzeugungen zu Schmerz, Krankheit und Selbst stehen. Dabei konnte belegt werden, dass sich diese Konzepte bei Menschen, denen die Krankheitsintegration gut gelingt, deutlich unterscheiden. Umgekehrt findet sich bei Patienten mit schlechter Krankheitsadaption und vielen psychischen Symptomen eine Überlappung von Konzepten zur Person, von Schmerz und der Krankheit. Das Fallbeispiel eines Polyarthritis-Patienten soll das Modell belegen. Der sehr sensible Patient leidet unter einer schweren Depression. Den Körperschmerz schildert er als eine überwältigende Erfahrung, in welcher sich das rein körperliche Schmerzerleben mit alten Erinnerungen verbindet. Diese umfassen Kränkungen, Ohnmacht, Zurückweisungen durch Eltern, Geschwister und Lehrer. Es sind diese durch den erlebten Schmerz aktivierten Erinnerungen, die den Patienten lähmen. In unserem psychotherapeutischen Prozess versuchen wir, die verschiedenen Aspekte des erlebten Schmerzes zu differenzieren, um so die Möglichkeit zu einem adaptiveren Umgang mit der Krankheit zu schaffen.

Dyadisches Coping

Erst durch die Arbeiten von Prof. Guy Bodenmann aus Zürich wurde mir persönlich in den letzten Jahren bewusster, wie wichtig die Unterstützung durch Partner in Krankheits-Verarbeitungsprozessen ist. Unsere eigenen Untersuchungen bei ambulanten Krebspatienten zeigten auf, dass für 94% der Patienten der Partner die wichtigste Unterstützungsperson war; im Gegensatz dazu waren für die Angehörigen die Freunde die wichtigsten hilfreichen Personen. Das bedeutet, dass für Angehörige die Erweiterung des familiären Systems von großer Bedeutung ist, um selbst Hilfe zu bekommen. Wir haben uns anschließend auch mit den Ehebeziehungen der Krebspatienten beschäftigt. Es war für uns sehr eindrücklich, dass 37% der untersuchten 224 Paare davon überzeugt waren, dass die Krankheit die Ehebeziehung verbessert hatte; nur 4% der Paare schätzten die Krankheit für ihre Eheentwicklung als negativ ein. Bei denjenigen Paaren, bei denen bei Krankheitsausbruch ein guter Kontakt zwischen den Partnern bestand, führte die gemeinsam durchlittene Krankheit zu einer weiteren wertvollen Intensivierung der Beziehung.

Meiner Meinung nach sollten wir in Zukunft die Krankheit weniger als ein individuelles denn als ein systemisches Problem verstehen. Es ist ein familiäres System, das Leiden trägt, das mitleidet. Daher sollten die psychosozialen Unterstützungsangebote in Zukunft eine stärker systemische Perspektive erhalten als bisher. Prof. Bodenmann beschreibt das dyadische Coping bei Paaren als einen gemeinsamen Prozess. Krankheitsverarbeitung kann so als das gemeinsame Resultat von zwei oder mehr Menschen verstanden werden. Wir sollten das Mitleiden von Angehörigen stärker beachten. So zeigten unsere Untersuchungen bei ambulanten Krebspatienten, dass die Angehörigen unter stärkeren Angstsymptomen als die betroffenen Patienten litten.

Leiden und Hirnwellen

Das Hirn kann als ein Schwingungsorgan verstanden werden, über welches sich unterschiedliche Wellen in unterschiedlicher Frequenz Tag und Nacht in harmonischer Weise über das ganze Hirn ausbreiten. Seit etwa zehn Jahren wissen wir, dass sich Krankheitsbilder wie Depression, Parkinson, Zwang und Schmerz durch eine Störung dieser Hirnwellenausbreitung auszeichnen. An der Hirnoberfläche können wir jeweils im spezifischen Störungsgebiet eine erhöhte Schwingungsfrequenz erfassen, am Rande davon verlangsamte Schwingungen.

Mittels dieses Modells haben wir versucht, den Leidensdruck von Patienten mit Tinnitus zu erfassen. 50 Patienten wurden sehr gründlich mit verschiedensten psychometrischen Instrumenten untersucht. Dabei konnten mittels mathematischer Verfahren zwei zentrale Faktoren gefunden werden: einerseits der Leidensdruck, erfasst durch Fragen zur Beeinträchtigung im Alltag und mit

PRISM, andererseits die subjektive Lautstärke des Tinnitus. Es ist bemerkenswert, dass diese beiden Faktoren vollständig unabhängig voneinander sind – die subjektive Lautstärke des Tinnitus steht in keinem Zusammenhang zum erlebten Leidensdruck. Die Untersuchungen konnten diese beiden Faktoren nun auch als Hirnaktivitäten lokalisieren: Die angegebene Lautstärke korrelierte mit Veränderungen der Frequenzen im Bereich der Hörrinde; das Ausmaß des Leidensdruckes bildete sich als Veränderung der Schwingungen in der frontalen Hirnrinde ab. Diese ist u. a. für allgemeine Bewertungsprozesse zuständig. Das bedeutet, dass das Leiden der Patienten stärker durch die individuelle Bewertung des Tinnitus, weniger aber durch die Lautstärke des Tinnitus selbst bedingt ist.

Lassen Sie mich zum Schluss kommen: Es sind unsere Einstellungen im Umgang mit Problemen und Krankheiten, die über das Maß des Leidens entscheiden. Das Verhalten in Bezug zur chronischen Krankheit kann uns viel über den Umgang mit dem Unerwünschten und Unvermeidlichem in unserem Leben lehren. Der Kampf gegen nicht veränderbare Situationen kann uns verbittern, die Akzeptanz des Problems jedoch weiterführen. Akzeptanz verstanden als aktive Resignation meint nun gerade nicht passives Aushalten, sondern ein aktives Ringen um das richtige Leben, dies im Bewusstsein, dass sich das Unerwünschte nicht auflösen lässt. Akzeptanz beinhaltet die Bereitschaft, sich dem Unangenehmen zu stellen und gleichzeitig offen für das Leben zu sein. Diese Haltung kann uns zu einem Glück führen, welches Erasmus von Rotterdam in folgender Weise beschrieben hat:

> »Der Kern des Glücks – der sein zu wollen, der du bist.«

Linda Briendl

Kreativität als Ressource auf dem Lebensweg

Selbsterfahrung durch Träume, Bilder und Werke der Kunst

Während der Vorbereitung dieses Vortrags habe ich Ferien in Griechenland gemacht. Ich bin diesem Land und seinen Menschen schon lange in Zuneigung verbunden, und zwar mit all seinen Widersprüchen und Unvollkommenheiten. Wir wissen um die schwere ökonomische Krise, in der sich dieses Land befindet – sie ist in den Medien allgegenwärtig. Zu wenig wird darüber berichtet, was diese Krise für die Menschen bedeutet. Für mich war es wichtig, von den Griechen und Griechinnen zu hören, wie *sie* diese Situation erleben. Was ich in meinen Gesprächen erfahren habe, entsprach dem Titel dieser Tagung: Ich traf auf *Resignation*, die von Entmutigung zeugende Vorstellung, nicht mehr selbst darüber bestimmen zu können, wie das Leben weitergeht. Ich begegnete großer *Empörung* über die eigenen Politiker und darüber, wie wenig Verständnis vom Ausland den Menschen entgegengebracht werde. Den Griechinnen und Griechen geht es jetzt viel schlechter als noch vor zwei Jahren. Von den Hilfsgeldern aus Europa kommt bei den einfachen Menschen kaum etwas an. Im Gegenteil: Sie müssen höhere Steuern zahlen und Kürzungen von Lohn und Renten hinnehmen. 25 Prozent der Griechen sind arbeitslos, das Gesundheitssystem ist fast funktionsunfähig und es gibt hohe Verluste in der Tourismusbranche.

Eigentlich wäre das Grund genug, um zu resignieren und angstvoll in die Zukunft zu schauen. Was mich aber überrascht hat: In vielen Begegnungen war trotz allem eine große *Zuversicht* zu spüren, dass die Krise bewältigt werden könne. Immer wieder wurde ausgedrückt, das griechische Volk habe in seiner Geschichte schon viele Krisen überwunden. Eine ca. 40-jährige Frau sagte zu mir am

Ende eines Gespräches über die Krise: »Ich habe noch immer ein gutes Gefühl. Solange sich die Menschen bemühen und zuversichtlich sind, werden sich die Dinge wieder zum Besseren wenden. Das müssen sie einfach. So wie es abwärts geht, wird es auch wieder aufwärts gehen. Aber das liegt natürlich an uns.«

Die Schuldenkrise Griechenlands hat einen überraschenden Lichtblick kreiert: Seit einiger Zeit ist eine verstärkte künstlerische Aktivität als Antwort auf die nationale Identitätskrise festzustellen. Maler, Schriftstellerinnen, Musiker und Theatermacherinnen haben die Atmosphäre der Unsicherheit aufgegriffen und in ihre Kunst einfließen lassen (Donadio 2011). Die Mitarbeiterinnen und Mitarbeiter des Nationaltheaters in Athen haben zum Beispiel mit großem Einsatz trotz gestrichener Subventionen antike und neue Stücke unter dem Motto »Was ist unsere Heimat?« produziert. Und obwohl viele Besucher sich das Theaterticket buchstäblich vom Mund absparen müssen, sind die drei Bühnen ständig ausverkauft (Kedves 2012).

Sotiris Hatzakis, der Leiter des Theaters in Thessaloniki, sagt: »Wir haben lange genug über unser Elend geredet. Wir müssen jetzt kreativ sein. [...] Was wir sehen, ist eine [...] neue Welle der Ideen und der Kreativität von unten, eine neue Art von Bürgern. [...] Die Leute definieren einfach neu, was sie vom Leben wollen: Wenn schon ärmer leben, dann bitte mit mehr Qualität« (Strittmatter 2012) – ein Satz, wie er griechischer nicht sein könnte.

Wenn im Bewusstsein eine zu einseitige Ausrichtung entstanden ist, steigt aus dem Unbewussten eine schöpferische Kraft auf, die um einen Ausgleich bemüht ist. Diese Kompensation ist nicht nur ein individueller psychischer Vorgang, sondern sie wirkt genauso in der kollektiven Psyche. Die Erneuerung des kollektiven Bewusstseins beginnt in kleinen Gruppen und strahlt dann in die Gesellschaft aus. Ich habe dieses Beispiel an den Anfang meines Vortrags gestellt, um zu zeigen, dass Kreativität in schwierigen Zeiten zu einer Ressource werden kann – einer Kraftquelle, die Menschen stärkt und ihnen Mut macht, Wandlungsprozesse anzugehen.

Kreativität als Ressource

Kreativität ist eine starke Lebenskraft, mit der wir unser Leben gestalten und besser bewältigen können – eine Basiskompetenz, die wir immer weiter entwickeln sollten. Kreativität hat viele Gesichter. Wir sind alle auf unterschiedliche Weise kreativ, ob wir nun schreiben, malen, einen Garten gestalten, Kinder erziehen oder eine Tagung wie diese hier kreieren.

Wie Kreativität als Ressource auf dem individuellen Lebensweg von Menschen wirken kann, möchte ich Ihnen mit Hilfe von Träumen, Bildern und Werken der Kunst veranschaulichen. Und ich möchte mich an dieser Stelle herzlich bei allen Menschen bedanken, die mir erlaubt haben, Ihnen heute ihre Bilder zu zeigen.

Bilder sind die Sprache der Seele. Das bedeutet, dass wir in der Jung'schen Psychologie auf die Wirksamkeit der Bilder vertrauen. Nach C. G. Jung gibt es in unserer Psyche eine natürliche schöpferische Kraft, die zur Entwicklung eines inneren Gleichgewichts tendiert und zur Selbstwerdung anregt. Impulse dazu werden durch Träume und andere innere Bilder aus dem Unbewussten an uns herangetragen. Durch die Auseinandersetzung mit diesen schöpferischen Botschaften unserer Seele können Selbstheilungskräfte wirksam werden.

Im Wort »Lebensweg« wird ausgedrückt, wie wir unser Dasein erleben: als einen Weg, den es vom Anfang bis zum Ende zu gehen gilt. »Weg, Reise, Gang« – das wurde im Althochdeutschen durch das Wort »sinh« ausgedrückt (www.duden.de). Das Wort »Sinn«, wie wir es heute gebrauchen, geht auf diesen Wortstamm zurück. Sinn und Bedeutung zu suchen, ist ein wichtiger Teil unseres Lebensweges. Der Vorstellung aus der Kinderzeit, es würde einem im Leben alles gelingen, wenn man es nur gut genug macht, stehen bald einmal die Erfahrungen entgegen, dass unsere Pläne und Erwartungen durchkreuzt werden. Wir werden vom Leben in Frage gestellt. Die Frage nach dem Sinn taucht auf – und an den Grenzen unserer Möglichkeiten auch die resignierte Feststellung: Das hat doch alles keinen Sinn.

Künstlerinnen und Künstler verfügen über ein Bewusstsein, das gegenüber dem persönlichen und dem kollektiven Unbewussten offener ist als das normale Tagesbewusstsein. Sie haben die Fähigkeit, grundlegende Wahrheiten des menschlichen Lebens zu erfassen und sichtbar zu machen. Ein äußeres Bild kann auch in uns innere Bilder entstehen lassen und zu eigenen Gedanken und Gefühlen inspirieren. Ich lasse deshalb bei der Besprechung jedes Bildes etwas Raum, damit Sie Ihren eigenen Empfindungen nachgehen können. (Die im Vortrag gezeigten Bilder, die von Patientinnen stammen, können im Tagungsband leider nicht veröffentlicht werden, weil dazu keine Abdruckgenehmigungen vorliegen.)

Bild von Paul Klee: *woher? wo? wohin?*

Was uns bei diesem Bild unmittelbar anspricht, sind die intensiven Blautöne, in die der mit dünnen Linien gezeichnete Mensch eingebettet ist, die aber auch ein Teil seiner selbst sind. Blau ist die Farbe der Sehnsucht, des Geistigen – sie wirkt geheimnisvoll. Kandinsky sieht in Blau »die Vertiefungsfarbe« (Riedel 1999, S. 62), sie führt zum eigenen Zentrum hin. Dieser Eindruck wird in Klees Bild verstärkt durch den leichten Knick im runden Kopf des Menschen, der sowohl nach links rückwärts als auch nach innen gewendet ist. Die Augen sind geschlossen. Ein rotbrauner Grundton schimmert überall im Bild durch das Blau hindurch. Es ist die Farbe der Erde, die die vitale Energie unseres Körpers symbolisiert.

Paul Klee hat dieses Bild 1940 gemalt, kurz vor seinem Tod – dass neben dem Element der Ruhe und der Versunkenheit durchaus Resignation zum Ausdruck kommen kann, ist nachvollziehbar, und doch: Die nach rechts gerichteten Füße zeigen etwas anderes: eine Bewegung, welche eine Zuwendung zur Welt verdeutlicht, mehr aber noch das Streben nach Erkenntnis und Bewusstsein. Der Titel dieses Bildes lautet entsprechend: »woher? wo? wohin?« – Fragen, die uns mit dem Sinn unseres Lebens verbinden. In diesem Bild sind Kräfte und Tendenzen unseres Lebens vereint, die zwar gegensätzlich sind, einander aber auch ergänzen: Körper und Geist, Regression und Progression, Bewusstsein und Unbewusstes,

Resignation und Zuversicht. Wenn Gegensätze wie hier in ein Bild gefasst werden können, wird psychische Energie frei, die dazu beiträgt, das Leben zu meistern. Trotz seiner schweren Hauterkrankung, die seine Beweglichkeit zunehmend einschränkte, hat Paul Klee in den letzten Jahren seines Lebens ein enormes künstlerisches Werk geschaffen.

Abb. 1: Paul Klee: woher? wo? wohin?, 1940

Aquarell, Rötel und Kreide auf Papier auf Karton, 29,7 × 20,8 cm, Privatsammlung

»Bild ist Seele« – die Wirksamkeit der Bilder in der Jung'schen Psychologie

Unser schöpferisches Potenzial zeigt sich durch innere Bilder, wie sie in Träumen, Fantasien oder Vorstellungen erscheinen. Innere Bilder bestimmen unser Denken, Fühlen und Handeln. Schon C. G. Jung betonte, wie heilsam es sei, die Bilder unserer Seele bewusst wahrzunehmen und auszudrücken, weil sie wichtige Ressourcen für unsere persönliche Entwicklung darstellen. Er hat als Erster die Bedeutung der schöpferischen Prozesse für das psychische Gleichgewicht entdeckt.

In den letzten Jahren wurde auch von der Hirnforschung die Wirkkraft der inneren Bilder nachgewiesen. Durch die Erfahrungen, die wir in der Beziehung zu anderen Menschen machen, entstehen Selbstbilder, Menschenbilder und Weltbilder. Dabei wird als Erfahrung nicht nur gespeichert, was man in der jeweiligen Situation erlebt hat, sondern auch das, was man gefühlt hat. Unsere Reaktionen und Bewertungen werden durch die neuronalen Verschaltungsmuster gelenkt, die dabei entstehen. Damit im Gehirn neue Verschaltungen und das heißt neue innere Bilder entstehen können, müssen die emotionalen Zentren aktiviert werden. Daraus ergibt sich, dass Gefühle maßgeblich an allen Veränderungsprozessen beteiligt sein müssen (Hüther 2004).

Ziel einer Jung'schen Psychotherapie ist es, Menschen dabei zu unterstützen, ihr kreatives Potenzial zu entwickeln und die eigenen Ressourcen besser zu nutzen. Wer in die Therapie kommt, ist oft erstarrt und versteinert von den Versuchen, das Leben in der einmal erworbenen Anpassungsform zu meistern. Die Möglichkeiten zur Lösung der Probleme sind erschöpft, der Patient oder die Patientin hat keine Verbindung zum schöpferischen Potenzial des Unbewussten.

Resignation: das Bild von der Felswand

Dieses Bild brachte mir eine damals 54-jährige Frau – ich nenne sie Marie – zu Beginn in die Analyse. Es sei ein inneres Bild, das sie veranlasst habe, eine Therapie zu machen. Sie erlebe sich selbst als resigniert und depressiv verstimmt. Sie klebe an einem Felsvorsprung und könne sich kaum noch bewegen. Um sich aus dieser Lage zu befreien, brauche sie jemanden, der sie nach oben hinaufziehe. Ich antwortete ihr, es gäbe wohl kaum jemanden, der so viel Kraft habe, sie in freiem Zug da hinaufzuziehen (meine eigene Erfahrung als Bergsteigerin kam mir da zur Hilfe; ich weiß, dass es nicht möglich ist). Ich hätte eher die Idee, sie sorgfältig gesichert und Schritt für Schritt auf den Talboden zurückzubringen.

In Bewegungslosigkeit an einem Ort verharren zu müssen, führt zu Resignation. Ausgelöst wird dieses Gefühl, wenn wir ein Ziel mit all unseren Mitteln nicht erreichen können. Im Fall von Marie war es ihr lebenslanger Wunsch, von den Eltern endlich die ersehnte Anerkennung und Liebe zu bekommen. Das Streben danach führte zu überhöhten Ansprüchen an sich selbst.

Die graue Felswand dominiert in diesem Bild, verschwindend klein ist die Person darin. Die Betonung der Farbe Grau in einem Leben könne – so Ingrid Riedel – darauf hinweisen, dass jemand in der Kindheit nicht realisieren durfte, dass die Mutter sowohl böse wie auch gut sein kann. Um diese Erfahrung zu vermeiden, passe sich das Kind immer wieder an. Die damit verbundene Aggressionshemmung wirke sich häufig als »graues Lebensgefühl«, oft auch als Depression aus (Riedel 1999, S. 193).

Hinter der Resignation verbirgt sich die verlorengegangene Lebendigkeit; diese gilt es wiederzuentdecken. Dabei hilft es, im Bild nach Ressourcen zu suchen. Ausgleichend wirkt etwa die grüne Wiese auf dem Felsbalkon, auf dem Marie steht. Auch der Talboden zeigt ein saftiges Hellgrün, das zum Ausruhen einlädt. Dunkelgrüne Bäume gruppieren sich fast schon zu einem kleinen Wald, der Schutz und Geborgenheit verheißt. Das sind sichtbare Zeichen, die Zuversicht vermitteln. Im Gespräch stellte sich heraus, dass Marie sich am wohlsten in der freien Natur fühlte. Das wurde dann auch eine wichtige Ressource für sie, um Kraft zu tanken. Marie war sehr sensibel, aber sehr darauf bedacht, stark zu wirken. Durch die extreme Haltung, keine Gefühle zeigen zu wollen, war sie von anderen Menschen, aber auch von ihrer eigenen Gefühlswelt abgeschnitten. Es war dann auch unsere Hauptarbeit in der Therapie, sie aus der Verstiegenheit ihrer Vorstellungen, wie perfekt und großartig sie sein müsse, um geliebt zu werden, auf den grünen Boden der realen menschlichen Möglichkeiten zurückzubringen. Die Kapitulation bis hin zur Selbstaufgabe ist die eine Seite der Resignation, Nachdenklichkeit, Innehalten und Einsicht in die eigene Lage zu gewinnen die andere.

Unsere Seele besteht gemäß Jung nicht nur aus dem Bewusstsein, sondern auch aus dem Unbewussten, einem Bereich, den wir nicht ohne Weiteres wahrnehmen können. Äußere Faktoren und das Bewusstsein bestimmen unser Handeln. Der weitaus größere Teil unseres Verhaltens wird aber von den Wünschen, Erwartungen, Gefühlen und Konflikten aus dem Unbewussten gesteuert. Je mehr wir über diese unbekannte Seite in uns wissen, desto mehr Möglichkeiten haben wir zur Verfügung, kreativ mit unserem Leben umzugehen (Briendl 2008, S. 37).

Der Traum ist in der Jung'schen Psychologie der wichtigste Zugang zum Unbewussten. Ein Traum, den Marie kurze Zeit später hatte, spiegelt den unbewussten Gegensatz zu ihrer bewussten Lebenshaltung wider. Sie zündet im Traum ihr Elternhaus an und schaut zu, wie es lichterloh brennt. Dann hilft sie beim Löschen, und das Haus kann gerettet werden. Bei der Diskussion darüber, wer der Brandstifter sei, diskutiert Marie auch mit. Sie fragt sich aber, welche Antworten sie bei einem Verhör wohl geben würde. Und sie fragt sich auch, ob ihr Drang, Feuer zu legen, krankhaft sei. Sie beschließt dann im Traum, ihre Therapeutin danach zu fragen.

Marie sagt, sie habe sich beim Anzünden des Hauses sehr lebendig gefühlt, dann aber Angst vor der Aufdeckung bekommen. In der Realität muss sie zu diesem Zeitpunkt empört abwehren, dass sie zu einer so aggressiven Tat überhaupt fähig sei. Und doch wird in diesem Traum eine Auflehnung gegen die bestehenden Verhältnisse spürbar. Ihre Aufgabe war es nun, zwischen der strengen Kontrolle ihres Verhaltens im Bewusstsein und ihrer großen Wut im Unbewussten einen mittleren Weg zu finden. »Empörungsfähig« zu werden und darüber zu reflektieren, war ein erster Schritt zur Veränderung.

Wenn sich das Ich im gesunden Gleichgewicht befindet, hat es an Bewusstsein und Unbewusstem in einer dynamischen Wechselwirkung gleichermaßen teil. Jede einseitige Betonung eines Pols dagegen rächt sich: Das psychische System gerät aus dem Gleichgewicht, und das Unbewusste versucht, diese Einseitigkeit durch Traum-Symbole oder Fantasiebilder auszugleichen, notfalls aber auch durch Symbole, die in Form von neurotischen Störungen, körperlichen Symptomen oder den schweren psychischen Störungen einer Psychose auftauchen können (Briendl 2003, S. 24f.).

Empörung: die schwarzen Quader

Im Folgenden geht es um das Bild einer damals 30-jährigen Frau – ich nenne sie Joanna –, die wegen einer schweren Scheidungskrise in die Therapie kam. Sie konnte oft nicht ausdrücken, was gefühlsmäßig in ihr vorging, wich wortgewandt auf Sachfragen aus oder verstummte völlig. Wir kommunizierten in dieser Zeit viel über die Bilder, die sie gemalt hatte. Auf diese Weise wurden ihre Gefühle erkennbar, die sie sich im Bewusstsein nicht zugestand.

Auf dem Bild ist Joanna den auf sie herabstürzenden schwarzen Quadern ausgeliefert. Genauso, sagt sie, verdunkelten ihr die depressiven Nörgeleien ihres Mannes die Farben ihres Lebens. Wie ein Kind in sich zusammengekauert sitzt sie auf dem grauen Boden, der wie Beton wirkt. So wie sie hautnah von der Schwärze berührt wird, so wurde auch Joanna von dunklen Stimmungen »überfallen«, die sie aber im Bewusstsein heftig abwehrte. Die zum Malen benutzte Wachskreide muss mit energischem Druck geführt worden sein – zeigt sich hier vielleicht der Beginn einer Empörung und Auflehnung? Die Farben, die sich im Hintergrund zeigen, lassen dies vermuten – vor allem das energische Rot, das sichtbar wird.

Indem man die inneren Bilder sichtbar macht, finden die Malenden nicht nur Zugang zu ihren eigenen Gefühlen, sondern darüber hinaus wird ihre ganze Persönlichkeit wichtig genommen.

C. G. Jung hat diese Überzeugung einmal in dem Satz »In creation you are created» (zit. nach Kast 2007b, S. 32) zusammengefasst und damit ausgedrückt, dass im bildnerischen Gestalten viele Parallelen und Verbindungen zur Selbstgestaltung liegen.

Durch das Malen werden die inneren Bilder konkret, sie werden wirklich, und das heißt, sie wirken (Briendl 2008, S. 46). Dementsprechend äußerte Joanna, das Malen helfe ihr, ihre Situation überhaupt auszuhalten. Sie malte eine längere Serie von »Chaos-Bildern«, in denen sich ihre Empörung in explosiver Form zeigte. Empörung ist eine Kraft, die gestaltet werden muss. Diese Aufgabe wurde durch einen Traum angeregt.

Das Bild vom Luchs

Den folgenden Traum hat Joanna auf ihrem Bild dargestellt:

Sie befindet zu Hause bei ihren Eltern. Es ist früh am Morgen und sie liegt noch im Bett. Das Telefon klingelt, doch als sie abnimmt, hört sie nur ein wiederholtes Räuspern. Sie fragt mehrfach, wer da sei. Ihr Vater kommt ins Zimmer und will wissen, wer sie anruft. Sie antwortet mit einem Schulterzucken. Schließlich meldet sich eine heisere französische Männerstimme, die nach ihr fragt. Sie fragt zurück: »Qui êtes vous?« Ihr Vater will inzwischen eindringlich wissen, wer da anruft und was überhaupt los ist. Sie ärgert sich und ist empört darüber, dass er sich einmischt. Verärgert bedeutet sie ihm, dass sie nicht gestört werden will. Schließlich sagt der Mann am Telefon, seine Mutter habe ein Buch mit dem Titel »Über dir schwebt der Schatten des Luchses« geschrieben. Das würde sich auf ihn beziehen: Er sei derjenige, über dem der Schatten des Luchses schwebe.

Zum ersten Mal war Joanna daran interessiert, herauszufinden, was dieser Ruf aus dem Inneren zu bedeuten habe. Es würde den Rahmen dieses Vortrags sprengen, den Traum zu interpretieren. Ich beschränke mich daher auf die im Bild sichtbaren Symbole.

Das Schwarz des vorherigen Bildes hat Form angenommen: Es ist der Luchs, der links übergroß aus den Tiefen des Unbewussten auftaucht – eine imposante Figur voll Vitalität, wie der reale Luchs, dem man einen sicheren Instinkt und einen durchdringenden Blick bescheinigt. In der Symbolik der Jung'schen Psychologie kann dieser »Tierbräutigam«, der auch etwas vom »geheimnisvollen Fremden« hat, als Erscheinungsform des Animus, des männlichen Teils der eigenen Psyche, betrachtet werden. Joanna fand den Gedanken, dass der Luchs ein Teil von ihr sei, spannend, aber auch Angst machend. Ihre Aufgabe war es, über das rote Telefon, das unten links im Bild zu sehen ist, mit der vitalen Kraft in sich selbst Verbindung aufzunehmen, statt diese auf ihre vielen männlichen Partner zu projizieren. Rot ist die Lebensfarbe an sich: Es ist die Farbe unseres Blutes, wodurch sie uns mit Liebe und Leidenschaft, Opfer und Tod verbindet. Über Farbsymbolik und die psychologische Wirkung der Farben haben Ingrid Riedel und Christa Henzler ja umfassend geschrieben (Riedel 1999; Riedel/Henzler 2008).

Im Gegensatz zum roten Telefon richtet sich ein roter Pfeil in einer aggressiven Form gegen die Figur des Vaters, der sie in ihrem Interesse für den geheimnisvollen Mann immer wieder stört. Joanna war eine sogenannte Vatertochter, sie identifizierte sich stark mit den Werten der Väter. Wie der Vater konnte sie wesentliche Themen in der Analyse durch wortreiches Intellektualisieren »umschiffen«. Dem Luchs auf dem Bild fehlen noch die Augen. Seine schemenhafte Erscheinung kann zunächst als Ankündigung verstanden werden, dass dieser instinktive Naturgeist in Joanna als eigene Kraft belebt werden sollte.

Unbewusste Inhalte werden auf Symbole projiziert und über sie ans Bewusstsein vermittelt. Wenn die Bedeutung der Symbole erarbeitet und erkannt wird, kann diese Projektion zurückgenommen und die psychischen Inhalte in den bewussten Teil der Seele integriert werden, wo sie das Ich erweitern und bereichern

Malen aktiviert die Selbstheilungskräfte

»Das Schöpferische ist das, was schlussendlich heilt«, sagt Verena Kast (2007c) und drückt damit aus, dass wir durch das Malen und

Gestalten mit den selbstheilenden Kräften in uns in Kontakt kommen. Beim Malen wirken unsere fantasievollen, intellektuellen und handwerklichen Fähigkeiten zusammen, was ein Gefühl von Selbstwirksamkeit in uns entstehen lässt.

Eine grundlegende Wirkung des Malens ist die, dass durch den Gestaltungsprozess Gefühle erlebt, belebt oder verändert werden können. Neben der Freude können auch Gefühle wie Trauer, Wut oder Scham auftauchen. Bewusstwerdung kann unangenehm sein; Heilung ist eben auch mit Schmerzen verbunden. Ein Mensch, der seine eigenen Emotionen besser wahrnehmen will, wird früher oder später dem Kind begegnen, das er einmal war (Briendl 2008, S. 89). In der Sprache der Bilder kommen die Stimme des Kindes und die Stimme des Erwachsenen im Dialog zusammen. Es kann natürlich Situationen geben, wo man beim Malen bedrohliche Gefühle erlebt, von Ängsten oder großer Trauer überschwemmt wird. Dann empfehle ich sehr, sich in diesem Prozess therapeutisch begleiten zu lassen!

Bild von der überwältigenden Empörung

Das folgende Bild wurde mir einmal vor langer Zeit von einer Teilnehmerin meiner Seminare überlassen. Über die Malerin oder die Bedeutung des Bildes weiß ich nicht viel. Von Anfang an hat mich die Ausdruckskraft dieses Bildes sehr beeindruckt. Beim Zusammenstellen der Bilder für diesen Vortrag fiel mir auf, dass dieses Bild auch mit Resignation, Empörung und Zuversicht in Beziehung gebracht werden kann: Auf einem grauen Hintergrund überdeckt eine ziemlich aggressiv wirkende rote Wolke ein schwarzes Etwas, das wie ein Krake aussieht. Kraken sind im Meer lebende, sehr bewegliche Tiere. Bei Gefahr stoßen sie ein dunkles Sekret aus und verbergen sich hinter dieser dunklen Wolke vor Angreifern. Das lässt sich mit dem Bedürfnis in Verbindung bringen, sich zu schützen und nicht in seiner wahren Gestalt zu zeigen (Meier-Seethaler 2012).

Wegen seiner Weite, Größe und Tiefe wird das Meer in der Jung'schen Psychologie als Symbol des Unbewussten betrachtet. Es versinnbildlicht unerschöpfliche Lebenskraft, symbolisiert aber auch das Gegenteil, indem es etwa im Dunkeln verborgene Gestalten enthält, die für einen Menschen bedrohlich sein können. Dieses krakenähnliche Wesen könnte sich also in der unbewussten Seelentiefe der Malerin befinden. In der Tiefe findet sich aber auch ein Schatz, wie das Bild deutlich macht: In der Krake eingeschlossen ist ein schöpferisches Potenzial, das sich in bunten Farben zeigt: Rot, Grün, Blau, Gelb – eingerahmt von Violett. Eingeschlossen in der Resignation ist also eine Ressource, die es mit der Resignation und der Empörung aufnehmen könnte: die vielfarbige Zuversicht.

Gefühle machen vielen Menschen Angst. Um von ihnen nicht überwältigt zu werden, nehmen sie die extreme Haltung von »Keine Gefühle zeigen!« ein und sind dadurch vom Reichtum ihrer Gefühlswelt abgeschnitten Wenn wir meinen, uns von Schmerz oder Resignation abschneiden zu können, dann blockieren wir gleichzeitig unsere Empfindungen von Freude oder Zuversicht.

Ich möchte nochmals kurz zu der feuerroten Wolke zurückkehren, die viel Raum auf dem Bild einnimmt. Ähnlich prägen auch stark energetisch aufgeladene Komplexe die Gefühlswelt eines Menschen. In den negativ geprägten Komplexen sind die schwierigen Beziehungserfahrungen unserer Kindheit gespeichert, die als verinnerlichte Muster im Unbewussten bestehen bleiben. Sobald ein Komplexthema berührt wird, reagieren wir mit den Gefühlen, die aus den früheren schmerzhaften Episoden unseres Lebens stammen. So kann z. B. ein Mensch immer mit Empörung auf die Anforderungen der Umwelt reagieren, sobald ihm eine Situation ähnlich vorkommt wie die ursprüngliche Verletzung. Wenn die konstellierten Komplexe nicht bewusst gemacht werden, kann das zu vielfältigen Konflikten mit den Menschen unserer Umgebung führen, weil wir unsere alten Erfahrungen auf sie projizieren.

Möglicherweise fühlte sich die Malerin dieses Bildes der darin sichtbar gewordenen Bedeutung nicht gewachsen und wollte es deshalb nicht mitnehmen. Ich weiß natürlich nicht, ob meine Interpretation überhaupt stimmt. In einer Therapie müsste man der Frage nachgehen: »Was muss verändert werden?« Dabei gilt es, sowohl die zugrundeliegende Verletztheit und Resignation aufzuspüren als auch die Kraft zu erleben, die in der Empörung enthalten ist. Empörung allein löst keine Probleme. Erst wenn es gelingt, sich in kleinen Schritten diesem Gefühl zu nähern und zu lernen, es in konstruktiver Form auszudrücken, kann Empörung zu einer hilfreichen Energie werden, die Vertrauen in die eigene Selbstwirksamkeit vermittelt.

Der Weg aus der Resignation kann lang und schwierig sein. Das möchte ich Ihnen anhand von zwei Bildern veranschaulichen, zwischen denen eine längere Zeit der therapeutischen Arbeit liegt – besser gesagt: eine sehr lange Zeit. Ich möchte nicht den Eindruck erwecken, durch Malen könnten Wunderheilungen möglich werden.

Das Bild von der Wunde

Eine damals 36-jährige Frau – ich nenne sie Mona – wollte mit diesem Bild ihre Resignation darüber ausdrücken, dass die Menschen in ihrer Umgebung immer wieder in ihrer Wunde herumstocherten. Einerseits fühlte sie sich diesen Verletzungen ausgeliefert, andererseits reagierte sie aber auch mit Empörung, wenn sie sich verletzt fühlte. Mona kam wegen erheblicher Konflikte mit ihrem beruflichen und privaten Umfeld in die Therapie. Der Blick nach innen war zu diesem Zeitpunkt von großer Angst überschattet. Wenn sie einmal in einer Stunde etwas offener über sich selbst gesprochen hatte, wurde sie nachher durch eine zynische innere Stimme verspottet. Indem sie die Wut gegen sich selbst richtete, stocherte sie sehr destruktiv in ihrer eigenen Wunde herum.

Hintergrund für dieses Verhalten bildete ein frühkindliches Trauma: Monas Zwillingsschwester war bald nach der Geburt gestorben. Die Ereignisse um Krankheit und Tod der Schwester waren wohl dafür verantwortlich, dass Mona in dieser Zeit zu wenig Zuwendung erhalten hatte. Sie reagierte zunehmend mit Bewegungsstereotypien und aggressiven Durchbrüchen. Die eher hilflosen Reaktionen der Eltern darauf sorgten dafür, dass ihre weiteren Entwicklungsschritte ebenfalls beeinträchtigt wurden.

Zum Bild: In einer kargen, schwarzbraunen Umgebung befindet sich eine Menschengruppe, die wie Krieger um eine rote Fläche herumstehen und mit ihren Speeren hineinstechen. Es herrscht eine bedrohliche, düstere Stimmung. Das Rot der Wunde ist die Farbe der lebendigen Gefühle, die verletzt sind. Es dauerte bei der Arbeit am Bild in der Therapie eine ganze Weile, bis wir uns darauf einigen konnten, dass es wichtig wäre, die Krieger zu einem geordneten Rückzug zu bewegen.

Mona hatte zuerst große Mühe mit dem Malen. Ihre Angst, nicht zu genügen oder sich bloßzustellen, blockierte ihre schöpferischen Fähigkeiten. Durch das Interesse an ihren Träumen bekam sie aber nach und nach Mut, sich auf das Gestalten einzulassen. Indem sie regelmäßig malte, verschwanden der Leistungsdruck und die abwertenden Bemerkungen. Das führte mit der Zeit zu einer völlig neuen Art, sich bildnerisch auszudrücken.

Das Bild vom Bär

Dieses Bild hat Mona nach einem Traum gemalt: Sie kommt in einen Garten. Die Pflanzen müssen gegossen werden. Sie nimmt den Schlauch, steckt den Feinzerstäuber auf und beginnt mit dem Gießen. Als sie in der Mitte des Gartens einen Bärenkäfig bemerkt, fängt sie an, auch den Bären nasszuspritzen. Der Bär ist zunächst verwundert, genießt es dann aber sichtlich und richtet sich auf, damit auch sein Bauch Wasser abbekommt. Mona erschrickt zunächst darüber, dass er so groß ist. Je länger sie ihn jedoch anschaut, desto mehr überwiegt die Faszination, sodass sie den Bären nicht mehr so bedrohlich findet. Jemand öffnet die Käfigtür. Der Bär kommt heraus, hoch aufgerichtet. Wieder bekommt sie zunächst Angst, merkt aber, dass es kein bösartiger Bär ist, sondern ein freundlich-liebevolles Tier. Vorsichtshalber bleibt sie aber auf Abstand. Im Traum gibt es noch eine Zoologie-Studentin, die mit dem Bären vertraut ist. Nachdem der Bär einen Rundgang durch den Garten gemacht hat, kehrt er zufrieden wieder in seinen Käfig zurück. Mona möchte, dass dies dem Bären auch in Zukunft möglich ist.

Für mich ist dieses Bild ein Bild der Zuversicht: In Monas Seelengarten befindet sich ein kraftvolles Tiersymbol, mit dem sie auf spielerische Weise Kontakt aufnehmen kann. Die »Bärenkräfte« können gut gehandhabt werden. Das Wasser als Symbol des Gefühls wird sorgfältig für die Pflege der Pflanzen, aber auch für den Bären angepasst. Die Zoologie-Studentin, die als Teil ihrer Persönlichkeit betrachtet werden kann, kennt den Bären und weiß, wie sie mit ihm umgehen muss.

Erstmals kam etwas Natürliches und Positives in Monas Träume, was sie damals allerdings noch nicht wahrnehmen konnte. Ein so intensives üppiges Grün, wie es auf dem Bild dargestellt ist, verbinden wir mit Wachstum, Entwicklung und der Erneuerung des Lebens im Frühling (Riedel 1999, S. 106). Grün verkörpert den stärksten Aspekt des Lebens: unsere Verbundenheit mit der Natur, einer Kraft, die sich immer wieder erneuert und von der auch wir durchströmt sind.

Der Bär verkörpert eine kraftvolle und ursprüngliche Lebendigkeit. In der Mythologie und im Kult vieler Völker spielen Bären eine wichtige Rolle. In der Farbe Braun des Bärenfells drückt sich die archetypische Gestalt der »Mutter Erde« aus. Als Symbol für die fürsorgliche Mutter hilft der Teddybär Kindern, Angst zu lindern und sie in Zeiten der Einsamkeit zu trösten. Dieser Aspekt war für Mona besonders wichtig: Sie kaufte nur für sich selbst einen Teddybären, der für sie lange Zeit ein Symbol für Ruhe und Geborgenheit war.

Am Ende unserer gemeinsamen Arbeit haben wir Monas Bilder nochmals betrachtet und den Entwicklungsprozess nachvollzogen, der darin sichtbar wurde. Mona betonte, dass das Gespräch in der Therapie für sie zwar immer wichtig gewesen sei. Es seien aber die Bilder gewesen, durch die für sie ganz andere Erkenntnisse möglich wurden, die sie nicht missen wolle. Was in den Bildern sichtbar wird, verändert die innere und äußere Wahrnehmung oft unmittelbarer, als mit Worten erreicht werden kann.

Verena Kast hebt die enge Verbindung zwischen Bild und Gefühl hervor: »Emotionen verändern unsere Bilder, Bilder verändern aber auch unsere Emotionen. Nicht nur kann das Unbewußte unsere bewußte Stimmung verändern, wir können über bewußtes Wahrnehmen und die Konzentration auf Bilder auch unser Unbewußtes verändern. Das ist von außerordentlich großer Bedeutung für die Therapie, wenn wir bedenken, daß es die Bilder von der Realität sind, die uns ängstigen, die uns beeinträchtigen oder die uns Schwung geben und weniger die Realität an sich« (Kast 1986, S. 82).

Durch die Arbeit mit den Bildern und Träumen haben Marie, Joanna und Mona ihre eigenen Gefühle besser kennengelernt. Darunter waren auch Gefühle, die manchmal schwer auszuhalten waren – auch für mich. Auch mich befiel manchmal Resignation, wenn Marie mir wieder einmal ihre hohen Idealvorstellungen von sich selbst schilderte, Empörung, wenn Joanna wieder ihr patriarchales Frauenbild vertrat, und Ärger, wenn die unterdrückte Wut von Mona uns wieder in eine spannungsvolle Situation gebracht hatte. Die Frage, wie man trotz einer brüchigen Basis, trotz Minderwertigkeits- und Schuldgefühlen zu einem vertrauensvollen Leben kommen kann, hat sich immer wieder einmal gestellt.

Das Selbst als schöpferisches Prinzip

Was mich in solchen Momenten gestärkt hat, war mein Vertrauen in die schöpferischen Kräfte, die in jedem Menschen angelegt sind und darauf warten, entdeckt zu werden. Dazu beigetragen haben aber auch die Bilder, die meine Patientinnen malten und die als drittes Element in das therapeutische Gespräch einbezogen und miteinander geteilt werden konnten. In diesen Bildern tauchten neben vielen anderen Bedeutungen immer auch Zeichen der Zuversicht auf. Das wurde von den Frauen anfänglich mit Skepsis aufgenommen, denn diese Zeichen standen ja im Gegensatz zu ihrer bewussten Einstellung. Nach und nach wuchs aber das Vertrauen in die schöpferische Kraft des Unbewussten und damit das Vertrauen in die eigenen Ressourcen. Die Bilder wurden dabei zur

Brücke zwischen dem Bewusstsein und dem Unbewussten. Das brachte zunehmend Freude und Begeisterung in unsere Arbeit.

Bild von C. G. Jung: Der Stern aus dem Chaos

Jung erlebte sein eigenes Malen als inspirierend: »Wann immer ich in meinem späteren Leben stecken blieb, malte ich ein Bild oder bearbeitete Steine, und immer war das ein rite d'entrée [= Eröffnungsvorgang, Übergangsritual L.B.] für nachfolgende Gedanken und Arbeiten« (Jung 2007, S. 178). Jung hat dieses Bild in seinem Aufsatz *Über Mandalasymbolik* veröffentlicht. Für ihn symbolisiert es »das Erscheinen des Selbst als Stern aus dem Chaos. Die Vierstrahligkeit wird durch die vier Farben unterstrichen. Bedeutsam ist dieses Bild dadurch, dass es die Struktur des Selbst als eine Ordnung gegenüber dem Chaos hinstellt« (GW Bd. 9/I, § 683).

Abb. 2: C. G. Jung: Das Erscheinen des Selbst als Stern aus dem Chaos

Nach C. G. Jung wirkt in jedem Menschen ein sich selbst organisierendes schöpferisches Prinzip, das sogenannte »Selbst«. Im Selbst ist der ganze Mensch angelegt, so wie er ursprünglich gemeint ist, ähnlich wie ein Baum, in dessen Früchten der ganze zukünftige Baum als Entwurf schon vorhanden ist. Aus einer Kastanie wächst keine Eiche, und aus einer Eichel wird kein Kastanienbaum. Wie sich der Baum dann individuell entfaltet, hängt davon ab, wie der Boden beschaffen ist, in den der Samen fällt, wie das Klima des Standortes ist, ob das Wachstum des Baumes beschnitten wird usw. (Kast 2007a, S. 10). »Individuation« nannte C. G. Jung den psychischen Reifungsprozess, der die individuelle Entfaltung unserer Persönlichkeit zum Ziel hat.

Das Selbst als Zentrum der Persönlichkeit sendet immer wieder schöpferische Impulse, die wie Wegweiser auf dem Lebensweg wirken können. Sie werden in inneren Bildern, Träumen und Fantasien an das Bewusstsein herangetragen. Achtsam damit umzugehen, was in uns lebendig werden will, stärkt das Selbstwertgefühl. Indem wir die Werte kennen und schätzen, die wir in uns tragen, haben wir eine Ressource für unser Leben zur Verfügung, auf die wir uns verlassen können (Briendl 2008, S. 157).

Der Weg zur Selbstfindung besteht aber nicht nur darin, alle unsere gegensätzlichen Persönlichkeitsanteile zu integrieren, sondern es gilt auch, in dialogische Auseinandersetzung mit der Umgebung, in der wir leben, zu treten. Vertrauen in sich selbst zu gewinnen, bedeutet immer auch, mehr Vertrauen zu anderen Menschen zu bekommen.

Trauer, Rückzug, Resignation und Einsamkeit gehören zum Leben, ebenso wie Wut, Empörung und Ärger. Zuversicht hilft, Zeiten der Resignation als Möglichkeit zu nutzen, Einsicht in die eigene Lage zu bekommen. Zuversicht hilft auch, die Kraft der Empörung produktiv im Leben umzusetzen. Und es ist die Zuversicht, die hilft, darauf zu vertrauen, dass viel mehr in unserem Leben eine tiefere Bedeutung hat, als wir zunächst annehmen. In den fernöstlichen Traditionen spricht man in diesem Zusammenhang von der »zuversichtlichen Ungewissheit« (Olvedi 1988, S. 79), eine Einstellung, die nicht leicht zu erreichen ist, die wir aber auf dem Weg durch das Leben immer wieder von Neuem einüben sollten.

Der Weg zu den schöpferischen Quellen ist ein weiter Weg. Es ist der Weg zu unseren angeborenen Talenten und Begabungen, die immer schon da waren und darauf warten, entdeckt und entwickelt zu werden. *Dieser Prozess verleiht unserem Leben Sinn.* Ziel dieser lebenslangen Suche ist es, so vollständig wie möglich zu werden (Briendl 2008, S. 160). C. G. Jung betont dabei, dass das keineswegs bedeutet, sich an der Wunschvorstellung der Vollkommenheit zu orientieren: »Niemand ist vollkommen [...]. Niemand kann es sein. Es ist eine Illusion. Das einzige, was wir tun können, ist, bescheiden danach zu streben, uns selbst zu erfüllen und möglichst vollständige menschliche Wesen zu werden, und das ist schon anstrengend genug« (Jung 1975, S. 142).

Literatur

Briendl, Linda (2003): Die Wiederbeheimatung in der Welt der Gefühle. Kreativität als Ausdruck von Emotionen. In: I. Riedel / H. Emrich (Hg.): Im Farbenkreis der Emotionen. Festschrift für Verena Kast zum 60. Geburtstag. Königshausen & Neumann, Würzburg, S. 22-29.

Briendl, L. (2008): Bilder als Sprache der Seele. Sich selbst entdecken durch Malen und Gestalten. Patmos, Düsseldorf.

Donadio, R. (2011): Greece's big dept drama is a muse for its artists. In: The New York Times, 14.10.2011.

Hüther, G. (2004): Die Macht der inneren Bilder. Wie Visionen das Gehirn, den Menschen und die Welt verändern. Vandenhoeck & Ruprecht, Göttingen.

Jung, C. G. (1971ff.): Gesammelte Werke (= GW). 20 Bände. Hg. von L. Jung-Merker / E. Rüf / L. Zander u. a. Walter, Olten.

Jung, C. G. (1975): Über Grundlagen der Analytischen Psychologie. Die Tavistock Lectures 1935. S. Fischer, Frankfurt am Main.

Jung, C. G. (2007): Erinnerungen, Träume, Gedanken von C. G. Jung. Aufgezeichnet und herausgegeben von Aniela Jaffé. 15. Aufl. Sonderausgabe. Walter, Düsseldorf.

Kast, V. (1986): Die Bedeutung der Symbole im therapeutischen Prozess. In: H. Barz / V. Kast / F. Nager: Heilung und Wandlung. C. G. Jung und die Medizin. Artemis, Zürich/München.

Kast, V. (2007a): Die Dynamik der Symbole. Grundlagen der Jungschen Psychotherapie. Patmos, Düsseldorf.

Kast, V. (2007b): Die Tiefenpsychologie nach C. G. Jung. Kreuz, Stuttgart.

Kast, V. (2007c): Vorlesung am C. G. Jung-Institut, Zürich, 2.2.2007.

Kedves, A. (2012): »Verprügelt Griechenland nicht!« Interview mit Yannis Houvardas. In: Tages-Anzeiger Zürich vom 4.5.2012, S. 29.

Meier-Seethaler, C. (2012): »Krake«. www.symbolonline.de.

Olvedi, U. (1988): Wir sind alle ganz normale Mystiker. Pfeiffer, München.

Riedel, I. (1999): Farben in Religion, Gesellschaft, Kunst und Psychotherapie. Völlig überarb., erw. und neu gestaltete Fassung. Kreuz, Stuttgart.

Riedel, I. / Henzler, C. (2008): Malen in der Gruppe. Modelle für die therapeutische Arbeit mit Symbolen. Kreuz, Stuttgart.

Shamdasani, S. (2010): Das Rote Buch. Text im Führer durch die Ausstellung im Museum Rietberg, Zürich.

Strittmatter, K. (2012): Wir sehen Leute, die noch nie im Theater waren. Interview mit Sotiris Hatzakis. In: Tages-Anzeiger Zürich vom 4.5.2012, S. 29.

Roland Heinzel

Resignationen und Zuversichten – vier unterschiedliche Geschwister!

Vorbemerkung: Trotz der kurzen Vorbereitungszeit hatte ich mich bereiterklärt, für den ausgefallenen Hauptvortrag einzuspringen, weil die Thematik »Zuversicht« und vor allem die Wechselwirkungen zwischen psychischen und gesellschaftlich-ökonomischen Faktoren im Brennpunkt meiner Interessen sind. Sie waren auch die Motivation für mein Buch »Die Wiederentdeckung der Zuversicht« (Heinzel 2008), das Herrn Teichert auf meine Spur brachte.

I. Vertrauensverlust und Burnout in der Finanzkrise

Vertraue auf Allah
und binde dein Kamel an.

Dieses arabische Sprichwort gefällt mir besser als der Lenin zugeschriebene Satz »Vertrauen ist gut, Kontrolle ist besser« (auch wenn er wahrscheinlich nur das russische Sprichwort »Vertraue, aber prüfe nach« zitiert hat). Vertrauen und doch kontrollieren? Uns werden bei dieser Thematik noch öfter solche (scheinbaren?) Widersprüche begegnen. Schon der Titel meines Vortrags klingt ja etwas kryptisch.

Seit einigen Jahren erlebe ich, dass bei immer mehr von meinen Patienten als Auslöser und Ursache ihrer Symptome und psychischen Krankheiten neben frühkindlichen Defiziten und unbewussten Konflikten auch massive Belastungen, Bedrohungen und Beschädigungen von außen, vor allem durch Arbeitsmarkt und Wirtschaft, zu erkennen sind. Deshalb interessiere ich mich seit etlichen Jahren auch für gesellschaftliche und ökonomische Fragen.

Bekanntlich gibt es fließende Übergänge von »normaler« Erschöpfung, Resignation und Rückzug über reaktive Depression bis hin zur schweren neurotischen Depression. Beim Begriff Burn-out (Freudenberger et al. 1974/1982) liegt der Schwerpunkt auf äußeren Faktoren, vor allem in der Arbeitswelt, die mit innerpsychischen Faktoren ineinandergreifen. Dazu passt es, dass auch der Mainstream der Psychoanalyse und Psychotherapie spätestens seit den 90er Jahren die individuelle Betrachtungsweise durch einen intersubjektiven Bezugsrahmen erweitert hat.

Inzwischen ist es von *Ärzteblatt* und neuropsychiatrischen Zeitschriften bis zur *Tagesschau* vorgedrungen, dass psychische Erkrankungen bei den Frühberentungen mit ca. 40 % an erster Stelle stehen. In der *Singener Wochenzeitung* stand am 24.10.2012, es habe bei den psychischen Erkrankungen allein seit letztem Jahr einen Anstieg um 21 % gegeben. In einem Leitartikel der Zeitschrift *neuro aktuell* wird Helmut Nauheim, Leiter des Bereiches Gesundheitsservice bei der TK, zitiert: »Psychische Erkrankungen wie beispielsweise depressive Störungen und Suchterkrankungen haben in den letzten beiden Jahrzehnten zugenommen und werden vermutlich weiter zunehmen. [...] Dank Mobiltelefon und Notebook sind wir mittlerweile rund um die Uhr und an fast jedem Ort erreichbar, was an den Beschäftigten nicht spurlos vorbeigeht« (zitiert in: Huhn 2011). *DER SPIEGEL* titelte: »Volkskrankheit Burnout: Wie Erschöpfung die Volkswirtschaft schwächt« (24.1.2011). Aber solche Sätze sind verräterisch. Eigentlich müsste es heißen: »Wie die Volkswirtschaft die Menschen erschöpft«!

Aber auch von Wirtschaftsfachleuten, z. B. von einem Freund von uns, der Professor für Volkswirtschaft ist, höre ich inzwischen nachdenkliche Töne, z. B. dass die Börse wohl zur Hälfte aus Psychologie bestehe. Das Hauptproblem soll jetzt der Verlust von Vertrauen sein – vor allem das Vertrauen der Banken untereinander! Aber es ist schon befremdlich, wenn man immer nur hört, wir (also die Bürger und die Politiker) müssten »das Vertrauen der Märkte wiedergewinnen« – dabei müssten doch diese Märkte *unser* Vertrauen wiedergewinnen! Zum Glück stammen Worte wie »Heuschrecken« und »Raubtier-Kapitalismus« nicht von Linksradikalen, sondern von seriösen Politikern (Stiglitz 2004).

Immer mehr psychische Symptome bei den Bürgern – *Bürger* sind wir alle, weil wir am Schluss für alles *bürgen* müssen! Wie kann man da noch von Zuversicht reden? Muss man sich nicht eher empören? Oder eher resignieren und depressiv werden? Man hat allerdings festgestellt, dass die Gefahr eines Arbeitslosen, an einer Depression zu erkranken, signifikant geringer ist, je mehr er sich mit den Themen Arbeitsmarkt, Wirtschaft und Politik beschäftigt. Und das, obwohl es ihm nicht besser geht als seinen Leidensgenossen.

Derzeit sieht es aber eher so aus, als ob der größere Teil der Bürger *unpolitisch* ist und sich in (vorwiegend elektronische) Unterhaltung flüchtet (die Jüngeren zu Computerspielen, Smartphone etc. – was man bei jeder Zugfahrt sieht). Der Rückzug ins Private (in allen Altersklassen) könnte ja auch eine Art von Resignation sein – aber unbewusst. Nur ein kleiner Teil empört sich öffentlich. Aber in den Medien wird vor allem das Oberflächliche breitgetreten; es geht also darum, wie viele Demonstranten festgenommen wurden und wie viele Polizisten im Einsatz waren – von den *ernsthaften Anliegen* der Demonstranten hört man kaum etwas. Der Begriff »Wut-Bürger«, den man dann in den Medien hört und liest, ist aus meiner Sicht eine demagogische Verunglimpfung von über 95 % der ehrlichen, aufgebrachten Menschen, die den Mut haben, öffentlich ihren Ärger über Ungerechtigkeiten und Machtmissbrauch von Politikern und multinationalen Konzernen zu zeigen. Deshalb sollte man sie lieber »Mut-Bürger« nennen – allenfalls »Unmut-Bürger«. Ein ähnliches Totschlag-Instrument ist das Wort »Neid-Debatte«, weil es das Anprangern von schreiender Ungerechtigkeit diskriminiert.

Trotzdem: Gibt es noch irgendwo Vertrauen? Vielleicht ein »Vertrauen auf Verdacht« (Erwin Pelzig)? Und falls ja, in wen? Eher in hilflose bzw. korrupte Politiker oder in gierige Manager? Alle behaupten, sie wollten nur das Beste, obwohl sie selbst meist nur Rädchen im Getriebe sind. Auf allen Ebenen wachsen Un-Mut und Erschöpfung. Warum?

Nach einer Studie der Techniker Krankenkasse gab es im Jahr 2008 in Deutschland fast 10 Millionen Fehltage wegen Burn-out. So hieß es im Gesundheitsreport der TK 2008: »Die Analyse der Daten aus dem ambulanten ärztlichen Bereich zeigt, dass psychische Erkrankungen deutlich häufiger vorkommen, als es die bisherigen Auswertungen der Krankschreibungen und Arzneimittelrezepte vermuten ließen« (TK-Gesundheitsreport 2008).

Doch nicht nur der Arbeitsplatz ist schuld, wenn Mitarbeiter sich überfordert und unzufrieden fühlen. Häufig liegt das größte Hindernis in ihnen selbst. Viele Menschen kennen ihre eigenen Bedürfnisse gar nicht, viele übernehmen Führungsverantwortung, obwohl sie lieber Fachkräfte geblieben wären.

Psychiater und Psychotherapeuten spüren das längst.

Mit der Einbeziehung von »Umweltfaktoren« taten sich Psychologie und Psychoanalyse vor allem in ihren Anfängen schwer. So wurde die Umgebung des Kleinkindes als eine gegebene, »hinreichend gute« oder eher »pathogene« Voraussetzung wahrgenommen, aber fast nur in Gestalt der »primären Bezugsperson«, sprich: der Mutter. In wieweit diese Mutter selbst ein Opfer ihrer biographischen, sozio-ökonomischen Rahmenbedingungen ist – bis hin zu Kriegstraumata –, interessierte lange Zeit kaum. Freud hat die Bedeutung von »Verführung« (zu deutsch: Missbrauch!) anfangs erkannt, aber diese Hypothese später relativiert.

Zu der Frage, warum die einen psychisch krank werden und andere nicht, muss man die Entwicklungen betrachten, die historisch, kollektiv und dann beim Einzelnen zur Verunsicherung beitragen (Duchrow, Bianchi et al. 2006; Zinn 2003).

2. Fort-Schritt und Re-Signation

Aus dem Paradies in die hektische Stagnation

Die Segnungen der Zivilisation und technischen Entwicklung haben bekanntlich fast alle auch ihre Schattenseiten – siehe Daniel Kehlmanns Bestseller *Die Vermessung der Welt* (2006). Deshalb höre ich im Wort Fort-Schritt auch einen zarten Hinweis auf das, wovon wir immer weiter fortschreiten: von der Natur, von unserem unbewussten Eingebettetsein in etwas, das uns trägt. Diese Flucht nach vorn hat ja nicht erst mit Globalisierung oder Internet angefangen. Sie ist seit Urzeiten ein Motor der gesamten Kulturentwicklung – getreu dem biblischen Auftrag »Macht euch die Erde untertan«. Daraus entwickelte sich die heute überall vorherrschende Wachstumsideologie Aber was immer weiter wachsen muss, ist offenbar noch nicht er-wachsen (Richter 1979, 2003; Miegel 2002; Wright 2006, Heinzel 2008).

Wir sind immer noch zu tüchtig, süchtig und flüchtig, wir pendeln zwischen Amok und Koma (tiefenpsychologisch formuliert: zwischen progressiver und regressiver Abwehr). Der fort-schrittliche Mensch ist aus dem Paradies »vertrieben« und durch sein Bewusstsein (Baum der Erkenntnis) »in den Kosmos entlassen«. Leider haben wir für den Schritt von einer neuen Lebensstufe auf die nächste im Grunde vor allem das Muster der »Vertreibung« statt das der »Verlockung« oder »Neugier«. Oder es ist die »Flucht nach vorn« aus unerträglichen Verhältnissen.

Die Neugier

Deshalb stelle ich in meinem Buch ein anderes Szenario vor, gleichsam »Paradise 2.0«. Ich stellte mir vor, dass es Adam und Eva im Paradies mit der Zeit langweilig wurde, so dass sie nach draußen wollten – so wie ein gesundes Kind wie »Hänschen klein« gern das »Hotel Mama« verlassen möchte, um Neues zu erleben. Unser älterer, jetzt 30-jähriger Sohn hatte im Alter von 17 Jahren den Wunsch, mehrere Monate in den USA zu verbringen. Nachdem er dazu den schweren Englisch-Test (TOEFL) bestanden hatte, fragten wir unsere alten Freunde in Seattle, ob er bei ihnen wohnen könne – das war kein Problem. So besuchte er dort fast acht Monate lang die Highschool in Redmond. Man kann sagen, dass ihn diese Zeit nachhaltig beeinflusst hat. Vorher war er vor allem naturwissenschaftlich interessiert und bastelte Raketen und vieles andere, aber in den USA wurde er zum »Communicator« mit politischen und psychologischen Interessen. Auch unser sechs Jahre jüngerer Junior wollte nach dem Abitur »mal weit weg von zu Hause«. So organisierte er mit seinem besten Freund eine mehrwöchige Reise durch Peru und Bolivien. Man könnte dazu singen: *»Aber Mutter freut sich sehr – Hänschen fliegt jetzt übers Meer …«* – klingt das nicht besser?

Wenn man an einer Lebensstufe festhält, könnte das bedeuten, dass man auf ihr von etwas Wichtigem nicht genug bekommen hat. Oft beeinträchtigen die Eltern wegen eigener Ängste (vor einer »bedrohlichen« Welt) Neugier und Mut der Kinder. Vielleicht sind sie selbst traumatisiert – vielleicht brauchen sie das Kind auch als eigenen Lebensinhalt. Ein solches Kind könnte dann bei Herausforderungen den Mut verlieren und bei Misserfolg resignieren. Vor allem wird es ihm schwerer fallen, mehr Eigenverantwortung zu übernehmen.

Re-Signation

Hoffnung ist nicht der Glaube daran, dass etwas gut ausgeht,
sondern daran, dass es so, wie es ausgeht, einen Sinn hat.

Václav Havel

Hier möchte ich Gedanken zur Resignation vorbringen, die ich vor allem meinem Freund und Mentor Theo Seifert verdanke:

Re-Signation ist nicht gleich Verzweiflung oder Hoffnungslosigkeit! Dieser Begriff aus der altrömischen Militärsprache bedeutet, dass das Heer seine Feldzeichen, die »Signa« mit dem Adler, zu weit nach vorne gesteckt hat und deshalb wieder zurückziehen muss. Im Zweiten Weltkrieg nannte man das »Frontbegradigung«.

Wenn also ein Kind (oder eine Bürgerinitiative) merkt, dass ein Vorhaben zu schwierig ist, eine Erwartung zu hoch, ein Unternehmen zu gefährlich oder unrealistisch – dann kann es oder sie resignieren, also seinen Versuch aufgeben. Aber man muss die Illusion betrauern!

Der Psychoanalytiker Micha Hilgers berichtet in seinem Buch *Ozonloch und Saumagen* (Hilgers 1997), wie er Bürgerinitiativen im Falle eines Misserfolgs vor dem Absturz in Hoffnungslosigkeit bewahrte, indem er ihnen half, konstruktiv zu re-signieren und ihre Kräfte an einer bestimmten Stelle zu schonen, um sie später in anderen Projekten einzusetzen.

Die vier Geschwister im Fadenkreuz

Man kann die destruktive und die konstruktive Form von Resignation und auch die beiden Arten der Zuversicht in einem fadenkreuzartigen Schema darstellen, aus dem die jeweiligen Grundkomponenten ersichtlich sind:

Resignation	*Zuversicht*
R -: Pessimismus, Hoffnungslosigkeit, Selbstschädigung, Teufelskreis zwischen Minderwertigkeitgefühl und Versagen, Zweckpessimismus – GAU	**Z -:** Blauäugigkeit (Blaues Auge), Festklammern am Erfolg, kontraphobische und pseudoprogressive Abwehr, Zweckoptimismus
R +: »Gesundschrumpfen«, Aufgeben von überzogenen Zielen, Änderung der Prioritäten, Kräfteersparnis, Erkennen sinnvoller Chancen Aber: TRAUERARBEIT!!!	**Z +:** Gute Ausstrahlung, gute Resonanz, wachsendes Selbstbewusstsein, mehr Frustrationstoleranz – GAG (größter anzunehmender Glücksfall) Aber: ACHTSAMKEIT!!!

An diesem »Fadenkreuz« ist erkennbar, warum ich von »vier Geschwistern« spreche!

Man sieht, dass es neben der destruktiven Resignation auch eine konstruktive gibt. Das heißt: Mut und Rückzug mit Augenmaß können zusammenpassen, denn manchmal gehört mehr Mut dazu, einen Kampf rechtzeitig aufzugeben, als ihn bis zum bitteren Ende weiterzuführen. Aber dann ist es ganz entscheidend, dass man das Nicht-Gelungene, das Nicht-Erreichte genügend betrauert, sich innerlich davon verabschiedet, um nicht diesen Verlust im Unbewussten in die Zukunft »mitzuschleppen« – dann kann Verbitterung entstehen.

Eine vergleichbare Polarität kann man bei der Zuversicht finden: Es gibt auch hier eine »gute«, konstruktive, Kraft gebende Zuversicht und eine blauäugige, zwanghafte, die Gefahren oder überhaupt die Realität ignoriert (»Wir werden siegen, weil wir siegen müssen!«, hieß es im Zweiten Weltkrieg).

Die Erfahrung lehrt, dass die »Plus-Geschwister« R+ und Z+ zu einer gesünderen Polarität und Ergänzung kommen als »Minus-Geschwister«, die eher dazu neigen, zu polarisieren und sich zu bekämpfen. Solche Kämpfe werden vorzugsweise mit verteilten Rollen zwischen Paaren, Parteien und Tarifpartnern ausgetragen – aber auch in unserem Unbewussten. Mein gruppentherapeutischer Kollege Wolfgang Trauth unterscheidet bei solchen »gegenpoligen« Strukturen die »kommunikativen« und die »spaltenden« (Trauth 1997). Hier wird schon offenkundig, dass man besser nicht versuchen sollte, jemanden von der Resignation zur Zuversicht zu bekehren, also von »links« nach »rechts« in dieser Tabelle, sondern wenn, dann von Minus zu Plus.

3. Ineinandergreifen von Gesellschaft und Psyche

Verschiedene Rollen und Positionen

Auch ohne genaue Beachtung einer individuellen Psychodynamik kann man im Verhalten der Bürger Widersprüche finden: Wenn ich mein Geld zur Bank trage, möchte ich einen möglichst *hohen* Zinssatz bekommen. Das ist wohl nicht egoistisch. Aber wenn ich umgekehrt von der Bank Geld leihe, möchte ich einen möglichst *niedrigen* Zins bezahlen. Das ist ebenso wenig egoistisch! Als Arbeiter will ich einen *hohen* Lohn, als Käufer möglichst *niedrige* Preise, usw. Hier gibt es keine »Lösung«, nur subjektive Interessen.

Zum Verständnis solcher Polaritäten half mir die Beschäftigung mit der Systemtheorie und der Chaosforschung (s. u.). Auch C. G. Jungs Konzept der »Conjunctio oppositorum« als Naturprinzip kann ich damit besser verstehen: Die Gegensätze sind aufeinander bezogen, sie ergänzen und benötigen sich gegenseitig, sie wirken als Kraft und Gegenkraft aufeinander – und sie sind weniger kausal miteinander verknüpft, sondern »verschränkt« (von Lucadou/Römer/Walach 2007)! Auf akausale Zusammenhänge hat ja auch Jung immer wieder hingewiesen, wie in den Analogien zur Quantenphysik, über die er sich mit Wolfgang Pauli austauschte.

Aber was bedeutet das für unser Thema? Nur unzureichend beantwortet ist weiterhin die Frage, was die Ursache der Depressionen und Stress-Krankheiten ist und warum die einen resignieren, während andere auf die Straße gehen. Und warum sich nur wenige empören.

Jürgen Habermas hat schon 1968 auf den Zusammenhang zwischen »Erkenntnis und Interesse« (Habermas 1968) hingewiesen, das heißt in unserem Kontext: Wenn ich die politischen und wirtschaftlichen Hintergründe sowie die »strukturelle Gewalt« von Macht-Eliten und multinationalen Konzernen verschleiern will, werde ich das Burnout-Syndrom als persönliche nervliche bzw. psychische Schwäche des Einzelnen deuten. Wenn ich das Individuum nur als Opfer der Umstände sehe und mich zu sehr mit ihm identifiziere, vernachlässige ich seine Eigenverantwortung. Beide Darstellungen sind »richtig«, aber man muss ihre jeweilige Wahrheit zu verschiedenen Zeiten betonen: Zu Beginn der Therapie gilt es, dem Patienten Empathie zu zeigen: »Du bist ungerecht behandelt worden!« – wenn ich das versäume, wird er sich wieder missachtet fühlen. Aber es ist gut, wenn man dabei nicht stehen bleibt.

Macht-Eliten und ihre »Opfer« – ein stabiles Gespann

Von englischen Analytikern, vor allem von Fairbairn (2000), stammt ein tiefgreifender, bewegender Ansatz. Es geht um die »Idealisierung des bösen Objekts« bzw. seine Verinnerlichung.

Schon Winnicott (1973) hatte in seinem berühmten Satz »There is no such thing as a baby« darauf hingewiesen, dass ein Kind nur im Kontext seiner sozialen Umgebung betrachtet werden darf, nie isoliert. Auch Kohut hat mit seinem Konzept des »Selbstobjekts« die strukturbildende Bedeutung der frühen Abhängigkeitserfahrung beschrieben, und Erich Neumann sprach vom »Hineinwachsen« des gemeinsamen Selbst von Mutter und Kind in das Selbst des Kindes. Diese Sichtweisen werden bestärkt durch die Interaktionelle Psychoanalyse, durch Bindungstheorien, Säuglingsforschung, Mentalisierungsmodelle, und jetzt noch durch die Entdeckung der Spiegelneurone. Auch die Archetypen können sich nicht von alleine entfalten. Sie werden ja heute eher als »Emergenzphänomene« verstanden, die durch das Zusammenspiel von Gehirn und Umwelt in der Evolution entstanden sind.

All diese neueren Richtungen kommen zu der Erkenntnis, dass für eine gelungene Autonomieentwicklung des Individuums die Erfahrung einer Halt gebenden menschlichen Umgebung von zentraler Bedeutung ist, am besten in Gestalt einer primäre Bezugsperson, die die Aktionen und die Liebe des Säuglings wertschätzt und spiegelt (Knox 2012).

Bei der Entwicklung der Selbststruktur zwingen aber auch Traumata das Kind dazu, sich vor Bedrohung und Vernichtung zu schützen, destruktive Komponenten zu isolieren und Abwehrstrukturen aufzubauen, die Bestandteil der erwachsenen Ichstrukturen werden.

Eine wesentliche Hypothese der Objektbeziehungstheorien der englischen Psychoanalyse betrifft die Verinnerlichung von Objekten, also die wichtigen Bezugspersonen aus der frühen Kindheit, z.B. Anna Freuds »Identifikation mit dem Aggressor« (A. Freud 1936).

Fairbairn und moderne Trauma-Forscher haben diesen Überlebensmechanismus differenzierter beschrieben und damit eine Erklärung dafür geliefert, warum sich z. B. Trauma-Opfer an die Täter gebunden fühlen, ja sogar Schuldgefühle entwickeln, die eigentlich die Täter haben müssten. Man kann beobachten, dass Kinder (und sogar erwachsene Missbrauchs- und Gewaltopfer) dazu neigen, in einer Art Umkehrung böse, verfolgende Objekte (vor allem der Frühzeit) zu entschuldigen und oft sogar zu mächtigen Autoritäten zu verklären.

Eine derartige pathologische Idealisierung und die damit verbundene Internalisierung von Schuld- und Minderwertigkeitsgefühlen haben einen strukturbildenden und ich-erhaltenden Sinn: Weil man als ein Wesen, das absolut bösen Tätern ausgeliefert ist, ohne sich wehren zu können, psychisch nicht überleben kann, bedeutet es für das Kind eine größere Sicherheit, sich als »böses«, minderwertiges Individuum in einer »guten« Welt zu erleben, denn als ein »gutes« Wesen in einer von »bösen« starken Objekten beherrschten Umwelt. Das Opfer nimmt deshalb auch meistens die Schuldzuweisungen des Täters in sich auf, es kommt zur Spaltung und manchmal auch zu selbstschädigenden Aktionen, zu »sadomasochistischen Kollusionen« in Partnerschaften, wo Täter- und Opferrolle klar verteilt sind – z. B. zur Rückkehr einer Frau zu ihrem prügelnden Ehemann. Eine ebensolche Umkehrung kann sich ereignen, wenn jemand arbeitslos wird und sich schämt, weil er die Schuld bei sich sieht.

Es ist empörend, wie Führungskräfte aller Art, auch Behörden, immer wieder genau diese Strategie gegenüber Mitarbeitern oder/und Arbeitslosen anwenden, auch um von der eigenen Verantwortung abzulenken: Das nennt man »Blaming the victim«. »Die Arbeitslosen müssen nur in die Fortbildungsmaßnahmen der Agentur für Arbeit gehen, damit sie bessere Chancen auf dem Arbeitsmarkt haben!« usw. Das kann im Einzelfall richtig sein, aber insgesamt kann es auch die Ausübung von »Definitionsmacht« sein – bis hin zu indirekter »struktureller Gewalt«. Diese verhindert, dass Arbeitslose (oder auch unter zu großem Druck »von oben« leidende

Arbeitnehmer) die Strategien der markt-fundamentalistischen Ideologie erkennen, die dem allgegenwärtigen Renditestreben zugrunde liegen. Die neuseeländische Soziologin Nicola Gavey (2012) nennt dies »deceit«, Betrug, Täuschung! Die Opfer dieser Täuschung meinen, selbst für ihr Glück und ihr Schicksal verantwortlich zu sein, aber sie sind damit überfordert (Ehrenberg 2008). Wenn sie scheitern, hindern Minderwertigkeitsgefühle und Scham sie daran, die Manipulation zu erkennen und sich zu solidarisieren – sie vertrauen falschen Göttern (Dufour 2007). Besonders in den USA bewundern viele Arme die Reichen noch und denken: »So weit möchte ich auch mal kommen!« Medien und Unterhaltungselektronik halten sie weiter unpolitisch, sie füttern und »stillen« sie (s. u.). Viele Jugendliche lassen sich so verführen, manipulieren: »Hol dir dieses neue Videospiel, diese neuen Klingeltöne….«. Hier wird ein Teufelskreis deutlich:

Durch den prekären Arbeitsmarkt lastet ein größerer Druck auf den Familien als früher: Die höheren Scheidungsraten, die wegen der Forderung von »Mobilität« häufigeren Umzüge, Arbeitsdruck oft beider Eltern – all das bildet den Boden, auf dem bei Kindern unsichere Bindungen entstehen. Bei diesen Kindern greift dann wieder der Mechanismus der Idealisierung oder zumindest Entschuldigung von »bösen Objekten« – sie haben dann in der Tiefe ihres Unbewussten zu wenig »Mutterboden«, sie bilden zu wenig tragfähige Identität aus, neigen zu Imitation von »Idolen« der Werbung, wollen zur Peergroup gehören und werden später besser manipulierbar, durch Arbeitgeber, Medien und Konsum.

Wenn die natürlichen Bedürfnisse befriedigt sind, erfinden die Konzerne neue, damit die »Binnen-Nachfrage« steigt, denn der Konsum muss ja den neoliberalen Kapitalismus in Gang halten. damit schließt sich der Teufelskreis.

Dass ein hungriges Baby genährt, gesättigt und geliebt wird, ist sehr wichtig. Aber auf sprachlicher Ebene scheint es offenbar zweitrangig zu sein – hier wird betont, dass es dadurch still wird! Ebenso wird der Bürger still gehalten. Unterhaltung ist »Unten-Haltung« (Risi 2007). Aber er muss trotzdem immer unzufrieden sein und mit Konsum kompensieren. Denn zufriedene Menschen schaden der Wirtschaft! Was diese braucht, ist »unbefriedigte Sattheit« und Unbewusstheit. Die »Bürger« sind dazu da, Geld zu verdienen und auszugeben. Aber da die meisten mit dem Konsum und den Medien nicht ihre wahren Bedürfnisse stillen können, haben diese Befriedigungen immer auch eine Analogie zur Sucht: Das Bedürfnis kommt immer wieder, oft muss sogar die Dosis erhöht werden. Und das Schädliche oder Pathologische der »Suchtmittel« wird verleugnet. In Wahrheit geht es auch um archetypische Bedürfnisse des Eingebettetseins, die mit der Verleugnung der »Großen Mutter« einhergehen und zur Vergötterung des Geldes führen (Lietaer 2000).

Der Übergang zur konstruktiven Re-Signation, d. h. deren Akzeptanz, widerspricht allem, was wir in unserer Gesellschaft eingetrichtert bekommen: »Kopf hoch, wird schon wieder …« – die bekannten gut gemeinten Sprüche. Aber, wie schon Tucholsky sagte: »Das Gegenteil von gut ist nicht böse, sondern gut gemeint!« Aber warum ist der Übergang so schwer? Das liegt daran, dass er ganz tief in unser Selbstwertsystem eingreift. Besonders wenn man als Kind wenig Achtung bekam, hat sich diese Erfahrung – in den Worten Erich Neumanns – als »Primäres Schuldgefühl« in uns festgesetzt. Um psychisch zu überleben, übernehmen wir deshalb einerseits einen destruktiven, »schuldigen« Anteil; andererseits muss das Kind diesen Anteil abspalten, »ummanteln« – wie einen Granatsplitter aus dem Krieg. Später bemüht es sich, durch Projektion diesen Anteil weitgehend nach außen zu verlagern, d. h.: »Die andern oder der andere ist verantwortlich, wenn mir etwas misslingt!« Das muss man tun, damit nicht die mühsam abgeschottete »Schuld« (das »Böse«) aus den Tiefen des Inneren wachgerufen wird und das Bewusstsein überflutet. Re-Signieren bedeutet deshalb auch, die Rolle des »unschuldigen Opfers« und damit den eigenen moralischen Vorsprung vor dem Täter zu opfern! Und Trauerarbeit entspricht einem Sündenfall: Trauern um meine »verlorene Unschuld« und Anerkennen meines (unbewussten) eigenen Schattenanteils, ohne mich selbst klein zu machen – und damit Übernahme von Selbstverantwortung!

Auch wenn man das erkannt hat, wird man es nicht vom Bewusstsein her bewerkstelligen können. Man muss lange Zeit den Schmerz aushalten. Die Hauptsache ist, dass man sich nicht in Verbitterung verbarrikadiert. Das Beste ist, sich von sich selbst zu wünschen, dass man aus der Resignationsfalle herauskommt und die Nachtmeerfahrt beendet. Dann tauchen tatsächlich oft (wie von Jung beschrieben) Symbole der Wandlung in Träumen auf; »unvorhergesehene« archetypische Ereignisse geben dem Leben eine neue Wendung.

Empört Euch!

Schon vor der »Empörung«, die Stéphane Hessel (2011) mit seinem kleinen Büchlein bewirkt hat, gab es in vielen europäischen Städten massive soziale Missstände, hohe Jugendarbeitslosigkeit und ein gravierendes Auseinanderdriften von Arm und Reich. In Deutschland hat es ja jetzt endlich neben dem obligatorischen Armutsbericht einen Reichtumsbericht gegeben: Zwischen 1992 und 2012 stieg das Nettovermögen der Deutschen von 4,6 auf 10 Billionen Euro. Zwischen 1998 und 2008 erhöhten die reichsten 10 % der Bürger ihren Anteil am Gesamtvermögen der Deutschen von 45 auf 53 %, dem oberen Fünftel gehören 90 % des Volksvermögens (*Tagesthemen* der ARD vom 18.9.2012). Der Löwenanteil liegt allerdings nicht in den Händen der »oberen 10 Prozent«, sondern höchstens im obersten Zehntel Promille der Superreichen.

Aber gegen diese formiert sich immer noch keine besondere Empörung, sondern nur gegen sparende Regierungen. Meist verpuffen die Aktionen schnell wieder, auch wegen des einseitigen Medien-Echos. Die Adressaten der Empörung sind weit weg und anonym. und diese »Eliten« schieben den Arbeitnehmern in der oben beschriebenen Art die Schuld zu und halten sie in Abhängigkeit – während die Mitarbeiter sich eher gegenseitig mobben, als sich gegen die Führung zu solidarisieren. Aber auch die, die sich auflehnen, haben oft keinen Erfolg. Somit kommen wir zum nächsten Punkt.

Die Würde des Scheiterns

Die Idealisierung des bösen Objekts bzw. die Täter-Opfer-Kollusion ist ein beklemmendes Beispiel für einen komplementären, sich selbst stabilisierenden »Schlüssel-Schloss-Mechanismus«, wie er in allen lebenden Systemen zu finden ist. Vor allem die Opferrolle ist meistens ursprünglich eine Überlebensstrategie. Aber – analog zur Übertragung – gibt es auch die »syntone« Form, z. B. bei Kreis-Kausalitäten, die sich selbst stabilisieren – wenn sie nicht eskalieren. Ein humorvolles Beispiel, wie Zuversicht entstehen und aufrechterhalten werden könnte, ist die Geschichte, wie Tünnes und Schäl einem Seiltänzer zuschauen.

> Tünnes: »Sag mal – warum fällt der Kerl nicht runter?«
> Schäl: »Der hält sich doch an der Balancierstange fest!«
> Tünnes: »Aber warum fällt die nicht runter?«
> Schäl: »Na, die hält er doch fest!«

Es ist allerdings eine immer wieder spannende Frage, wie es zu solch einem positiven, sich selbst verstärkenden Prozess kommen kann: »Ich liebe dich, weil du mich liebst …« u. ä. Statt eines Teufelskreises könnte es ja auch mal einen Engelskreis geben.

Aber wie kann man einen Engelskreis in Gang bringen? Es liegt auf der Hand, dass es dazu kein Rezept geben kann. Im Gegenteil. Mit meinem »Fadenkreuz« möchte ich diejenigen, die es noch nicht ganz glauben können, überzeugen, dass manchmal nur das bewusste Resignieren, das Scheitern zu einer Wandlung führen kann. C. G. Jung hat gesagt, dass man beim Patienten nicht alles erklären wollen soll, dass man ihm auch »sein Geheimnis lassen« möge. Ich würde sogar noch weiter gehen: dass man es manchmal aufgibt, ihn heilen zu wollen. Ein Patient von mir hat einmal eine Clownsausbildung gemacht, und eine der ersten Übungen war, die »Würde des Scheiterns« bildhaft darzustellen.

Auch der Therapeut muss manchmal »aufgeben«. Ich hatte in den 80er Jahren bei einer Patientin, die von zwei psychotherapeutischen Kliniken als »austherapiert« entlassen worden war, alles probiert, sogar gegen meine Gepflogenheiten ein Antidepressivum verschrieben – nichts half. Schließlich gestand ich ihr, dass ich am Ende meines Lateins sei. Von da an ging es kontinuierlich aufwärts. Anderthalb Jahre später, in der Schlussphase der Therapie, gestand sie mir, dass dieser Moment entscheidend war: »Da haben Sie mir auf einmal leid getan und ich bin in mich gegangen!« Die »Wandlung«, man könnte sogar sagen, die »Umkehr« *(metanoia)* geschah nach dem Re-signieren!

Dazu gibt es viele Beispiele und Bonmots: »Nur durch Umwege lernt man die Gegend kennen«, oder: »Wer nicht vom Weg abkommt, bleibt auf der Strecke.« Der Spruch, der mir am besten gefällt, ist eine Erweiterung des Zen-Spruches: »Der Weg ist das Ziel.« Wahrscheinlich kennen Sie diese Umkehrung: »Der Weg ist das Ziel, und das Ziel ist weg.« Noch besser finde ich den Satz: »Der Weg ist das Ziel und das Ziel ist *im Weg*.« In meinem Buch beschreibe ich diese Erkenntnis mittels zweier Hennen, der Henne Anna und der Henne Berta:

Abb. 1: Henne Anna und Henne Berta

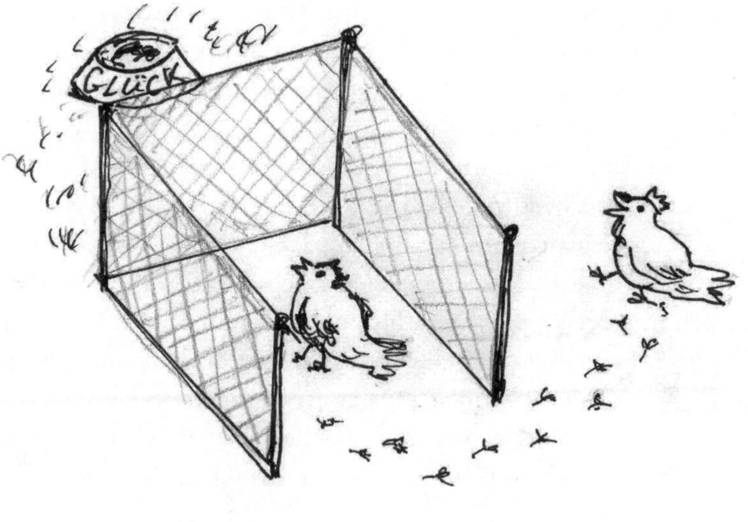

Die Henne Anna rennt immer gegen den Maschendraht an, um an das Futter zu kommen, während die Henne Berta irgendwann aufgegeben hat, sich herumdrehte und *das Futter aus den Augen verlor!* Erst jetzt hat sie die Chance, an das Futter (Glück, Zuversicht, Erfolg usw.) zu kommen, vielleicht auch andere Näpfe zu finden – oder gar einen attraktiven Hahn! (Ein Tipp: Geben Sie einmal bei Google »Henne Anna und Henne Berta« ein!)

Sie alle werden in Ihrem Leben Beispiele finden, wo Sie erst dann, als Sie die Suche aufgaben oder als eine innere Wandlung stattgefunden hatte, die das Ziel nicht mehr so wichtig sein ließ, etwas gefunden haben – vielleicht sogar einen Partner – wie in der berühmten Geschichte, wo eine Frau sich immer schön »aufbrezelte«, aber dann mit Lockenwicklern an der Mülltonne ihren Traummann fand. Man sieht daran auch: Es ist genauso wichtig, im rechten Moment seine Chance zu ergreifen!

Ein Standardspruch in meinen Gruppen ist das afrikanische Sprichwort »Das Gras wächst nicht schneller, wenn man dran zieht.« Passend dazu geht man in der Chaosforschung davon aus, dass bei passenden Rahmenbedingungen ein natürliches komplexes System (also auch die Psyche) sich durch Regulations- und Selbstorganisationsmechanismen stabilisiert und auch zu nötigen Veränderungen und Anpassungen kommen kann und dass wir auf unserer Bewusstseins- und Verhaltensebene nur sehr wenig zu einer Verbesserung eines Zustandes beitragen können. Das Wichtigste ist offenbar, das System möglichst wenig zu stören bzw. es vor Bedrohungen zu schützen.

Weil es dabei immer um ein dynamisches Gleichgewicht gegensätzlicher Kräfte geht, zwischen denen Energien fließen, ist die Balancierstange ein schönes Symbol für das Gleichgewicht, das wir zwischen den Gegensätzen brauchen: Skepsis und Zuversicht treffen sich in einer lebendigen Achtsamkeit, die als Drittes zwischen den Polen vermittelt. Zwischen dem Eis und dem Dampf gibt es das fließende Wasser – einen anderen Aggregatzustand.

Und wir wissen, dass nur im fließenden Wasser Leben möglich ist – auch auf unserem Planeten. Auch in der Chaosforschung geht man davon aus, dass die meisten lebenden, sich selbst organisierenden Systeme im Mittelbereich zwischen absoluter Ordnung und absoluter Unordnung zu finden sind. Diesen Bereich nennt man »deterministisches« oder »dynamisches« Chaos. Aber: Die von Markt-Fetischisten immer beschworene »unsichtbare Hand« des Marktes von Adam Smith, das »freie Spiel der Kräfte«, endet dort, wo riesige Konglomerate dieses Spiel behindern und die Rahmenbedingungen so verändern, dass nur sie davon profitieren. Dann wird eventuell ein schmerzhafter Umbruch nötig, eine »Re-volution« oder, auf griechisch: eine »Kata-Strophé«.

Um die Komplexität von Wetter, Klimaveränderungen, Beziehungen und Märkten zu verstehen, muss man immer mehr »nichtlineare« Modelle aus System- und Chaostheorie verwenden. Diese eignen sich auch für das Verständnis von Liebe und Partnerschaft gut, weil auch dort immer mindestens zwei Kräfte aufeinander wirken – wie bei Resignation und Zuversicht. Wenn das in einem weitgehend geschlossenen System geschieht, ist dessen weiteres Verhalten prinzipiell nicht genau vorhersehbar. Und wo sonst könnten wir das Kräftespiel zwischen Resignation und Zuversicht (und der gelegentlichen Empörung) so hautnah erleben wie in der Liebe? Pessimist und Optimist, Geizhals und Verschwender: Immer ziehen sich Gegensätze an und suchen ein bewegliches Gleichgewicht, wie die Prinzipien Yin und Yang. Wenn man starre Machtstrukturen vermeiden will, sollte man diese Dynamik des kreativen Chaos in Kauf nehmen. Frieden ist ein ständiger Prozess!

4. Chaos und Sinn

Wer ein Warum zum Leben hat, erträgt fast jedes Wie.

NIETZSCHE

Im Lauf der Evolution sind fast alle Vogelarten und Säugetiere in einer beschützenden Umgebung aufgewachsen (es ist die sogenannte »Nestwärme« – das »Eingebettetsein« in Natur, Familie und sinnstiftende Institutionen). Und es steht fest, dass nur diejenigen Arten auf der Erde überlebt haben, denen ein ausreichendes Maß an Zuversicht gleichsam einprogrammiert ist, in jeder Zelle. Und auf diesem tiefsten »Wurzelgrund« treffen sich Evolutionsbiologie, Chaosforschung und Theologie: Wir haben alle eine tragende Basis. Wir sind, ob wir es selbst glauben oder nicht, Teil eines größeren Ganzen, »von guten Mächten wunderbar geborgen«, ob wir uns ihrer bewusst sind oder nicht, und gleichgültig, wie wir sie benennen!

Wenn in Krankheiten, Sackgassen oder Schwellensituationen »nichts mehr so ist, wie es war«, wenn das Alte nicht mehr möglich und das Neue noch nicht in Sicht ist, spricht man in der Chaosforschung von einer »Kritischen Instabilität« oder »Turbulenz« (Briggs & Peat 1989; Lüpke 2010). Es hat sich gezeigt, dass ein System (außer wenn die Rahmenbedingungen tödlich sind) in diesen Momenten einen »Phasenübergang« durchmacht, um in eine neue »Regie«, ein neues »Paradigma« zu gelangen, in dem es sich wieder stabilisiert und einen neuen »Sinn« findet (oder erstmals überhaupt einen Sinn). Wie bei den »vier Geschwistern« wirken in der Krise die Kräfte ungehindert gegeneinander – und in dieser Dynamik können sie zu etwas Neuem gelangen, was vorher blockiert war. Wenn man die Panikattacke nicht mehr bekämpft, entstehen Gegenkräfte aus der Tiefe (meine Gruppenpatienten sagen manchmal dazu: »Friss mich!«). Das nannte C. G. Jung auch »Enantiodromie« (GW 6, §§ 716ff.): der Umschlag einer Entwicklung, wenn sie an ihrem Scheitelpunkt angekommen ist. Aus »Chaos« wird Ordnung – nicht immer so, wie wir es uns wünschen, manchmal unbemerkt, manchmal dramatisch und schmerzhaft – Vorgänge, die Patienten zu Nachreifungsprozessen führen und damit zu einer zuversichtlicheren Einstellung – mit Sinn und Sinnlichkeit!

»Per aspera ad astra« – durch das Ungemach zu den Sternen. Diese Erfahrungen hatten Mystiker seit Urzeiten. Auch der heutige typische Rationalist – auch in uns – kann erleichtert sein, es nun auch durch die Chaosforschung wissenschaftlich bestätigt zu bekommen. Mit der Idee einer »göttlichen« Selbstorganisation des

Kosmos ist sogar eine Annäherung oder »Versöhnung« mit einer wiedererstarkenden spirituellen Grundeinstellung möglich – ein Ort, wo sich kritische Ratio, Zuversicht und »Glaube« berühren. Glaube und Zuversicht sind verwandt. In meiner Assistenzarztzeit in der Nervenklinik sagte mir einst eine Patientin bei der Entlassung, mein Glaube an sie habe ihr ermöglicht zu lernen, wieder an sich selbst zu glauben.

Ich habe öfters mehrere Patienten nach herben Schicksalsschlägen zusammen in der Gruppe. Es ist immer bewegend mitzuerleben, wie sie sich gegenseitig zuhören und stützen – und vor allem darin bestärken, sich nicht von anderen durch billige »Tröstungen« in ihrer Trauerarbeit stören zu lassen! Dann wachsen sie langsam aus der Depression und Resignation heraus und werden wieder »lebensfähig«. Wenn allerdings ein neuer Gruppenpatient einen so Gereiften fragt, wie er das gemacht habe, sagt der höchstens: »Ich weiß auch nicht, ich bin halt immer hierher gekommen!« Die Patienten könnten diesen Zuwachs an Zuversicht gar nicht beschreiben, aber man spürt ihren gewachsenen inneren Mutterboden, oft auch eine authentische Spiritualität. Ein Pfarrer sagte einmal im dritten Jahr seiner Analyse mitten in der Sitzung nach einer entscheidenden Erkenntnis sinngemäß zu mir: »So ist das also! Seit Jahren predige ich es von der Kanzel – und jetzt erst hab ich es wirklich verstanden!«

Zuversicht ist ein innerer Zustand, der nicht von einem »Objekt« abhängt, sondern vor allem mit Sinn-Erleben zu tun hat. Wir können Zuversicht nicht herstellen. Wir können aber die Blockaden erkennen, die uns den Zugang zu ihr verstellen. Mein Freund Wilhelm Gauger, emeritierter Literaturprofessor in Berlin, schrieb mir einmal einen dieser paradoxen Sätze, wie ich sie liebe: »Um für Sinn offen zu sein, muss man sich von ihm befreien, aber wir werden ihn suchen, solange wir leben.« Für mich heißt das: *Die paradoxe Spannung zwischen Sinnhaftigkeit und Sinnlosigkeit auszuhalten, erfordert und erschafft Zuversicht.* Wir brauchen diese Spannung zum Aufbau einer mündigen Zivilgesellschaft zwischen »oben« und »unten« (Evers 1987).

Im Folgenden ein Text, den mir unser älterer Sohn vor einiger Zeit zum Geburtstag geschenkt hat – eine Schilderung, wie Wurzeln der Zuversicht entstehen können.

Wie mein Papa und ich uns verlaufen haben

Wenn mich meine Erinnerung nicht täuscht, war es ein trüber Herbsttag – ich war vielleicht sieben Jahre alt –, als mein Papa und ich mal wieder in den Wald hinauszogen – diesmal, uns zu verlaufen. Manche Situationen und Gedanken sind mir noch sehr präsent.

Das Verlaufen also. Verlaufen suggeriert einen unangenehmen Zustand, wenn man bei der Bestrebung, ein Ziel auf möglichst direktem Weg zu erreichen, scheitert und dann auch noch die Orientierung verliert. In unserem Fall jedoch verhielt es sich geradezu spiegelverkehrt. »Sich-Verlaufen« bedeutete nicht Unlust, sondern Lust, nicht Stress, sondern Nervenkitzel. Wir suchten die Herausforderung bei vollem Bewusstsein. Das Verlaufen war von Anfang an das definierte Ziel unserer Unternehmung. Daran gibt es nichts zu rütteln.

Es ist zu vermuten, dass wir in der Tat ohne jegliche Orientierungshilfe wie Kompass oder Wanderkarte in den Wald gingen. So zogen wir denn los: Zunächst auf bekannten, dann auf weniger bekannten und schließlich auf (zumindest mir) völlig unbekannten Pfaden schlugen wir uns durch die Wildnis. Wann immer es eine Gelegenheit gab, von dem bisher eingeschlagenen Weg abzuweichen und einen noch kleineren, noch zweifelhafteren Pfad zu wählen, zögerten wir nicht, diesem zu folgen. Denn – wenn man einmal von der Güte einer helfenden göttlichen Instanz absieht – es gab niemanden, der dem sich Verlaufenden garantieren würde, dass er schlussendlich wieder auf den richtigen Weg findet. In der Retrospektive überraschen mich meine Unbekümmertheit und mein Vertrauen darauf, am Ende doch wieder nach Hause zu finden. Auch mit Einsetzen der Dämmerung verspürte ich keine Angst. Sicher, ich befand mich in einem Zustand gesteigerter Erregung und erhöhter Konzentration, doch wirkliche Angst hatte ich, glaube ich, keine. Nachdem wir uns längere Zeit durch das Dickicht gekämpft hatten, kamen wir nach einer Weile tatsächlich wieder auf einen Weg, der uns wohl schließlich in vertrautere Gefilde und dann nach Hause brachte.

Auch wenn mein Vater – wie er später sagte – ab einem gewissen Punkt tatsächlich nicht mehr genau wusste, wo wir waren, so hatte er wohl doch stets eine grobe Vorstellung, in welche Himmelsrichtung wir uns zu bewegen hatten, um wieder heimzukommen. Diese Sicherheit ließ er mich spüren, und so kann ich mir erklären, dass ich zwar einen »Nervenkitzel«, aber keine Furcht empfand, was für mich ein deutliches Indiz für ein intaktes Urvertrauen darstellt und darauf hinweist, dass mein heute aktiver hoffnungsvoller Glaube daran, dass die meisten Dinge trotz schwieriger Umstände zumindest eine faire Chance haben, irgendwie gut zu werden oder wenigstens in irgendeiner Form sinnhaft zu erscheinen, seinen Ursprung in kindlichen Erfahrungen wie dem Sich-Verlaufen mit meinem Papa hatte.

Das Verlaufen im Wald als Kick, als »Flow«-Erlebnis innerhalb eines stabilen Rahmens, ein kontrollierter Kontrollverlust – eine aufregende Gratwanderung zwischen Sicherheit und Risiko –, das war für mich eine eindrucksvolle, extrem coole und bereichernde Erfahrung.

Ich schließe mit dem Lied eines fahrenden Gesellen des Mittelalters:

Ich bin, ich weiß nit, wer. Ich komm', weiß nit, woher.
Ich geh', weiß nit, wohin. Mich wundert, dass ich fröhlich bin.

Literatur

Briggs, J. / Peat, F. D. (1989): Die Entdeckung des Chaos. dtv, München.

Duchrow, U. / Bianchi, R. et al. (2006): Solidarisch Mensch werden. Psychische und soziale Destruktion im Neoliberalismus. VSA-Verlag Hamburg. Zusammen mit Publik Forum, Oberursel.

Dufour, D.-R. (2007): Le divin marché, la révolution culturelle libérale. Denoël, Paris.

Ehrenberg, A. (2008): Das erschöpfte Selbst. Depression und Gesellschaft in der Gegenwart. Suhrkamp, Frankfurt am Main.

Evers, T. (1987): Mythos und Emanzipation. Eine kritische Annäherung an C. G. Jung. Junius, Hamburg.

Fairbairn, W. R. D (2000): Das Selbst und die inneren Objektbeziehungen. Psychosozial-Verlag, Gießen.

Freud, A. (1936/1984): Das Ich und die Abwehrmechanismen. S. Fischer, Frankfurt am Main.

Freudenberger, H. J. et al. (1982): Ausgebrannt. Die Krise der Erfolgreichen. Kindler, München.

Gavey, N. (2012): The intimate intrusions of the neoliberal deceit. Vortrag auf dem Welt-Psychologen-Kongress ICP in Kapstadt 25.7.2012.

Habermas, J. (1968): Erkenntnis und Interesse. Suhrkamp, Frankfurt am Main.

Heinzel, R. (2008): Die Wiederentdeckung der Zuversicht. In schwierigen Zeiten Vertrauen finden. Kösel, München.

Heinzel, R. (2011): Burn-out in den Zeiten der Globalisierung. Jahrbuch der GPPP. Mattes-Verlag, Heidelberg.

Hessel, St. (2011): Empört Euch! Ullstein, Berlin.

Hilgers, M. (1997): Ozonloch und Saumagen. Motivationsfragen der Umweltpolitik. Hirzel, Stuttgart.

Huhn, Benno (2011): Leitartikel. In: neuro aktuell. Feb. 2011, S. 1; 6.

Jung, C. G. (1973): Symbole der Wandlung. GW 5. Walter, Olten.

Jung C. G. (1973): Psychologische Typen. GW 6. Kapitel Definitionen (Abschnitt Enantiodromie), §§ 716ff.

Kehlmann, D. (2006): Die Vermessung der Welt. Rowohlt, Reinbek bei Hamburg.

Knox, J. (2012): Selbstwirksamkeit in Beziehungen. Vortrag beim DGAP-Kongress, Stuttgart.

Lietaer, B. (2000): Mysterium Geld. Emotionale Bedeutung und Wirkungsweise eines Tabus. Riemann, München.

Lucadou, W. v. / Römer, H. / Walach, H. (2007): Synchronistic phenomena as entanglement correlations in generalized quantum theory. In: Journal of Consciousness Studies 14.4, S. 50–74.

Lüpke, G. v. (2010): Zukunft entsteht aus Krise. Sendung des WDR 5 am 31.1.2010.

Miegel, M. (2002): Die deformierte Gesellschaft. Wie die Deutschen ihre Wirklichkeit verdrängen. Propyläen, München.

Radermacher, F. J. (Hg.) (2004): Global Marshall Plan. Ein Planetary Contract. Hg. von Global Marshall Plan, Ökosoz.Forum Europa, Wien.
Richter, H.-E. (1979): Der Gotteskomplex. Rowohlt, Reinbek bei Hamburg.
Richter, H.-E. (2003): Das Ende der Egomanie. Die Krise des westlichen Bewusstseins. Droemer-Knaur, München.
Risi, A. (2007): Machtwechsel auf der Erde. Die Pläne der Mächtigen, globale Entscheidungen und die Wendezeit. Heyne, München.
Stiglitz, J. (2004): Die Schatten der Globalisierung. Goldmann, München.
TK-Gesundheitsreport 2008. Veröffentlichungen zum Betrieblichen Gesundheitsmanagement der TK, Band 18).
Trauth, W. (1997): Zentrale psychische Organisations- und Regulationsprinzipien und das psychoanalytische Verständnis von Abwehr und Regulation. Psychoanalytische Grundlagenforschung. Zeitschrift für Psychoanalytische Psychotherapie. Jg. 19, Sonderheft 1. Psychoanalytischer Verlag, München.
Winnicott, D. W. (1973): Vom Spiel zur Kreativität. Klett, Stuttgart.
Wright, R. (2006): Eine kurze Geschichte des Fortschritts. Rowohlt, Reinbek bei Hamburg.
Zinn, K. G. (2003): Wie Reichtum Armut schafft. Verschwendung, Arbeitslosigkeit und Mangel. Papyrossa, Köln.

Geseko von Lüpke

Tiefenökologie – der Erde eine Stimme geben

Tiefenökologie – Versuch einer Begriffsbestimmung

Es gehört zu den Problemen des Begriffs »Tiefenökologie«, der sich aus dem englischen »Deep Ecology« ableitet, dass er immer wieder mit der Disziplin der *Tiefenpsychologie* verwechselt wird – und dann keiner so richtig weiß, was »Tiefenökologie« bedeuten soll. Und vielleicht gibt es ja auch gewisse Parallelen. So wie die Tiefenpsychologie im Kern nach den unbewussten seelischen Vorgängen sucht und sich mit den uns oft nicht bewussten Tiefenschichten der Psyche beschäftigt, so versucht die Tiefenökologie, sich von einer oberflächlichen Ökologie abzugrenzen, die lediglich darauf ausgerichtet ist, mit ein paar Reparaturmaßnahmen und etwas strengeren Grenzwerten ein paar Problemchen zuzupflastern, aber längst keine Antworten mehr bietet für die Dimensionen der globalen ökologischen Herausforderungen.

Tiefenökologie fordert deshalb dazu auf, tiefere Fragen zu stellen: Fragen nach unserer Rolle in der Schöpfung, nach unserer Identität, nach unserem Weltbild, nach dem, was wir sind und sein könnten. Die amerikanische Bergsteigerin und Anthropologin Dolores LaChapelle sagte mir einmal: »In der sogenannten ›Tiefen Ökologie‹ stellen wir die Frage, ob die Gesellschaften der Gegenwart die menschlichen Grundbedürfnisse erfüllen – Liebe, Sicherheit, Zugang zur Natur. Wir fragen weiter: Welche Gesellschaft, welches Erziehungsmodell ist nützlich für das Leben auf dem Planeten als Ganzes? Und dann fragen wir danach, was getan werden muss, um die nötigen Veränderungen in Gang zu bringen« (in: Lüpke 2008b, S. 117f.). Tiefenökologie will also an die Wurzel einer noch weitgehend unbewussten Fehlentwicklung gehen, ein neues Selbst-, Menschen- und Weltbild formulieren, das dann Grundlage für ein anderes Handeln und Sein in der Welt bieten soll. Will man diese Fragen wirklich beantworten, dann geht das an die Substanz. Deshalb »*Deep*«, deshalb »*Tiefen*ökologie«.

Dabei hat die »Deep Ecology« genau genommen drei Ansätze:

- einen *philosophisch-ontologischen*, der auf Gandhi, Heidegger und andere – bis zu Goethe und den Denkern der Romantik, ja bis in die indigene Weltsicht alter Kulturen – zurückgeht und von dem norwegischen Philosophen *Arne Naess* (2013) formuliert wurde,
- einen *psychologisch-spirituellen*, der von der amerikanischen Aktivistin, Systemtheoretikerin und buddhistischen Lehrerin *Joanna Macy* (2011; 2009) entwickelt wurde und fast einem therapeutischen Ansatz zur Behandlung einer kranken Gesellschaft anbietet,
- und einem *handlungsorientierten*, der Grundlage und Ermutigung für Aktivisten – für Regenwaldschützer, für Friedensaktivisten, für Menschenrechtler, für Umweltschützer und andere – bieten soll und der als erster vertreten wurde von dem australischen Ökologen und Praktiker *John Seed* (1989).

Die Anfänge der Tiefenökologie liegen in den frühen 70er Jahren, also in der Zeit, als Donella und Denis Meadows die »Grenzen des Wachstums« (1972) benannten und zum ersten Mal herauskam, dass wir uns mit einer ungebremsten Wachstumsideologie auf einem suizidalen Pfad befinden, wenn sich nicht grundlegend und in der Tiefe etwas ändert. Damals wurde die »*Deep Ecology*« nur von einem sehr kleinen intellektuellen Zirkel wahrgenommen, denn die Ideologie einer »industriellen Wachstumsgesellschaft« war und blieb ja bis vor Kurzem der herrschende kulturelle und paradigmatische Mainstream der westlichen Welt, die alles daransetzte, ihre Sicht der Dinge mit der Globalisierung und kulturellen Gleichschaltung auf der ganzen Erde durchzusetzen.

Während die Tiefenökologie sich also weitgehend unerkannt und unbeachtet in den ökologischen Wissenschaften, in zeitgemäßer Spiritualität, in den modernen Therapieansätzen und in der globalen Zivilgesellschaft ausbreitete, wurden die Notwendigkeiten, etwas zu verändern, die Nöte der Ökosysteme, die Zerstörung der biologischen Vielfalt, die Grenzen des Wachstums immer massiver.

Wenn wir hier also heute in Lindau von Resignation und Empörung sprechen, dann hat das ganz andere Dimensionen als vor 40 Jahren, als der Begriff »Deep Ecology« erstmals formuliert wurde. Der Berliner Biologe und Philosoph Andreas Weber hat es 2012 so formuliert: »Alles Reden über das Verhältnis zwischen Mensch und Natur muss sich heute an einem ungeheuerlichen Geschehen messen lassen. Wir leben im Zeitalter einer biosphärischen Katastrophe, die im Aussterben der natürlichen Vielfalt besteht. Was sich derzeit auf dem begrenzten Planeten abspielt, ist der Beginn eines weiteren Zyklus in der Folge jener fünf großen Katastrophen, die den Planeten in den letzten vier Milliarden Jahren erschüttert und jedes Mal tief verändert haben. Wir sind Beteiligte einer planetaren Krise allerersten Ausmaßes, Teilnehmer einer erdgeschichtlichen Notlage. Die belebte Erde ist vielerorts nichts mehr als ein gigantisches Leichenhaus. Im Versuch, unser Leben durch die Beherrschung der unbelebten Materie zu verbessern, produzieren wir Tod« (Weber 2012, S. 4).

Diese deutlichen Worte ließen sich jetzt mit den Ihnen bekannten Fakten belegen: dem Klimawandel und seinen dramatischen Folgen für Menschen, Fauna und Flora, der Plünderung der Meere, dem Wachstum der Wüsten, der Zunahme der Erosion, dem Rückgang der Wasservorräte, der Zunahme des Hungers, dem größten Artenschwund seit dem Aussterben der Dinosaurier vor 40 Millionen Jahren. Parallel konstatierte der Bericht *Zukunftsfähiges Deutschland* (2011, S. 16) nüchtern, »die Wende zu einer Politik der Nachhaltigkeit ist noch nicht gelungen, weder national noch international. Es zeigt sich immer deutlicher: Kleine Kurskorrekturen reichen nicht. Größere Kursänderungen sind von der Politik offenbar nicht gewollt.«

Wir müssen folglich schlicht anerkennen, dass große Teile des weltanschaulichen Mainstreams und wesentliche Elemente des wissenschaftlichen Status quo einem suizidalen Gedankenmodell folgen und dass wir die Verantwortung gegenüber kommenden Generationen haben, es zu stoppen und zu korrigieren.

Welche größeren Kursänderungen bietet dann also die Tiefenökologie an? Der amerikanische Philosoph und Ökologe Bron Taylor hat das Lebensgefühl, das hinter der Tiefenökologie steht, mal ganz schlicht mit dem Begriff »Liebe« gleichgesetzt: »In gewisser Weise ist das Herz der Tiefenökologie ganz simpel: Es ist Zuneigung, es ist Liebe. Es ist das Gefühl, das wahrscheinlich jeder kennt: wenn man an einem warmen Tag rausgeht, die Sonne auf der Haut, den Wind im Gesicht, die Vögel hört und schlicht froh darüber ist. Froh, dass es diese Vögel gibt, froh, sich zum Bach runterbeugen und das Wasser trinken zu können, das gut schmeckt und dessen Quelle man kennt. Zu wissen, dass all das in sich und aus sich heraus gut ist. Selbst wenn es niemandem nützt, ist es gut, dass es da ist. So die Welt zu sehen, ist eigentlich schon eine tiefenökologische Wahrnehmung« (in: von Lüpke 1995). Dies ist eine eigentlich zutiefst normale, allgemein menschliche Sichtweise jenseits eines absurden und zerstörerischen Konsumsystems. Kein Wunder, dass Arne Naess deshalb immer wieder betonte, dass 95 % der Förderer tiefenökologischer Weltsicht noch nie etwas von dem Begriff Tiefenökologie gehört haben. Sie leben dieses Gefühl, verbinden es aber nicht mit einem philosophischen Ansatz. Aber natürlich geht das philosophische Gedankengebäude darüber hinaus.

Arne Naess prägte 1973 den Begriff »Tiefenökologie« oder »Deep Ecology«, um ein ethisches Grundgerüst anzubieten, das dann jeder Umweltschützer und Ökoaktivist mit seinen eigenen Handlungen füllen konnte. Seine acht Grundsätze (Naess 1989; auch in: von Lüpke 2013) klingen wie die Gebote der Neuzeit:

»Der erste Punkt postuliert, dass jedes Lebewesen einen eigenen Wert besitzt, der unabhängig ist von seinem Nutzen für den Menschen.«

Hier wird also im Gegensatz zur Philosophie der Aufklärung ein »innerer Wert allen Lebens« postuliert, der die Sonderrolle des Menschen als Herrscher über das Leben verneint! Eine ähnliche Grundhaltung nahm auch der Friedensnobelpreisträger Albert Schweitzer ein, als er das Menschsein definierte als »Leben, das leben will, inmitten von Leben, das leben will«.

»Zweitens meinen wir, dass auch der Reichtum an Vielfalt in sich wertvoll ist«, konstatiert weiter Naess. Damit setzt er eine paradigmatische Neubestimmung der Bedeutung der Diversität des Lebens. Im Gegensatz zur allgegenwärtigen Normierung in Monokulturen in der Landwirtschaft, im Denken, in Kultur und Produktion wird hier der Respekt vor der Vielfalt formuliert, die gleichzeitig als Grundlage für die Stabilität eines sensiblen lebenden Systems gilt.

»Der dritter Punkt lautet: Menschen haben nicht das Recht, in den Reichtum und die Vielfalt von Lebensformen mehr einzugreifen, als es ihre unmittelbaren Bedürfnisse fordern.« Hier formuliert Naess, dass es letztlich keinen höheren Wert gibt als den Schutz des Lebens, und erteilt dem anthropozentrischen Anspruch auf Herrschaft über die Natur eine klare Absage.

»Viertens: Es wäre besser für uns und alle anderen Lebensformen, wenn es weniger Menschen gibt.« Diese häufig missverstandene Aussage will deutlich machen, dass es zur politischen Priorität werden muss, weltweit soziale Verhältnisse zu schaffen, in denen es nicht weiter zwingend ist, durch vermehrten Nachwuchs Sicherheit im Alter zu garantieren.

»Fünftens stellen wir fest, dass der menschliche Eingriff in Ökosysteme zu groß ist und reduziert werden muss.« Hier anerkannte Arne Naess schon vor 40 Jahren, dass der menschliche Einfluss auf die Schöpfung zunehmend schädlich ist und einer kulturellen Neubesinnung bedarf.

»Der sechste Punkt«, so Naess, »ist die konsequente Verwirklichung einer Gesellschaftsveränderung auf allen Ebenen, um die oben genannten Forderungen zu verwirklichen.« Hier wird die Philosophie durch

die kompromisslose Forderung nach praktischer Umsetzung zum politischen Imperativ, der die ganze Gesellschaft ergreifen muss.

»Siebtens muss sich alles gesellschaftliche Handeln an einer hohen Lebensqualität orientieren und nicht länger an einem hohen Lebensstandard.« Da propagiert der Philosoph nicht weniger als eine radikale Neudefinition kultureller Werte sowie eine bewusste Abkehr von der Ersatzbefriedigung existenzieller Grundbedürfnisse durch Konsumgüter.

Arne Naess weiß um die grundsätzliche, weitgehende Übereinstimmung moderner Menschen zu den genannten sieben Punkten, wenn er abschließend sagt: *»Achtens meinen wir, dass jeder, der den vorangegangenen Punkten zustimmt, verpflichtet ist zu versuchen, die existierenden Verhältnisse zu verändern.«* Hier wird betont, dass die Verantwortung für den Wandel nicht nur bei den Regierungen liegt, sondern vielmehr in den Händen jedes Einzelnen, um eine breite zivilgesellschaftliche Basis des Handelns zu formen.

Entsprechend vielfältig sind vier Jahrzehnte später die Positionen. Der australische Umweltaktivist John Seed, der seit 20 Jahren gegen die Zerstörung tropischer Regenwälder kämpft, versteht Tiefenökologie als den philosophischen Ausdruck intensiver Verbundenheit mit der Natur, deren Kinder wir sind: »Statt nur ökologische Ideen zu haben, machen wir den Schritt zu einer ökologischen Identität oder der Ökologie in uns. Tiefenökologie ist eine neue Philosophie der Natur, die den Menschen nicht mehr als Krone der Schöpfung oder als Maßstab aller Dinge sieht, sondern als einfaches Mitglied des Ökosystems. Hier steht der Mensch nicht mehr an der Spitze einer Art Pyramide, sondern ist vielmehr ein Faden im Netz des Lebens« (in: Lüpke 1995).

Hier wird auf psychologischer Ebene das wohl zentralste Trauma menschlicher Erfahrung aufgegriffen: die Erfahrung des Abgetrenntseins, das Selbstbild des isolierten Individuums, das Verlorensein in einer feindlichen Welt, die von Konkurrenz und Wettbewerb gekennzeichnet ist. Diese existentielle Abtrennung beschreibt schon die biblische Schöpfungsgeschichte, sie manifestiert sich in der Abtrennung von der Wildnis und der äußeren »Mutter Natur«, aber auch von der Natur in uns. Sie wird immer wieder traumatisch bestätigt in der Abtrennung von der biologischen Mutter. Dieses tiefenkulturelle Bild des Abgetrenntseins wird hier als kollektives Trauma begriffen, in Frage gestellt, aufgegeben und schlicht neu definiert. Statt der hierarchischen Abtrennung von der »Umwelt« wird das Paradigma einer generellen Verbundenheit in einer »Mitwelt« postuliert. Und es wird, durchaus auch psychologisch, eine Erweiterung der Identität als »skin encapsuled Ego« – des »hautumschlossenen Ichs« (Allen Watts) – zu einer weit größeren »ökologischen Identität« angesprochen. Das macht John Seed in einem Bild klar, das sich als Erfahrung fast schon verkörpern lässt, wenn wir aus dem Fenster in die Natur schauen: »Wenn wir einatmen, atmen wir ein, was die Bäume ausatmen. Was wir ausatmen, atmen die Bäume ein. Vernunftmäßig wissen wir das längst, aber es ist nicht Teil unserer Erfahrung. Wir identifizieren uns nicht mit diesen Zusammenhängen. Wenn wir für den Gewässerschutz eintreten, verteidigen wir ihn als etwas, das außerhalb und getrennt von uns ist. Wenn wir die gegenseitige Durchdringung von Erde, Wasser, Luft und uns selbst begreifen und psychologisch und spirituell erfahren, dann bekommt unsere Bereitschaft, diese Dinge auch zu schützen, eine ganz neue Grundlage« (Lüpke 1995).

Und diese neue Sicht hat natürlich eine handlungsorientierte Ebene: Wenn wir andere Fäden in diesem Lebensnetz zerstören, andere Spezies, mit denen wir auf diesem Planeten gemeinsam entstanden sind, dann zerstören wir notwendigerweise uns selbst, lautet die logische Schlussfolgerung. Vor diesem Hintergrund betreiben wir mit einem verantwortlichen Handeln in der Welt nicht mehr großspurig »Umweltschutz«, sondern handeln in ethisch-leiblichem »Menschenschutz« in einer als größerem Körper begriffenen Mitwelt. Die Position des Menschen in der Welt wird hier auf eine Weise neu definiert, die den philosophischen Grundlagen moderner Zivilisation diametral zu widersprechen scheint, beruht doch unsere Herrschaft über die Natur auf der festen Überzeugung, dass sich der Mensch als einzig vernunftbegabtes Wesen weit aus der Natur herausgehoben hat.

Tiefe Ökologie postuliert, dass der Mensch im Netzwerk des Lebens zwar eine besondere Faser ist, aber nicht außerhalb der Natur steht. Vielmehr steht überhaupt nichts außerhalb von irgendetwas anderem, sagt Joanna Macy, Professorin für Religionswissenschaft und Allgemeine Systemtheorie im kalifornischen Berkeley und weltweit aktiv als Friedens- und Umweltaktivistin. »Tiefenökologie sieht die Erde als ein lebendes System, in dem alle Dinge miteinander verbunden und voneinander abhängig sind. Tiefenökologie unterscheidet sich von der traditionellen Ökologie dadurch, dass sie über den Anthropozentrismus hinausgeht, der alle ökologischen Probleme immer nur zum Nutzen, zum Vorteil oder zum Profit der Menschen reparieren will. Tiefe Ökologie konzentriert sich stattdessen auf die essentiellen Kreisläufe und Systeme der Natur selbst, um uns selbst dann zum Diener der Gesundheit des größeren Ganzen zu machen« (in: von Lüpke 1995).

Was Joanna Macy hier deutlich hervorhebt, ist eine Abkehr von René Descartes' »Cogito ergo sum« mit all seinen zerstörerischen Folgen. Sie postuliert eher ein »Amo ergo sum« – »Ich liebe, ich bin bezogen, ich bin verbunden, also bin ich!« Statt den Fokus auf die eigene Unabhängigkeit zu legen, den so anstrengenden und krankmachenden Heldenmythos vom kämpferischen Individuum, das sich sozialdarwinistisch durchsetzt, wird hier eine »Erklärung gegenseitiger Abhängigkeit« vorgeschlagen (David Suzuki Foundation 1992). Im Buddhismus hat die Religionswissenschaftlerin Joanna Macy den Ausdruck »codependent arising« gefunden, die »gegenseitig bedingte Entstehung« aller Phänomene.

Ökologie im tiefsten Sinne beruht nicht nur auf dem Wissen, sondern vor allem auf dem Bewusstsein und der immer wieder erneuerten sinnlich-körperlichen, kognitiven und spirituellen Erfahrung von der Verknüpfung aller Phänomene, der Zugehörigkeit zum Ganzen, des Eingebettetseins im Ganzen. Dieses Ganze ist kein Warenhaus, aus dem sich der Mensch bedient, sondern eher der größere Körper, der uns so umschließt, wie wir lebende Systeme umschließen: Organe wie Leber, Herz und Lunge, die wiederum Ganzheiten umschließen wie Zellen, die sich aus Ganzheiten von

Molekülen und Atomen zusammensetzen. Dabei verschwimmt der Mensch aber nicht in der undifferenzierten Masse einer mystischen Ganzheits-Suppe, sondern nimmt einen bezogenen Platz in der Ganzheit der Dinge ein.

Dieser Ansatz vermittelt dann auch ein ganz anderes Bild von Identität. Arthur Koestler hat es mit dem Begriff »Holon« zu beschreiben versucht. Dieses Wort soll zum Ausdruck bringen, dass wir als Mensch immer Teil *und* Ganzes sind – *Teil* größerer Organismen wie der Familie, des Dorfes, des Ökosystems, der Biosphäre, des Erdkörpers. Und *Ganzes* im Bezug zu den Ganzheiten und vielen verschiedenen Lebewesen, die wir körperlich umschließen. Wir sind damit »Janus-gesichtig«. Dazu gehört die Erkenntnis, dass wir wandelnde Ökossysteme sind und mehr fremde organismische Zellen in uns tragen als eigene Körperzellen. Da bekommt die psychologische Diagnose »Multiple Persönlichkeitsstörung« eine ganz neue Realität: »Ich bin viele!«

Diese Wahrnehmung innerer wie äußerer Vielfalt und Verbundenheit kommt noch einmal besonders zum Ausdruck, wenn Joanna Macy in der oben zitierten Passage davon spricht, dass sich der tiefenökologische Ansatz nicht auf die menschlich-anthropozentrische Sichtweise konzentriert, sondern auf die essentiellen Kreisläufe und Systeme der Natur selbst. Hier wird – sobald die Natur und die Welt als lebendes System und nicht länger als große Maschine verstanden wird – eine viel größere Wissenschaft angedeutet. Sie findet ihren Ausdruck in dem Ansatz von James Lovelock und seiner Gaia-Theorie, die anhand zahlloser wissenschaftlicher Beobachtungen die Biosphäre als einen Super-Organismus beschreibt, der sich in einem sensiblen Gleichgewicht der Homöostase selbst steuert, weiterentwickelt, korrigiert und selbst organisiert (Lovelock 1992).

Wenn wir uns als menschliche Individuen aber als einen Faden im lebendigen Netz dieses Organismus begreifen, als ein kleiner Faktor im ständig sich neu ausbalancierenden fließenden Gleichgewicht, dann verändert auch das unser psychologisches Weltbild ganz enorm. Denn die traditionelle – auch psychologische – Sichtweise geht ja immer noch vom Paradigma des isolierten Individuums, der isolierten Gruppe, der isolierten Nation in einer feindlichen Welt aus.

Die neue Sichtweise, die uns durch den eher offenen und systemischen Ansatz der Tiefenökologie angeboten wird, trägt der biologischen Tatsache Rechnung, dass wir offene Systeme sind, die in ständigem Austausch mit ihrer Um- und Mitwelt leben und überleben. Was bisher wie getrennte, für sich allein existierende Einheiten erschien, erweist sich nun in so hohem Maße miteinander verbunden, dass seine Grenzen nur willkürlich gezogen werden können. Was als das »Andere« erschien, kann auch als Erweiterung ein und desselben Organismus betrachtet werden, wie eine »Mit-Zelle« in einem größeren Körper.

Diese neue Sichtweise hat dramatische Konsequenzen für unser Selbstbild, für unser Weltbild, sowie für unsere Stellung, Aufgabe und Verantwortung in der Schöpfung als Ganzes; Konsequenzen, die wir in ihrem Umfang erst Schritt für Schritt entdecken. Verstehen wir die Welt als ein zusammenhängendes Ganzes und uns als integralen Bestandteil davon, dann springen wir damit auf eine neue Ebene der Erfahrung, des Bewusstseins, der Wahrnehmung von der Natur der Wirklichkeit und unseres Verhaltens in ihr.

Mit diesem neuen Muster für unsere Wahrnehmung haben wir quasi die Möglichkeit, uns als lebendigen Teil eines lebenden Körpers zu begreifen. Als offene und denkende Systeme schaffen wir, obwohl jedes individuelle Bewusstsein nur einen kleinen Abschnitt erhellt, eine kleine Schlinge im großen Gewebe des Fühlens und Wissens. Als offene Systeme sind wir an der Schöpfung der Welt beteiligt. Wenn unser Bewusstsein und Wissen wächst, erweitert sich auch das Bewusstsein und Wissen des Netzes. Es scheint, als seien wir Teil eines größeren Bewusstwerdens. Das Netz des Lebens trägt uns und ruft uns dazu auf, weiter an ihm zu knüpfen.

Psychologisch bewirkt dieser Perspektivenwechsel einen Wandel vom Gefühl der Isolation und Angst hin zu Vertrauen. Statt das ganze System zu dominieren, um mühsam die Kontrolle zu behalten, kommen wir in dieser Wahrnehmung dazu, wirklich am Ganzen teilzunehmen. Er ermöglicht einen Wandel weg von strikt vorgegebenen Zielen hin zu einer Freiheit, in der wir unsere Ziele sich mit den immer neu entstehenden Möglichkeiten entfalten lassen können. Es ist ein Wechsel von einer kontrollierenden hin zu einer annehmenden Haltung, welche die Vielfalt der Realität begrüßt und zu nutzen weiß. Und es ist ein geistiger Wandel, der uns von einem orthodoxen Glaubenssystem und der Abhängigkeit von fremden Autoritäten – ob es sich nun um »absolute« konfessionelle Wahrheiten, eine zementierte Ideologie oder einen Guru handelt – zu einer radikalen Offenheit gegenüber der Authentizität der eigenen Erfahrung zurückbringt.

Es handelt sich also um den Wechsel hin zu einem neuen Wahrnehmungsmuster oder einem neuen Code, mit dem wir die Wirklichkeit entschlüsseln. Es ist ein Wandel von dem Gefühl der Isolation zur Wahrnehmung der Teilhabe, also zu dem Gefühl, ein integrierter Bestandteil von etwas Größerem zu sein. Dieser Wechsel ermöglicht uns, auch unsere Erfahrungen in einem neuen Kontext verstehen zu lernen. Statt die Welt aus einer Haltung der Angst und Isolation zu erleben, ermöglicht ein Wissen um Teilhabe, Eingebundensein und Vertrauen in größere Zusammenhänge einen radikalen Wechsel in der Wahrnehmung unseres Verhaltens und unserer Absichten. Es ist wie die Befreiung aus einem Käfig. Der Wandel ermöglicht uns, die bislang individuell begrenzten Erfahrungen des eigenen Denkens und Handelns als eine Art Durchfluss in einem größeren System zu verstehen. In der traditionellen religiösen Terminologie ist dieses Denkkonzept verwandt mit dem Begriff »Gnade«, also der tiefen Erfahrung, von einer Kraft unterstützt zu sein, die weit größer ist als man selbst.

Diese Sichtweise gibt uns auch ein neues Verständnis für die Qualität unserer Emotionen, sinnlichen Erfahrungen und Gefühle. Individuelles Leiden ist dann untrennbar mit dem größeren Körper verbunden, persönliche Freude auch die Freude des größeren Ganzen. Was wir wahrnehmen, erlaubt es dem größeren System (der Erde, der Biosphäre, der Evolution), sich selbst wahrzunehmen. Diese Sichtweise ist geeignet, unserer eigenen, ganz persönlichen und einzigartigen Erfahrung einen neuen Wert zu geben, weil sie die eigene Wahrnehmung und Erfahrung in den Dienst des Ganzen stellt.

Längst kann es nicht mehr darum gehen, Individualität aufzugeben und in die Masse des Kollektivs zurückzukehren. Unsere heutige Aufgabe besteht darin, in Anerkennung unserer Verbundenheit das Individuum neu zu definieren. Wir haben den Prozess der Individuation immer als einen Weg zu größerer Autonomie und Abgetrenntheit verstanden, doch »individuum« bedeutet im Lateinischen nichts anderes als »das Ungetrennte«. Das größere Ganze besteht nicht aus vielen gleichen, sondern aus vielen ungleichen Teilen. Ein uniformer Monolith hat keine innere Intelligenz. Das dynamische, sich selbst organisierende Ganze lebt von der inneren Vielfalt und Lebendigkeit seiner Teile. Darin liegt das Paradox der Individuation: ›Je mehr ich werde, was ich bin, desto mehr kann ich zum schöpferischen Teil des Ganzen werden.‹ Also ist die Vielfalt und die Anerkennung des Wertes des größeren Lebensnetzes die Voraussetzung dafür, dass Wandel geschehen kann. Das Gemeinsame im Ganzen kann erst lebendig werden, wenn die inneren Unterschiede volle Anerkennung finden. Es geht der Evolution also wohl darum, dass wir werden, was wir sind, und so unseren Beitrag leisten.

Die alte Vorstellung von Macht als Ausdruck individueller Kraft und Herrschaft hat dann keine Gültigkeit mehr. Macht ist dann kein Privileg des Individuums mehr oder ein isoliertes Phänomen im Kampf um Vorteile. Macht ist dann vielmehr ein Ausdruck und eine Funktion von Beziehung. Sie entsteht zwischen den kooperierenden Individuen. Der Ort des Wandels liegt also nicht im Bewusstsein des Individuums. Er liegt vielmehr in der Interaktion, im Austausch, in der Beziehung zwischen den Individuen. Was wir also brauchen, ist ein Quantensprung in unserer Fähigkeit, miteinander in Beziehung zu treten, zu teilen und zu reagieren.

Hier setzt Joanna Macys tiefenökologischer Ansatz ein, den sie »The Work that Reconnects« nennt und der mich persönlich am meisten berührt hat. Der 85-Jährigen geht es in ihrer »Arbeit, die wieder verbindet« seit gut 30 Jahren darum, große Teile der Gesellschaft einer Art Therapie zu unterziehen und insbesondere Aktivisten so zu stärken, dass die Symptome des »Burnout« vermieden werden. Inhaltlich geht es Macy darum, aus emotionalen, kognitiven und spirituellen Übungen die ganzheitliche Grundlage für die Entwicklung von ökologischen Projekten und ihrer nachhaltigen Stärkung zu entwickeln, indem sie den Menschen in ihrer durchaus auch tiefenpsychologischen Arbeit in Gruppen auf vielen Ebenen Wissen und Erfahrungen der Verbundenheit anbietet.

Dazu dient das zirkulare Konzept des Kompass oder auch der »Vier Himmelsrichtungen« im indianischen Medizinrad.

Abb. 1: Die vier Himmelrichtungen im indianischen Medizinrad

Joanna Macys Arbeit – und das scheint auch therapeutisch wichtig – beginnt im Süden mit der Dankbarkeit. Es ist eine Dankbarkeit für das Leben selbst, eine Dankbarkeit, in dieser so besonderen Zeit zu leben, wo so viel zur Disposition steht, wo es so sehr auf uns ankommt, wie es weitergehen wird, wo es so schwierig und so spannend ist. Dankbarkeit für das Leben, sagt sie, sei ein »subversiver Akt«, der unsere Unabhängigkeit vom globalen Konsumsystem möglich macht, welches unsere Entfaltung einschränkt, weil es uns nur Ersatzbefriedigungen anbietet für das, was wir eigentlich wollen: Beziehung, Verbundenheit und die Chance zu wachsen

Diese Dankbarkeit kann sich in unterschiedlichen Formen ausdrücken:

- Gebete und Rituale der Dankbarkeit sprechen bzw. durchführen (Heiligkeit des Lebens),
- Übungen in Paaren mit offenen Sätzen: »Was ich in dieser Welt liebe, ist…«,
- Übungen in Paaren mit offenen Sätzen: »Meine tiefste Naturerfahrung war…«,

Gehen wir weiter im Rad Richtung Westen, kommt die »Schattenarbeit«, die wir nicht nur mit unseren persönlichen Traumatisierungen zu leisten haben, sondern ganz besonders auch mit den kollektiven Schattenthemen einer suizidalen Gesellschaft. Hier wendet Joanna Macy »Despair and Empowerment Work« – zu deutsch »Verzweiflungs- und Ermutigungsarbeit« – an, die gerade im Kontext der Schattenarbeit in der Psychoanalyse so bedeutsam ist. Macy geht davon aus, dass die größte Gefahr heute nicht in der Klimakrise oder dem Sterben der Wälder liegt, sondern in unserer psychologischen Reaktion der *kolossalen Verdrängung* angesichts der »biosphärischen Krise«. Diese Verdrängung besteht darin, dass wir uns weigern, die Wirklichkeit der Zerstörung zu fühlen. Wir verhalten uns vielmehr wie jemand, der die Hand auf der heißen Herdplatte liegen hat, schon sieht, wie Rauch aufsteigt, aber keinen Schmerz fühlt und deshalb die Hand nicht wegzieht. Was da unterbrochen zu sein scheint, ist das Feedback, welches sonst lebendige Systeme auszeichnet, die sich entsprechend selbst korrigieren. Macy geht davon aus, dass wir es nicht wagen, uns der Verzweifelung zu stellen, weil wir befürchten, das nicht zu überleben. Sie sagt – wie jeder Therapeut –, dass wir in der Verdrängung viel

Energie verschwenden, die wir für die Lösung der Probleme gut gebrauchen könnten.

Macys Verzweiflungsarbeit findet in Dyaden oder rituellen Gruppenprozessen statt, in denen es durchaus laut und emotional zugehen kann. Zu der Arbeit gehören:

- Angebote, den Schmerz um die Welt zu teilen und auszudrücken,
- Übungen in Paaren mit offenen Sätzen: »Was mich am Zustand der Welt sorgt, ist…«
- Übungen in Paaren mit offenen Sätzen: »Wenn ich mir die Welt vorstelle, die wir unseren Kindern hinterlassen, dann…«; »All das weckt Gefühle in mir, wie…«; »Ich vermeide solche Gefühle, indem ich…«; »Was ich gut daran finde, in dieser Zeit der Krise zu leben, ist…«,
- sich zu erlauben, Verzweiflung zu fühlen; wahrzunehmen, dass jeder sie in sich trägt,
- zu erkennen, dass wir nicht verrückt sind, wenn wir dies empfinden, sondern gesund werden.

Hintergrund ist Joanna Macys Erkenntnis, dass im ehrlichen Teilen von Angst und Verzweiflung nicht nur Beziehung, Solidarität und Liebe wachsen, sondern, viel mehr noch, durch die Überwindung der Verdrängung eine essenzielle Qualität aufgeht: das Mitleiden – »compassion« – das Mitgefühl. Was aber im Mitfühlen passiert, ist eine Erweiterung unserer Identität. Wir treten heraus aus unserem beschränkten Ego und fühlen mit: für den Berg, aus dem das Uranerz für die Atomkraftwerke stammt, mit den indigenen Völkern, die durch den Strahlenmüll verkrüppelt werden, mit den strahlenkranken Menschen und Tieren nach Fukushima. Wir fühlen mit und werden dabei in unserem *ökologischen Selbst* gestärkt. Wir sind »mehr« und wir schützen dann auch »mehr«, weil diese Welt, die bedroht ist, nun ein Teil unseres Selbstbildes wird. Die Kernaussage lautet: Aus Verzweiflung, die mitgefühlt ist und den Raum unserer Identifikation weitet, entstehen Liebe und Bezogenheit, die uns unmittelbar mit der Kraft der Ermutigung dazu bringen, uns zu engagieren. Das funktioniert hier ebenso wie bei jeder guten therapeutischen Schattenarbeit: Die freigesetzte Energie, die es brauchte, um Verzweiflung und Schmerz zu verdrängen oder uns vor emotionaler Überforderung zu schützen, wird verfügbar, um die Verhältnisse, die uns bedrohen, zu verändern. So wird aus unverbundener und gefühlloser oder autistischer *Resignation* durch Ausdruck gefühlte *Empörung* und aus wiedergewonnener Handlungsfähigkeit, Solidarität, Mitgefühl und Liebe dann auch *Zuversicht*. Ist das geschehen, dann ist der Feedback-Prozess zur Mitwelt wieder offen: Das Individuum ist verbunden mit der Mitwelt und wird Teil der Korrektur von Fehlentwicklungen.

Was wir demnach also eigentlich bräuchten, um im großen Maß das gestörte Feedbacksystem zwischen Mensch und Mitwelt wieder so zu öffnen, dass wir zum Teil der Lösung werden, sind Räume und Settings, in denen es uns erlaubt ist zu fühlen, unseren Schmerz auszudrücken, ihn mit anderen zu teilen – und dann gemeinsam nach Schritten zu suchen, was wir tun können.

Eine zentrale Metapher, die dieses sensible Gleichgewicht zwischen Resignation und Zuversicht beschreibt, ist die Aussage von Joanna Macy, dass wir heute zugleich »Sterbebegleiter« einer alten, nicht nachhaltigen Lebensweise, Kultur, Ökonomie und sozialen Konstruktion und zeitgleich »Geburtshelfer« einer neuen Lebensweise sind, die zur Zeit überall entsteht. Wenn sich Menschen heute also in Resignation verkriechen, dann sind sie trauernde oder gar depressive Sterbebegleiter – oder gar selbst schon psychisch Teil des Sterbens.

Folgt man hingegen dem tiefenökologischen Ansatz, dann wird deutlich, dass es das Wechselspiel braucht: Wir müssen den Finger auf Wunden legen, um uns so berühren zu lassen, dass die Empörung zum zuversichtlichen Handeln führt – Schatten und Licht sind unmittelbar miteinander verbunden. In diesem Kontext macht die Krise Sinn, weil sie der einzige Weg in die Veränderung ist. Wir sollten sie begrüßen, anstatt sie wie etwas Teuflisches abzuwehren oder gar – wie unsere Bundeskanzlerin – gebetsmühlenartig das Unmögliche zu wiederholen, nämlich, dass es »nach der Krise wieder so wird wie vor der Krise«. Nicht umsonst schaffen die Vordenker für eine andere Zukunft heute solche Metaphern wie »kreatives Ungleichgewicht«, »positive Desintegration«, »heiliger Zerfall«, um deutlich zu markieren, dass Zukunft immer aus Krise entsteht (Lüpke 2009).

Was mir an diesem Ansatz auch hier und heute so wesentlich erscheint, ist die darin liegende Aufhebung der künstlichen Trennung zwischen »politischer Aktion« und »psychischer Arbeit«, überhaupt zwischen »Innen« und »Außen«, zwischen innerem Wachstum und Gesellschaftsveränderung. Zivilgesellschaftliche Pioniere wie der Träger des alternativen Nobelpreises Nicanor Perlas bringt das auf den Punkt, wenn er sagt: »Das Herz der Revolution ist die Revolution des Herzens« (in: Lüpke 2010). Aktivisten der weltweiten »Transition Town Bewegung« sagten zu mir: »Wer nur im Außen etwas verändern will und nichts im Inneren, der ist ein Heuchler! Und wer nur im Innen etwas ändern will, ist ein Träumer« (in: Lüpke 2011). Das ist die neue Stufe tiefenökologischen Handelns in der wachsenden globalen Zivilbewegung – Außen und Innen zu verbinden, politisches Handeln als Weg des inneren Reifens zu begreifen, die eigenen Verhaltensweisen und Schatten zu überprüfen und daraus anderes Leben zu kreieren, um dann – wie Gandhi es schon forderte – »den Wandel, den wir in der Welt sehen wollen, selbst zu leben«. Oder anders gesagt: das individuelle Potenzial so zu befreien, dass jeder/jede Einzelne sein/ihr volles Potenzial in den Aufbau einer überlebensfähigen, »enkeltauglichen« Lebensweise einbringen kann.

Die nächste Ebene im Rad der Tiefenökologie (s. o.) ist die kognitive Auseinandersetzung mit all den modernen wissenschaftlichen Ansätzen, die uns heute ermöglichen, die Welt anders zu sehen als nach dem sozialdarwinistischen und mechanistischen Ansatz des 19. und 20. Jahrhunderts. Hier kommt also zur spirituellen Haltung der Dankbarkeit und dem Aspekt der Verzweiflungs- und Ermutigungsarbeit eine kognitive Ebene hinzu, bei der wir lernen, die Welt anders zu sehen: Weltbilder zu kennen und zu nutzen, die uns in unserer Verbundenheit stärken, anstatt den

Schmerz der Trennung zu verstärken – Erkenntnisse, die uns vermitteln, dass wir Teil eines größeren Organismus sind. Die ganze neue Wissenschaft bestätigt uns in dieser Richtung, sei es die schon erwähnte Allgemeine Systemtheorie, sei es die Quantenphysik, sei es die Chaosforschung oder die Komplexitätstheorie. Alle betonen die enge Verwobenheit und Verbundenheit aller Phänomene und versuchen uns deutlich zu machen, dass die Wahrnehmung der Trennung und Isolation eine geistige Täuschung darstellt, die nichts mit der Natur der Wirklichkeit zu tun hat.

Zu dieser Entdeckung von Wissensgebieten, die uns andere Denkmodelle anbieten, gehören dann durchaus auch die vielen Ebenen traditionellen Wissens, die quasi wiederentdeckt werden können. Denn eigentlich ist es so, dass alle indigenen Traditionen von Stammeskulturen, der Schamanismus oder die Göttinnenkulte matriarchaler Religionen schon seit langem Sichtweisen und Erfahrungsräume von der Verbundenheit mit einer lebendigen, als heilig empfundenen, beseelten Welt anbieten. »Da gibt es Wurzeln, die sind 1000 Jahre alt, und Haltungen, die gehen zurück bis in die Eiszeit«, formuliert dies der Öko-Philosoph Arne Naess. »All das ist absolut nichts Neues!« (In: Lüpke 2008c)

Die Tiefenökologie geht davon aus, dass mit der Kombination der Ebenen auch neue Ideen, Lösungen und Modelle gefunden werden können. Wenn wir aus der Dankbarkeit gegenüber dem Leben kommen, uns den emotionalen Schatten und der lähmenden Verzweiflung – dem Trauma – stellen, unseren Geist mit ganzheitlichem Wissen und holistischen Weltbildern der Traditionen und Moderne versorgen und wenn uns zudem noch spirituelle Übungen der Verbundenheit und Rückbindungen nähren, dann – so die Überzeugung der Tiefenökologie – entstehen neue Werte, neue Zuversicht und vor allem die Bereitschaft, mit eigenen Ideen ins Handeln zu gehen. Ich habe das in Seminaren mit solchen tiefenökologischen Projekten oft miterlebt, als im abschließenden strategischen Teil eine ganze Fülle von Ideen und Projekten entstand. Manche von ihnen wurden umgesetzt, manche blieben natürlich auch Traumschlösser. Richtig überzeugt, dass in der tiefenökologischen Sichtweise tiefe Wahrheit verborgen ist, wurde ich erst durch die jahrelange Beobachtung zivilgesellschaftlicher Initiativen.

Ich habe nun seit mehr als 20 Jahren mit den Preisträgern und Preisträgerinnen des Alternativen Nobelpreises zusammengearbeitet, lange Gespräche mit ihnen geführt, Bücher über sie geschrieben, zahllose Sendungen gemacht. Und ich bin zu dem Ergebnis gekommen, dass fast alle diese Pionierinnen und Pioniere für eine nachhaltige Zukunft wesentliche Aspekte des tiefenökologischen Ansatzes praktizieren, oft ohne sich selbst in einen solchen Kontext einzuordnen:

- Sie handeln alle aus einer tiefen emotionalen Haltung der Dankbarkeit und Liebe für das Leben;
- sie sind alle in der traditionellen Widerstandsaktion an die Grenze des *Burnout* oder sogar darüber hinaus gegangen und haben das erlebt, was in den mystischen Traditionen die »dunkle Nacht der Seele« genannt wird;
- sie haben dieses Leiden mit anderen geteilt und es ernst genommen, was aus dieser Kapitulation entstand;
- sie haben alle eine tiefe intuitive Verbindung zu der inneren oder auch spirituellen Überzeugung, Teil einer größeren Kraft zu sein, die sich im Leben ausdrückt;
- daraus entstanden Mitgefühl und Einsicht;
- sie haben einen Schritt aus ihrer zuvor kleinen, hilflosen Identität heraus gewagt und waren bereit, etwas Unmögliches zu versuchen;
- sie suchen sich nicht selten Methoden und Formen, in der Natur immer wieder diese nährende und Verbundenheit gebende Anbindung zu finden, um in der Lage zu sein, als »Davids« gegen übermächtige »Goliaths« zu bestehen;
- sie bildeten in einer oft gefährlich feindlichen Welt aus dieser Anbindung heraus Modelle aus, die in der Gegenwart wie Inseln der Zukunft wirken, weil sie praktisch zeigen, dass es auch anders geht;

- sie bewegten sich in ihrem Selbst-, Menschen- und Weltbild weit über eine mechanistisch-reduktionistische Sichtweise hinaus, verbanden sich entweder mit holistischen Ansätzen indigener Traditionen oder mit den systemisch-ökologischen Weltbildern oder oft mit beidem – und bauten daraus Projekte auf, die in ihrem Erfolg und ihrer Dynamik aus der Sicht des alten Systems oft gar nicht verstanden wurden.

Ich will deshalb hier die vielleicht gewagt klingende These aufstellen, dass die Tiefenökologie so etwas darstellt wie eine starke und – wie ich meine – bestimmende Strömung in den Millionen von Initiativen, die heute das ausmachen, was wir die globale Zivilgesellschaft nennen. Das kann man deshalb sagen, weil der tiefenökologische Ansatz eben keine zementierte Ideologie darstellt, die nach einer Antwort sucht, sondern vielmehr aus einer Haltung von Einsicht und Mitgefühl nach einer Vielzahl von unterschiedlichen regionalen Lösungen sucht. Um deutlich zu machen, was das heißt, will ich abschließend noch einmal deutlich machen, worum es sich bei der globalen Zivilgesellschaft handelt:

Die globale Zivilgesellschaft

Vor wenigen Jahren war der Begriff »Zivilgesellschaft« noch eine Vokabel im Fachchinesisch der Soziologen und umschrieb vage einen »dritten Sektor« zwischen der Macht der Ökonomie und der Macht der Politik. Dies ist spätestens seit den gigantischen Demonstrationen von 15 Millionen Menschen in 60 Städten dieser Welt vor dem Ausbruch des zweiten Golf-Krieges anders: Da bezeichnete der Kommentator der *New York Times* die weltweiten Bürger- und Zivilbewegungen erstmals als eine »Dritte Weltmacht« – stark genug, um globale Veränderungen zu bewirken. Dies wurde schon Jahre zuvor im Ansatz deutlich, als Bürgerbewegungen in der DDR und in Osteuropa den Zusammenbruch verkrusteter real-sozialistischer Regime erzwangen. Das war die Geburt der modernen Zivilgesellschaft.

Es folgten – auf der Basis zivilgesellschaftlicher und weitgehend gewaltfreier Aktion – das Ende der UdSSR, der Sturz des Apartheid-Regimes in Südafrika. Einer der Protagonisten dort, der Friedensnobelpreisträger Desmond Tutu, hat einmal zusammengezählt, dass 61 Diktaturen zwischen 1989 und 2006 durch friedliche Aktionen der Zivilgesellschaft gestürzt worden sind. Zwischen 2006 und 2012 hat sich die Zahl auf über 80 in die Wüste gejagte Gewaltherrscher erhöht. Mehr noch: Die globale Zivilgesellschaft hat nach jüngsten Ergebnissen der Friedensforscher dafür gesorgt, dass in den letzten 20 Jahren – seit 1991 – die Zahl der Kriege mit über 1000 Toten pro Jahr um sage und schreibe 90 zurückgegangen ist; Bürgerkriege und Terroranschläge zeigen einen Rückgang von 60%. Wir sind, so sagen sie, mit dem Erfolg pazifistischer Aktionen und Vermittlungen vor Ort, mit durchgesetzten internationalen Gerichtshöfen zum ersten Mal seit 5000 Jahren in der Lage, den Krieg abzuschaffen – das übrigens primär, stellt die Forschung fest, durch die Aktivitäten von Frauen, denn sie bilden 70% der Friedensaktivisten in aller Welt. Da geschieht Unglaubliches, von dem wir kaum etwas wissen.

Die globale Zivilgesellschaft funktioniert anders als alles vorher. Sie kreiert neue Organisationsformen: taucht auf und ab, ist horizontal organisiert statt hierarchisch, zeichnet sich durch Vielfalt statt durch ideologische Einfalt aus, agiert dezentral, bildet ständig neue Koalitionen, ist virtuell hochgradig vernetzt und kann kurzfristig Millionen aktivieren. Zudem wachsen die NGOs, aus denen sie besteht, exponentiell: Aus den 100 000 vor 12 Jahren wurden bis 2006 eine Million weltweite Initiativen, und heute, sechs Jahre später, rechnet man weltweit bereits mit ca. 10 Millionen entsprechenden Initiativen.

Die internationale Zivilbewegung gilt deshalb als stärkste und größte soziale Bewegung in der Menschheitsgeschichte!

Diese globale Zivilgesellschaft greift nicht, wie die traditionellen politischen Mächte, nach Macht, sondern zeigt sich in der

Macht ihrer Ideen. Sie repräsentiert den kulturellen Wertewandel, der von den Graswurzeln »bottom up« durch die Gesellschaft wandert. Dafür sind die Auseinandersetzungen um »Stuttgart 21« ein beredtes Beispiel, ebenso der Ausstieg aus der Kernenergie, der 30 Jahre Arbeit am Wertewandel brauchte, bis das Ereignis in Fukushima einen plötzlichen Wandel der politischen Positionen erbrachte – aber eben nur weil die Werte sich gewandelt hatten. *Die Kultur aber ist die klassische Domäne der Zivilgesellschaft.* Als Garant der »Freiheit« obliegt es einer aktiven Zivilgesellschaft, diese neuen Werte vorzudenken, zu modellieren, mehrheitsfähig zu machen, damit die an größerer Freiheit letztlich wenig interessierten Institutionen des Staates und der Wirtschaft sich an den neuen Werten orientieren.

Der Einsatz für die neuen Werte geht mit einem neuen Verständnis von Macht einher, welches das Denken und Handeln der globalen Zivilgesellschaft wesentlich prägt. Der alternative Nobelpreisträger und chilenische Ökonom Manfred Max-Neef hat dies einmal mit einer Analogie deutlich gemacht: Wer einzeln vor einem zornigen Stier steht, dem hilft es wenig, sich einzubilden, er habe genauso viel Kraft und sei auf gleicher Augenhöhe für einen Kampf gerüstet. Der Vorschlag des Ökonomen lautete: »Lasst uns wie ein Schwarm von Moskitos sein. Es gibt keinen Moskitochef, keinen Moskito-Präsidenten, man kann niemanden liquidieren. Die Moskitowolke aber kann das Rhinozeros verrückt machen, aber das Rhinozeros kann die Moskitos nicht töten. Das heißt: Wir müssen Moskitos sein – jeden Tag, jede Stunde, überall. Und die Moskitos haben schon viel geschafft in dieser Hinsicht. Und das ist die Macht, die wir wirklich entwickeln können« (in Lüpke/Erlenwein 2010, S. 89).

Es können solche Modelle sein, wie die ägyptische *Sekem-Farm*, die eine nachhaltige Gesellschaft im Kleinformat erschaffen hat, die jährlich um 30 % wächst, ohne dies auf Kosten der natürlichen Welt zu tun, sondern im Gegenteil die Welt lebendiger macht. Auch sie und ihre Gründer und Mitarbeiter sind mit dem »Alternativen Nobelpreis« ausgezeichnet worden, weil sie, so die Jury, »ein

Unternehmensmodell für das 21. Jahrhundert« geschaffen hätten. Das sind große Worte, die allerdings auch ihre Berechtigung haben: *Sekem* – das ist zum einen die Mutterfarm mit rund 1000 assoziierten Bauernhöfen, die überall in Ägypten auf mehr als 8000 Hektar biologisch-dynamische Landwirtschaft betreiben und die Produkte gemeinsam vermarkten. *Sekem* ist zudem eine Unternehmens-Holding aus neun erfolgreichen Firmen, die Lebensmittel, Gewürze und Tees herstellen, verarbeiten und exportieren. Aus heilenden Pflanzen wird Medizin entwickelt und international vermarktet, biologisch angebaute Baumwolle zu gesunder Kinderkleidung verarbeitet, moderne Technologie und Management genutzt und entwickelt. *Sekem* ist – mitten im Entwicklungsland Ägypten – ein ökonomisches Modellprojekt für nachhaltiges Wirtschaften mit zweistelligen Wachstumsraten. Und es ist noch mehr: Zur *Sekem*-Gemeinschaft, die rund 2000 Menschen Arbeit gibt, gehören Kindergärten, eine Polyklinik, Schulen, Einrichtungen zur Erwachsenenbildung und seit 2007 eine Universität. Forschungseinrichtungen, Tanz-, Kunst- und Theaterprojekte, Behinderteneinrichtungen, Straßenkinderinitiativen wurden von der *Sekem Development Foundation* begründet. Spezialisten aus vielen Ländern der Welt machen mit. Rund 30 000 Menschen sind in Ägypten an das Netzwerk angeschlossen; die *Sekem*-Klinik versorgt 20 000 Ägypter medizinisch. *Sekem* ist ein Entwicklungsimpuls, der zunehmend an regionaler, nationaler und internationaler Bedeutung gewinnt.

Die Wirtschaft von *Sekem* basiert auf lebendiger, gesunder Erde, die seit den 70er Jahren in Kooperation mit 800 assoziierten Farmen durch biologisch dynamische Methoden fruchtbar gemacht wurde. Auf diesem agrarkulturellen Fundament wuchsen zunächst Heilkräuter, dann Gemüse, Baumwolle, Tees und Gewürze. Die vielfältige Veredlung dieser Naturwaren und ihre nationale und internationale Vermarktung bilden das ökonomische Rückgrat der *Sekem*-Gemeinschaft. Die enge Kooperation, der offene Austausch und der faire Umgang mit Bauern, industriellen Verarbeitern in Ägypten und Konsumenten in aller Welt bezeichnete die den Alternativen Nobelpreis vergebende Right-Livelihood-Stiftung einmal als »Ökonomie der Liebe«. Hier wird auch »Wachstum« neu definiert: Die Gewinne der Unternehmen bilden die finanzielle Basis aller kulturellen und sozialen Aktivitäten der *Sekem*-Initiative und ermöglichen so eine ganzheitliche Entwicklung von Wirtschaft, Menschen und Umwelt.

In der ägyptischen Initiative liegen Weisheiten für ein anderes Wirtschafts- und Gesellschaftsmodell, die auch westliche Ökonomien durchaus nutzen können. Sie liegen in der konsequenten Trennung von wirtschaftlichen, kulturellen und rechtlichen Arbeitsbereichen, die für ganzheitliche Entwicklung alle gleichermaßen wichtig sind, aber nur dann wirksam werden, wenn sie sich jeweils frei entfalten können. Denn es enthebt die Wirtschaft ihrer dominanten und zerstörerischen Rolle als alleiniger Gestalterin der Welt und macht sie wieder zum Werkzeug menschlicher, sozialer und kultureller Entwicklung. Und es zeigt – wie nebenbei –, dass mit einem kooperativen Arbeitsstil und einem hohen ethischen, sozialen und ökologischen Anspruch selbst auf dem globalen Markt nicht nur gut Profit zu machen ist, sondern dieser buchstäblich in *Mehr-Wert* für die Zukunft verwandelt werden kann. Initiativen wie *Sekem* verwirklichen als Mikrokosmos nicht weniger als ein Modell für eine andere politische, ökonomische und kulturelle Zukunft.

Doch die wohl erstaunlichste Initiative entstand, wo man sie am wenigsten erwartet hätte, in der berüchtigten Hauptstadt der Gewalt: Medellin in Kolumbien. Die südamerikanische Stadt galt über Jahrzehnte als die »Hölle auf Erden«. Drogenkartelle hatten die Macht in Medellin übernommen, mafiöse Unternehmen setzten ihre Interessen mit angeheuerten Todesschwadronen durch, kriminelle Gangs machten sich das Chaos zunutze und beherrschten die Straßen, die korrupte Polizei verdiente am Wegschauen. Medellin war in den 80er Jahren zur kriminellsten Stadt der Welt geworden. Nicht weniger als 45 000 Menschen starben in den letzten zehn Jahren des vergangenen Jahrhunderts auf den Straßen Medellins. Vergewaltigungen, Raubüberfälle, Entführungen waren an der Tagesordnung. Die Stadt verhängte eine unbefristete nächtliche Ausgangssperre. Das soziale Leben näherte sich dem Zusammenbruch.

Es war ein Handeln wider jede Vernunft, als verzweifelte Poeten mit 100 gemalten Plakaten und der Aufschrift »Poesie ist Macht« alles auf eine Karte setzten und in der blutenden Stadt öffentliche Lesungen mit 100 kolumbianischen Dichterinnen und Dichtern organisierten. Die Idee war ebenso gewagt wie simpel: Durch öffentliche Lesungen auf den Straßen, den Plazas, den Parks und in den Straßencafés sollte die Bevölkerung ihre Stadt von den Gangstern und Para-Militärs zurückerobern, ohne Waffe in der Hand, aber mit der Kraft der Poesie. Doch dann geschah das schier Unvorstellbare: Die Menschen verließen ihre Häuser, versammelten sich auf Straßen, in Theatern, in den Parks und ließen sich Gedichte vorlesen: Liebeslyrik, feine Prosa, Haikus, moderne Reime. Die 3000 Menschen, die bei der ersten Lesung zusammenkamen, saßen still im nächtlichen Park, ließen sich berühren, weinten gemeinsam, lachten gemeinsam, fühlten gemeinsam. Eine Woche später waren es schon rund 6000 Personen, die gemeinsam die Ausgangssperre durchbrachen, um zuzuhören. Die Zahlen der Besucher steigerten sich kontinuierlich: 10 000, 15 000, 25 000! Auf die Frage an Fernando Rendon, Poet und Organisator des »Poesiefestivals«, wieso denn nach Jahren der Aggression, der Raubüberfälle und des Totschlags es zu keinerlei Übergriffen kam, ist so einfach wie überzeugend: »Der Grund dafür, dass es bei den Lesungen keine Gewalt gab, ist ganz simpel«, gab Rendon zu bedenken: »Die *Banditos* mögen ja auch Liebesgedichte!« Die schlicht verrückte Idee, mit Liebesgedichten eine Stadt zu befrieden, hatte Erfolg. Die Lage normalisierte sich, die Ausgangssperre konnte aufgehoben werden, die Bürgerinnen und Bürger eroberten ihre Stadt zurück, die Kriminalität ging auf ein normales Maß zurück

Jedes Jahr besuchen seit nunmehr 25 Jahren mehr als 70 herausragende Poetinnen und Poeten die kolumbianische Stadt für zehn Tage – und finden dort bis zu 200 000 Zuhörende. Mehr als 900 Poeten aus 143 Ländern haben in Medellin ihre Texte in 60 Sprachen und Dialekten in weit mehr als 1000 öffentlichen Veranstaltungen vorgetragen. Tatsächlich wurde Medellin mit dem Festival zu einer Stadt der Poesie, wo heute achtspurige Autobahnen gesperrt werden, um Platz zu schaffen für die Lesungen, und Tausende Zuhörerinen und Zuhörer schon Stunden vor Beginn ausharren, um sich gute Plätze zu sichern. Denn die poetische Bildersprache bringt die Träume der Menschen ins Bewusstsein und formt aus ihnen Visionen eines anderen Lebens. Und sie ist eine Stimme des Widerstands, die trotz aller Not spricht und feiert. Sie verweigert sich dem Verstummen und tritt für das Leben ein. Und heute ist Medellin nicht mehr die gefährlichste Stadt der Welt. Die Ausgangssperre ist Vergangenheit, die Cafés sind offen, die Paare flanieren auf den Straßen.

Kaum eine aus solchen Ansätzen entstandene Initiative ist mit einer anderen zu vergleichen, und doch bauen sie alle auf ähnlichen Prinzipien auf. Grundlage ist immer eine relativ stabile kulturelle Identität, die oft erst mit behutsamer äußerer Hilfe wiederaufgebaut werden muss. Das in ihr gegründete traditionelle Wissen über einen verantwortungsvollen Umgang mit der Welt muss in all seiner regionalen Unterschiedlichkeit anerkannt, wiederentdeckt und gefördert werden. Erst in einem solchen gesunden Verhältnis zur umgebenden Mitwelt kann sich Selbstorganisation, Selbstkorrektur, soziale und kulturelle Evolution entwickeln. Die enge Verbindung des Menschen zum Land muss sich in stabilen sozialen Beziehungen widerspiegeln: Kooperative Gemeinschaften sind in überschaubaren, kleinen wirtschaftlichen und politischen Einheiten offensichtlich in der Lage, auf fast jede Krise kreativ zu reagieren (Lüpke 2004, S. 247ff.).

Trotzdem herrscht die Meinung vor, dass das Tempo und Ausmaß der Zerstörung weit größer ist als jene Zeichen einer grundlegenden Veränderung. Ich glaube, dass hier – wie in den genannten Beispielen der Erfolge der globalen Zivilgesellschaft – eine Täuschung vorliegt. Ich möchte dies erläutern, indem ich auf drei wesentliche, schon existierende Ebenen des großen gesellschaftlichen Wandels verweisen will, der heute vor sich geht:

Im Wesentlichen findet die historische Wende gleichzeitig auf drei Ebenen statt (Macy 2009, S. 133–140): Dabei handelt es sich erstens um Aktionen, welche die Umweltzerstörung bremsen und den ökologischen und sozialen Zusammenbruch der industriellen Wachstumsgesellschaft hinausschieben. Zweitens wird der kulturelle Wandel von einer sorgfältigen Analyse der strukturellen Wurzeln der Fehlentwicklung geprägt, wobei gleichzeitig an der Entwicklung von strukturellen Alternativen gearbeitet wird. Drittens geht es um einen grundlegenden Wandel in unserer Wahrnehmung, unserem Weltbild und unseren Werten. Jeder, der sich dem Wandel für eine nachhaltige Zukunft verpflichtet fühlt, ist auf einer oder allen drei Ebenen aktiv.

Die vordergründigste Ebene ist fraglos die des öffentlichen politischen Widerstands gegen alle Formen der Zerstörung von natürlichen Lebensgrundlagen. Sie vollzieht sich innerhalb und außerhalb der Parteien, in Bürgerinitiativen und Verbänden, auf Demonstrationen, in den NGOs und Initiativen und arbeitet mit allen Methoden des zivilen Ungehorsams, mit öffentlichen Kampagnen, Lobbyismus und dem Aufbau politischer Gegenkräfte. Sie ist enorm wichtig, reicht aber nicht aus, die notwendige Wende herbeizuführen, wie wir mittlerweile wissen. Ihre hohe Bedeutung liegt vielmehr darin, die für einen grundlegenden Wandel dringend benötigte Zeit zu gewinnen.

Die zweite Ebene besteht in der Aufdeckung der zerstörenden gesellschaftlichen und wirtschaftlichen Strukturen und der Suche nach funktionierenden Alternativen, auf deren Grundlage die Gesellschaften evolutionär umgebaut werden können. Hier geht es darum, nicht nur die Gesetzmäßigkeiten der internationalen Wirtschafts- und Geldpolitik durchschaubar zu machen, sondern auch die dahinter liegenden Mythen aufzudecken und kleine zukunftsfähige Gegenmodelle zu entwickeln. Die Einsicht in die strukturellen Wurzeln der Fehlentwicklung geht Hand in Hand mit der Entwicklung struktureller Alternativen. Diese Entwicklung vollzieht sich meist, ohne dass die breite Öffentlichkeit etwas davon erfährt – und doch entsteht hier unter der Oberfläche ein feines

Wurzelwerk, das immer wieder neue Sprösslinge hervorbringt und die Gesellschaften nach und nach »ergrünen« lässt. All das findet längst statt – nicht nur im kleinen dörflichen Maßstab, sondern immer öfter durch NGOs, die Hunderttausende oder gar Millionen Mitglieder im Rücken haben. Durch sie wird von unten ein Wandel initiiert, der nicht auf entsprechende staatliche Reformprogramme wartet. Doch auch sie schaffen nicht den notwendigen Wandel. Aber sie enthalten die Samen für künftige nachhaltige Strukturen und erfüllen die Funktion von Modellen, in denen gesellschaftliche Lösungen für die Zukunft entwickelt und praktisch erprobt werden. Um sie zum Mainstream werden zu lassen, braucht es einen grundlegenden Wandel in unserer Wahrnehmung und unseren Weltbildern. Und um dies geht es auf der dritten Ebene des Wandels.

Die dritte Ebene ist die Arbeit an der Wahrnehmung und am Bewusstsein der Menschen. Hier geht es um nichts Geringeres, als die Veränderung eines Weltbildes: von einer materialistischen, mechanistischen, konkurrenzbetonten und wachstumsorientierten zu einer kooperativen, partnerschaftlichen und ganzheitlichen Sichtweise. Auf dieser – sehr breiten – Ebene entscheidet sich letztendlich, ob der Umbau gelingen wird. Dieser Wandel ist nicht in Parteien, Verbänden und Initiativen zu organisieren, sondern wurzelt in der ganz individuellen Suche nach neuen Lebensformen, die ein Mehr an Lebensqualität und Glück über die Befriedigung materieller Bedürfnisse stellt. Sie ist untrennbar verbunden mit der verbreiteten Sehnsucht, wieder mit einer lebendigen Umwelt in Kontakt zu treten, dem Wunsch, sich rückzubinden an eine Mitwelt, die als großer lebendiger Organismus das einzelne Individuum umgibt.

Dazu gehören sicher auch – und das finde ich hier wichtig – die zahlreichen Versuche der Menschen, ihre Wahrnehmungs-, Verdrängungs-, Reaktions- und Handlungsmuster durch Therapie und Selbsterfahrung zu hinterfragen, ihre persönlichen Potenziale zu entfalten, zu eigenen Werten von Lebensqualität zu kommen und sich unabhängiger von den Ersatzbefriedigungen der Konsumwelt zu machen.

Keiner dieser Ansätze hält fertige Lösungen oder fertige Ideologien bereit. Dieser kulturelle Wandel gleicht eher einem offenen Prozess, in dem die Eckpunkte unseres Wirklichkeitsbildes neu definiert werden. Die wenigsten dieser Ansätze sind sich gegenseitig im Wege, sie begreifen sich vielmehr untereinander als hilfreiche Bausteine in der Architektur eines neuen ökologischen Weltbildes. Fast alle Menschen, die an einer nachhaltigen Gesellschaft arbeiten, fühlen sich mindestens einer dieser drei Ebenen verbunden. Dies allein macht deutlich, dass wir alle Teile und Zellen dieses wach werdenden Immunsystems eines lebendigen Organismus sind, der dabei ist, sich neu zu organisieren und zu heilen.

Ganz ähnlich äußert sich übrigens auch der führende Berater internationaler Wirtschaftsunternehmen, der deutsche Soziologe am MIT in Cambridge, Massachusetts, Claus Otto Scharmer. Er sagte jüngst zu mir: »Die neue Welt entsteht aus der Gleichzeitigkeit von drei globalen Revolutionen, die die Koordinaten der sozialen, politischen, wirtschaftlichen und kulturellen Welt neu definieren werden. Das ist einerseits das Entstehen einer neuen Ökonomie auf der Basis einer ökologischen Revolution. Es ist zweitens das Entstehen einer Netzwerkgesellschaft durch eine soziale Revolution auf der Basis neuer Beziehungs- und Kommunikationsstrukturen. Und es ist drittens das Entstehen eines neuen Bewusstseins durch eine kulturell-spirituelle Revolution. Diese letztgenannte Revolution von innen wird getragen vom Entstehen der Zivilgesellschaft als globaler Kraft. Das sind drei Bewegungen einer evolutionären Strömung. Was für eine Welt sich daraus entwickelt, liegt in unserer Hand. Im Kern geht es dabei heute individuell und kollektiv um das Zusammenprallen von zwei Qualitäten: Es ist der Aufeinanderprall zwischen dem alten Selbst, der Person, die man immer war, und dem im Entstehen begriffenen höheren Selbst, des Selbst, das die höchste zukünftige Möglichkeit repräsentiert« (in: Lüpke 2009b, S. 363).

Die Aufgabe ist also eigentlich nicht mehr, ein mörderisches »System zu stürzen«, wie man in den letzten Jahrzehnten oft meinte. Es geht vielmehr darum, diesen absehbaren Zusammenbruch des Systems und des dahinterstehenden Weltbildes so zu gestalten, dass er nicht zu viele Opfer fordert und im Kollabieren nicht zu vieles mit sich reißt. Es geht darum, die absehbar vor uns liegenden »dunklen Zeiten« zu verkürzen und weniger dunkel werden zu lassen.

Wie hängen globale Zerstörung und weltumspannende zivilgesellschaftliche Modelle zusammen? Man erinnere sich an Goethe: »Und so lang du das nicht hast, dieses: Stirb und werde!, bist du nur ein trüber Gast auf der dunklen Erde.« Es geht archetypisch um Tod und Wiedergeburt und wie beides auseinander entspringt. Es geht um einen initiatorischen Prozess, in dem wir alte Identitäten, Überzeugungen, Weltbilder ablegen, weil sie uns nicht mehr dienen, und nach einer Phase der Verwirrung und des Chaos und der Perspektivlosigkeit zu neuen Werten und Perspektiven finden. Es geht um den Versuch einer Transformation von Ökonomie, aber auch von Gesellschaft, Werten und Kultur. Der Dichterpräsident der Tschechen Václav Havel sagte dazu sehr treffend: »Ich denke, es gibt gute Gründe für die Annahme, dass das moderne Zeitalter zu Ende geht. Es gibt heutzutage viele Hinweise darauf, dass wir uns in einem Übergangsstadium befinden, wo etwas auf dem Weg hinaus ist und etwas anderes unter Schmerzen geboren wird. Es ist so, als ob etwas taumelt, schwankt, schwindet und sich selbst erschöpft – während etwas anderes, noch Unbestimmtes, langsam beginnt, sich aus den Trümmern zu erheben« (Havel 1994, Übersetzung: G. v. L.).

Wir befinden uns also fraglos in einem spannenden Zustand des Übergangs, an dem unendlich viele Menschen mitweben. Gerade weil dieses Gewebe voller Muster und Ebenen ist, lässt es sich nur schwer beschreiben. Der alternative Nobelpreisträger Nicanor Perlas war selbst jahrelang auf der Suche nach so einem Bild, welches das Gewebe des Wandels in ein für jeden verständliches Bild brachte. Und er fand es schließlich in dem, was die moderne Biologie heute über die Transformation der Raupe zum Schmetterling weiß:

Wenn sich eine Raupe in ihren Kokon einspinnt, dann entstehen – so wissen wir heute – in ihrem Körper neue Zellen, die von der Wissenschaft »Imago-Zellen« genannt werden. Sie schwingen in einer anderen Frequenz als der Rest des Raupenkörpers. Sie sind so andersartig, dass das Immunsystem der Raupe sie für feindliche Fremdkörper hält, sie angreift und verschlingt. Aber diese neuen Imago-Zellen tauchen erneut im Raupenkörper auf und werden immer mehr. Schon bald kann das Immunsystem der Raupe diese Zellen nicht mehr schnell genug vernichten. So überleben immer mehr Imago-Zellen diese Angriffe. Und dann passiert etwas Erstaunliches: Die kleinen und bis dahin ziemlich einsamen Imago-Zellen beginnen, sich in kleine Gruppen zu verklumpen. Dabei schwingen sie auf einer ähnlichen Ebene und beginnen von Zelle zu Zelle, Informationen miteinander auszutauschen. Die Klumpen von Imago-Zellen beginnen, Gruppen zu bilden! Dann, an einem bestimmten Punkt, scheint dieser lange Faden von Imago-Zellen plötzlich zu begreifen, dass er etwas *ist*. Etwas anderes als die Raupe. Etwas Neues! Und mit der Erkenntnis einer eigenen Identität verwandelt er den alten Raupenkörper von innen. Diese Erkenntnis ist die eigentliche Geburt des Schmetterlings. Denn damit kann jetzt jede Schmetterlingszelle ihre eigene Aufgabe übernehmen. Für jede neue Zelle ist etwas zu tun; alle sind wichtig. Jede Zelle beginnt das zu tun, wo es sie am meisten hinzieht. Und alle anderen Zellen unterstützen sie darin, genau das zu tun (in: von Lüpke 2009c, S. S. 239ff.).

Was uns die Natur als perfekte Methode, einen Schmetterling zu erschaffen, vormacht, könnte als Analogie für die Prozesse der gesellschaftlichen und kulturellen Transformation der Gegenwart dienen. Menschen, die für neue Möglichkeiten wach werden, sind so etwas wie die Imago-Zellen der Gesellschaft. Der Prozess der sozialen Transformation beginnt mit dem Auftauchen von Individuen, welche die Samen der Zukunft in sich tragen. Sie sind »imaginativ«, indem sie in ihrem Sein und ihrer Identität einen Aspekt der zukünftigen Wirklichkeit in sich tragen. Diese innovativen Individuen sind so etwas wie Fackelträger einer sich entfaltenden Zukunft. Sie mögen Rückschläge erleben, sind jedoch in ihrer Dezentralität nicht zu eliminieren. Um sich durchzusetzen, müssen die verschiedenen Bewegungen, die in sich als Samen die verschiedenen Möglichkeiten einer Zukunft tragen, lernen, so zusammenzukommen, dass sie sich gegenseitig in ihren jeweiligen Identitäten und Fähigkeiten unterstützen und stärken. Gesellschaftliche Transformation wird erst dann wirklich möglich, wenn diese ganz verschiedenen Identitäten lernen, mit- und untereinander eine Synergie zu schaffen. Das steht uns bevor.

Literatur

David Suzuki Foundation (1992): Declaration of Interdependence. www.davidsuzuki.org/about/declaration (Zugriff: 14.07.2013).

Havel, Václav (1994): The Need for Transcendence in the Postmodern World. Speech in Independence Hall, Philadelphia, 4. Juli 1994. www.worldtrans.org/whole/havelspeech.html (Zugriff: 14.7.2013).

Lovelock, James (1992): Gaia. Die Erde ist ein Lebewesen. Scherz, München.

Lüpke, G. v. (1995): Der Erde eine Stimme geben. Radio-Feature in: BR Bayern 2.

Lüpke, G. v. (2004): Die Alternative. Wege und Weltbilder des Alternativen Nobelpreises. Riemann, München.

Lüpke, G. v. (2008a): Politik des Herzens. Nachhaltige Konzepte für das 21. Jahrhundert. Gespräche mit den Weisen unserer Zeit. 3. komplett überarb. Aufl. Arun, Uhlstädt-Kirchhasel.

Lüpke, G. v. (2008b): Das wirkliche Menschsein wiederentdecken. Im Gespräch mit der Ökologin und Kulturforscherin Dolores LaChapelle. In: ders.: Politik des Herzens. Nachhaltige Konzepte für das 21. Jahrhundert. Gespräche mit den Weisen unserer Zeit. Arun, Uhlstädt-Kirchhasel, S. 115–126.

Lüpke, G. v. (2008c): »Wir müssen unsere Fürsorge ausdehnen«. Im Gespräch mit dem Öko-Philosophen Arne Naess. In: ders.: Politik des Herzens. Nachhaltige Konzepte für das 21. Jahrhundert. Gespräche mit den Weisen unserer Zeit. Arun, Uhlstädt-Kirchhasel, S. 105–114.

Lüpke, G. v. (2009a): Zukunft entsteht aus Krise. Antworten von Joseph Stiglitz, Vandana Shiva, Wolfgang Sachs, Joanna Macy, Bernard Lietaer u. a. Riemann, München.

Lüpke, G. v. (2009b): Aus der entstehenden Zukunft heraus handeln, agieren, führen. Im Dialog mit dem Soziologen und Führungskräfte-Trainer Prof.

Dr. Claus Otto Scharmer. In: ders.: Zukunft entsteht aus Krise. Antworten von Joseph Stiglitz, Vandana Shiva, Wolfgang Sachs, Joanna Macy, Bernard Lietaer u. a. Riemann, München, S. 342–365.
Lüpke, G. v. (2009c): Die globale Zivilgesellschaft als kulturelle Kraft des Wandels. Im Dialog mit dem Aktivisten für eine globale Zivilgesellschaft Dr. Nicanor Perlas. In: ders.: Zukunft entsteht aus Krise. Antworten von Joseph Stiglitz, Vandana Shiva, Wolfgang Sachs, Joanna Macy, Bernard Lietaer u. a. Riemann, München, S. 200–244.
Lüpke, G. v. (2010): Von Davids und Goliaths. 30 Jahre Alternativer Nobelpreis. Radio-Feature am 12.9.2010 in: BR Bayern 2 / Evangelische Perspektiven.
Lüpke, G. v. (2011): Transition Town – Städte des Wandels. Radio-Feature am 3.6.2011 in: BR Bayern 2 / radioWissen.
Lüpke, G. v. (2013): Denken wie ein Berg. Arne Naess zum 100. Geburtstag. Radio-Feature am 14.4.2013 in: BR Bayern 2 / Kulturjournal.
Lüpke, G. v. / Erlenwein, P. (2010): Projekte der Hoffnung: Der Alternative Nobelpreis. Ausblick auf eine andere Globalisierung. 3., aktualisierte und erw. Aufl. oekom, München.
Macy, Joanna (2009): Geliebte Erde, geliebtes Selbst. Mut zu Wandel und Erneuerung. Junfermann, Paderborn.
Macy, Joanna (2011): Die Reise ins lebendige Leben. Strategien zum Aufbau einer zukunftsfähigen Welt. Junfermann, Paderborn 2011
Meadows, Dennis / Meadows, Donella (1972): Die Grenzen des Wachstums. Bericht an den Club of Rome zur Lage der Menschheit. Deutsche Verlags-Anstalt, Stuttgart.
Naess, Arne (1989): Ecology, Community, and Lifestyle. Outline of an Ecosophy. Cambridge University Press, Cambridge.
Naess, Arne (2013): Die Zukunft in unseren Händen. Eine tiefenökologische Philosophie. Edition Trickster. Peter Hammer, Wuppertal.
Seed, J., et al. (1989): Denken wie ein Berg. Ganzheitliche Ökologie: Die Konferenz des Lebens. Bauer, Freiburg im Breisgau.
Weber, A. (2012): Die Wiederentdeckung der Wirklichkeit. Vorwort. In: Abram, D. (2012): Im Bann der sinnlichen Natur. Die Kunst der Wahrnehmung und die Mehr-als-menschliche Welt. think oya, Klein Jasedow, S. 8.
Zukunftsfähiges Deutschland in einer globalisierten Welt. Eine Studie des Wuppertal Instituts für Klima, Umwelt und Energie (2008). S. Fischer, Frankfurt/Main.

Luzia Sutter Rehmann

In Zeiten der Ausweglosigkeit die Welt neu zusammensetzen

Reflexionen zur Offenbarung des Johannes

Die Apokalypse des Johannes hat mich sehr vieles gelehrt. An ihr konnte ich meinen Blick schärfen für die Nuancen einer Katastrophe, ihr Herbeischleichen oder plötzliches Hereinbrechen, für die verschiedenen Standpunkte der Betroffenheit, der Täterschaft und Mittäterschaft (Sutter Rehmann 1995). Wer fürchtet sich vor dem Ende? Wer sehnt sich danach? Das Ende wovon? Und schließlich die energetische Frage: Was bewirkt die Rede vom Untergang – Resignation oder Hoffnung?

In der Auslegungsgeschichte war eine große Frage bei der Lektüre dieses Buches immer: Ist das Buch als eine Vorhersage zu lesen? Will es Angst machen damit, dass es vom Untergang spricht? Oder analysiert es die Missstände seiner Gegenwartszeit, die zum sicheren Untergang führen werden – wenn nicht bald etwas dagegen unternommen wird?

In jüngster Zeit zeichnet sich eine weitere Lektüremöglichkeit ab: Die Apokalypse des Johannes prognostiziert den Untergang nicht, sondern arbeitet daran, nach dem geschehenen Desaster die Welt neu zusammenzusetzen. Die Rede von den sich öffnenden Türen, Himmelstoren, Büchern, Siegeln, Abgründen korrespondiert mit den Augen und Ohren, die aufgehen und neu, anders sehen lernen. Eine neue Sicht wird eröffnet, neu zusammengesetzt, nachdem die alte Sicht und die bekannte Welt in Stücke gebrochen ist. Davon möchte ich hier erzählen.

> Schreib nun, was du gesehen hast und was ist und was danach geschehen wird! (Offb 1,19)

I. Apokalyptische Perspektivenklärung

Der neue Kinofilm des Komikers Kaya Yanar, *Agent Ranjid rettet die Welt*, trifft das Lebensgefühl der kleinen Leute, die in ihrem Alltag mit allem Möglichen zu kämpfen haben und doch auch lachen möchten. Und obwohl es nur der Alltag ist, kann dieser bei genauem Hinsehen ganz schön bedrohlich sein. Klar, der Film ist nicht so ernst zu nehmen – gerade darum geht es dem Komiker ja. Gefragt, welche Themen er nicht anfassen würde, sagte Yanar in einem Interview: »Bei Themen wie Krankheit, Tod und Katastrophen sehe ich kein Comedy-Potenzial… Wenn die Katastrophe wirklich eintritt, ist der Komiker arbeitslos. Zu Recht« (Yanar 2012, S. 40).

Wenn der Komiker arbeitslos wird, beginnt die Arbeit der ApokalyptikerInnen.

Doch die Frage ist, wann eine Katastrophe wirklich eintritt. Dabei spielt natürlich auch eine Rolle, ob wir die Katastrophe im persönlichen, wirtschaftlichen, kosmischen oder politischen Bereich verorten. Wir müssen also klären, was wir uns unter einer Katastrophe vorstellen.

Eine Katastrophe hat weitreichende Konsequenzen. Sie kann Leben langfristig und nachhaltig verändern. Sie kann Schäden hinterlassen, die nie mehr zu beheben sind. Es gibt Unglücksfälle (z. B. ein Grubenunglück, einen Flugzeugabsturz), aber auch politische Katastrophen (z. B. Bürgerkriege, den Holocaust); auch im Leben von Einzelnen kann der Verlust einer geliebten Person oder der Gesundheit als eine Katastrophe bezeichnet werden. Was würden Sie als »Katastrophe« bezeichnen? Wie würden Sie »Katastrophe«[1] definieren? Zudem gilt es zu bedenken, dass mit diesem Wort Panik geschürt werden kann. Es gibt aber auch einen inflationären Gebrauch des Wortes, so dass kaum mehr adäquat reagiert wird. (Was aber wäre adäquat?) »Die Hoffnung, dass es so weitergehen solle, die Furcht vor der Katastrophe, die in der Überzeugung gründet, dass es nicht so weitergehen könnte, und die Erkenntnis der Katastrophe darin, dass es so weitergeht, bezeichnen eine Art Koordinatensystem […]« (Ebach 1985, S. 5).

Der Begriff »Katastrophe« hat nicht nur einen etymologischen Ursprung, was er eigentlich bezeichnet, sondern auch einen politisch-praktischen Verwendungshorizont. Er kann gebraucht werden, um etwas hinauszuschieben: Das, was jetzt geschieht, ist noch lange keine wirkliche Katastrophe. Damit haftet dem Begriff etwas Drohendes, Ausstehendes an, das erst noch hereinbrechen kann. Dies lässt sich mit der Hoffnung verbinden, dass es *so weitergehen soll* – dass die Katastrophe noch möglichst lange nicht eintreten möge. Diese Hoffnung ist bei all denen zu finden, denen es im Moment (noch) gut geht, die möchten, dass dies auch noch lange so bleibt und der Trend noch lange so weitergeht.

Allerdings kann die Gegenwart getrübt sein durch die Furcht, es könnte *nicht so weitergehen wie bisher*. Es könnte eines Tages etwas eintreten, aber hoffentlich doch nicht… Bis jetzt sind wir ungeschoren davongekommen. Aber was wird sein, wenn wir doch eines Tages geschoren werden? Diesen etwas gebrochenen Optimismus finden wir heute an vielen Orten in Europa, auch in den wohlhabenden Ländern.

Und schließlich die Erkenntnis, die erschreckende oder auch zur Verzweiflung bringende Erkenntnis, dass die Katastrophe darin besteht, *dass es so weitergeht* wie bisher. Es müsste sich dringend ein Ausweg, eine Rettung abzeichnen. Dringend müssten wir unser Handeln ändern. Radikale Einschnitte wären nötig. Doch nichts geschieht oder nur kleinste Schritte.[2]

»Die 5 Minuten vor 12 könnten doch lange dauern… Wie hören wir einen solchen Satz? Ist es eine Beruhigung, eine Abwiegelung oder eine Zuspitzung? Können wir denn ernsthaft aussprechen: besser, als dass es immer so weitergehe, sei das Ende? ›High Noon‹ besser als die mögliche Verlängerung der letzten 5 Minuten? W. Hildesheimer sagte, es sei nicht ›5 vor 12‹, sondern halb drei. ›Das war um halb drei. Inzwischen ist es vier. Nur merkt ihr es nicht‹« (Ebach 1985, S. 7). [3]

Der Beitrag von Jürgen Ebach aus dem Jahr 1985 hat meine Sicht der Welt geprägt. Mit vielen anderen zusammen habe ich Angst und Schrecken gespürt, als immer mehr atomare Sprengköpfe in Europa gelagert wurden. Wir begannen, die schleichende Naturkatastrophe wahrzunehmen, und uns dämmerte, dass es Katastrophen gibt, die darin bestehen, dass Zustände andauern, fortbestehen und gerade nicht unterbrochen werden. Ich realisierte, dass unsere westliche Welt sich in Katastrophen eingerichtet hatte und entschlossen war, nicht umzukehren, nicht abzulassen, sondern weiterzumachen, solange es geht.

Die Ökonomin Dambisa Moyo[4] skizziert in ihrem Buch *How the West Was Lost* (2010), wie in den letzten 50 Jahren viele Weichenstellungen in Europa und den USA zu der Situation führten, in der wir uns heute befinden. Sie nennt diese Jahre »ökonomischer Wahnsinn«. Ihr Buch zeigt, dass heute die Zeit vorbei ist, in der sich Europa und die USA in zuversichtlicher Dominanzstimmung befanden.

Das Lebensgefühl vieler Menschen in der westlichen Welt ist von Krisen getrübt, Krisen, die nicht nur zurückliegen und verarbeitet werden wollen, sondern solche, die andauern, die nicht aufhören, zu denen immer neue hinzukommen. Die Katastrophe darin zu sehen, dass alles so weitergeht wie bisher und eine Trendwende nicht zu erwarten ist, ist heute nicht nur die Erkenntnis der Intellektuellen und kritischen Frauen und Männer. Sie dringt unter die Haut vieler und erzeugt ein verwirrtes Lebensgefühl. Ob darin mehr Resignation oder Wut, mehr Laissez-faire oder Konkurrenzgehabe die Oberhand haben, lasse ich unsortiert. Es ist auf jeden Fall ein mulmiges Lebensgefühl.

2. Die Rede von der Zeitenwende und ihre kontextuelle Verortung

Im Süden Europas wird gegen die sogenannte Austeritätspolitik heftig protestiert, gegen das Sparen am falschen Ort, dort, wo es weht tut, bei gleichzeitigem Laissez-faire der Banken und Reichen. Gleichzeitig empören sich im Nahen Osten breite Teile der Bevölkerung gegen autokratische Herrschersysteme. In der Schweiz empört man sich dagegen kaum – höchstens ein bisschen, dafür geht es vielen noch zu gut. Das kann sich ändern, wird sich ändern, muss sich ändern – je nach Ort in der Gesellschaft klingt dieser Satz ganz anders. Wer befürchtet, dass sich etwas ändert – wer hofft darauf, dass sich vieles ändert?

Die Rede von der Zeitenwende, vom Ende dieser Zeit, dieser Welt, dieser Ära, muss immer kontextuell verortet werden. Es ist ein Unterschied, ob der US-amerikanische Präsident von der Endschlacht gegen die Mächte des Bösen spricht – oder ob der dissidente Schriftsteller Liao Yiwu bei der Übergabe des Friedenspreises des Deutschen Buchhandels Chinas Zusammenbruch erhofft: »Dieses Imperium muss auseinanderbrechen«, wiederholte der Schriftsteller während seiner Rede mehrfach auch auf Deutsch. »Dieses menschenverachtende Imperium mit den blutigen Händen, die Ursache für so viel Leid in der Welt, dieser unendlich große Müllhaufen muss auseinanderbrechen« (zitiert in: Riebsamen 2012).

Der Unterschied ist die Perspektive: Während Ronald Reagan die Mittel zur Vernichtung in der Hand hatte und aus einer Perspektive der Macht sprach, spricht Liao Yiwu aus der Position eines Schreibenden, der aus China geflohen ist. Yiwu spricht aus der *jailhouse-perspective* derjenigen, die die Unterseite einer Macht erlitten haben, deren Gewaltseite (Schüssler Fiorenza 1985, S. 198). Er kündigt dem Imperium aus Sorge um die Menschen, die darin dieser Gewalt ausgesetzt sind, das Ende an.

Eine wiederum andere Perspektive können wir in einer Rede von Günter Grass ausmachen, in der er seine Angst vor einem apokalyptischen Inferno zum Ausdruck brachte, die viele (auch ich) zu Beginn der 80er Jahre teilten: »Auch für mich, also jemand, der eigentlich nicht dazu neigt, sich von Weltuntergangsstimmungen tragen zu lassen, ist das Ende menschlicher Anwesenheit auf dem Planeten Erde vorstellbar geworden. Keine Naturgewalten, wir bedrohen uns. Kein unwägbares Schicksal ist über uns verhängt, sondern ureigenes Machwerk« (Grass 1981).

Grass erschrak über die Fähigkeit, menschliches Leben global zerstören zu können. Sein Erschrecken bezieht sich dennoch auf eine futurische, potenzielle Gefahr, die zurzeit noch nicht eingetreten ist – er spricht quasi aus einer gut gepolsterten Situation heraus, aus dem Erschrecken, dass es einmal ganz schlimm werden könnte.

Ich fasse zusammen:

- Reagan beschwor die Apokalypse herauf – um Angst zu machen und sein Imperium zu stärken, damit es mit der Vormacht der USA so weitergehen kann wie bisher.
- Grass realisierte die Gefahr, was geschehen kann, wenn es so weitergeht wie bisher.
- Yiwu appelliert an die humane chinesische Tradition und ein Ende der Unterdrückung, ein Ende des Machtstrebens, damit es nicht so weitergeht wie bisher.

So sehen wir, dass es sehr darauf ankommt, unter welchen historischen Bedingungen die Rede vom Weltuntergang formuliert wird. Je nachdem, ob diese Formulierung aus den Zentren der Macht stammt oder aus marginalisierter Position, aus Ungeduld gegenüber andauerndem Unrecht vorgetragen wird, kann sie politisch-praktisch gegenteilige Konsequenzen nach sich ziehen, oder wie Ebach es sagte: »So ist die Frage, ob und unter welchen Bedingungen eine apokalyptische Stimmung, die Erwartung des Weltuntergangs mit Entsetzen oder mit Hoffnung verbunden ist (oder ob das eine falsche Alternative ist), eine historische und zugleich eine praktisch-politische. Ebenso verhält es sich mit der Frage, ob die Beschwörung der Apokalypse Weltflucht und Resignation oder Kritik und Widerstand befördert« (Ebach 1985, S. 6).

3. Was geschehen wird in Bälde (Offb 1,1)

Dambisa Moyo hat beschrieben, in welcher Krise sich der Westen gegenwärtig befindet. Sie hat politische und ökonomische Fehlentwicklungen benannt. Und sie folgert, was deren Konsequenzen sein werden. In diesem Sinne hat sie eine apokalyptische Ökonomie skizziert: Sie hat nicht den Untergang beschworen, sie prophezeit ihn nicht, sondern hat Entscheidungen und Faktoren benannt, die dazu führen, dass die Vormachtstellung des Westens schwindet. Sie skizziert, wohin die gegenwärtige Politik des ökonomischen Wahnsinns führen wird. Das ist aufdeckend, weiterführend und im wahren Sinne des Wortes *apokalyptisch*.

Apokalyptisch bedeutet nämlich: enthüllend (von *apo-kalyptein*, griechisch »ent-hüllen, ent-schleiern, ent-bergen«). Apokalyptik enthüllt, was Sache ist. Statt es länger zu verheimlichen oder kleinzureden, es zu verharmlosen, wird aufgedeckt, benannt.

Das letzte Buch der Bibel ist die Apokalypse des Johannes (also die Offenbarung, Enthüllung, Aufdeckung, Entlarvung des Johannes). Sie ist kein ökonomisches Werk, sondern in der Tradition der jüdischen Prophetie geschrieben. Das heißt, sie analysiert wie Moyo die Entwicklungen der letzten Jahrzehnte, aber nicht nur nach wirtschaftlichen Modellen, sondern in der Sprache des damaligen jüdischen Widerstandes gegen das vorherrschende Machtmodell Roms. Damit wird der Macht Rom eine kritische Instanz gegenübergestellt: Gott, Adonaj, die Gottheit des Exodus und der Schöpfung, die Israel nicht im Stich lässt, während Rom das kleine Land ausgebeutet und blutig unterworfen hat.

Die Schrift entstand am Ende des 1. Jahrhunderts. Die Forschung weiß nicht, wer »Johannes« war, wann er genau lebte. Sicher ist er nicht derjenige Johannes aus den Evangelien, die Sprache der Offenbarung ist eigenartig und nicht mit den Evangelien vergleichbar, weder grammatikalisch noch inhaltlich. Der Name »Johannes« steht vermutlich gar nicht für einen Mann, sondern für eine prophetisch-messianische Widerstandsgemeinschaft – ein Deckname also. Diese prophetische Gruppe schrieb von sich selbst, dass sie auf Patmos war, einer kleinen Insel im Osten des Mittelmeers. Jedenfalls ist das Buch aus einer Perspektive geschrieben, die Gewalt erfahren hat, aus einer *jailhouse perspective.*

Zur Entstehungszeit dieses Buches war Palästina verwüstet. Jerusalem war zerstört, die römische Armee hatte die Stadt vier Jahre lang belagert und ausgehungert. Dann war es ein Leichtes gewesen, sie einzunehmen und in einen Schutthügel zu verwandeln. Der Tempel, einer der schönsten des Altertums, lag in Schutt und Asche. Viele tausend Menschen wurden getötet, vertrieben, verkauft. Etwa zehntausend Jüdinnen und Juden wurden als Sklavinnen und Sklaven nach Rom gebracht. Viele von ihnen bauten z. B. das Kolosseum, das heute noch in Rom zu bewundern ist.

Die große Katastrophe war eingetreten.

Und doch, von dieser Katastrophe spricht die Offenbarung nicht. Der Untergang Jerusalems, die große Niederlage des jüdischen Widerstands – davon findet sich kein Wort, obwohl die Bevölkerung sich zu dieser Zeit noch keineswegs von diesem Schlag erholt hatte. Nach einem solchen Kriegszug herrschten gewöhnlich noch Hunger und Unsicherheit im eroberten Land, das unter den neuen Tributlasten alles andere als einen Aufschwung erlebte. Die Lage der jüdischen Bevölkerung im ganzen Römischen Reich verschlechterte sich durch das Aufbäumen Palästinas. Privilegien, die die jüdischen Gemeinden sich in Rom und den Provinzen ausgehandelt hatten, wurden aufgehoben, denn »jüdisch« wurde mit aufständisch gleichgesetzt und kritisch beäugt.

Die Gruppe um Johannes schrieb von der Insel Patmos aus, die zu dieser Zeit eine römische Strafkolonie war. Prophetie stand zu dieser Zeit im Römischen Reich unter Strafe.[5] Rom hatte genug von den Propheten aus dem Nahen Osten, die von einer Welt ohne Kaiser und ohne Unterwerfung sprachen. Rom verbot sich jegliche Zukunftsprognose. Es würde nie eine Zukunft ohne Rom geben. Wer etwas anderes sagte, betrieb Staatskritik, Volksaufhetzung.

Wenn wir diese Beobachtungen ernst nehmen, heißt das: Die Apokalypse als Buch entstand, als das Schlimmste schon eingetroffen war. Sämtliche Hoffnungen auf ein Leben in Freiheit und

Würde, ohne römische Besatzung und hohe Pachtzinse, Steuern und römisches Schuldensystem, mussten nach diesem Kriegsende begraben werden. In dieser Zeit der Ausweglosigkeit hielt die Gruppe um Johannes Ausschau nach Türen, die sich öffneten, nach Einblicken in Bücher, in den Himmel, und dabei begannen sich die Augen und die Ohren der Lesenden zu öffnen.

> Schreib nun, was du gesehen hast und was ist und was danach geschehen wird! (Offb 1,19)

Also: Die Offenbarung blickt weder auf die Katastrophe zurück noch kündet sie einen Weltuntergang an. Sie deckt aber auf, was gegenwärtig schiefläuft, wo falsche Allianzen das Leben bedrohen und wo Gewalt herrscht. Vor den Augen der Lesenden zeichnet sich der Unterschied ab zwischen dem, was trägt, und dem, was sich als bodenloser Irrtum erweist. Und wer es wagt, mit dem Seher Johannes ganz genau hinzuschauen, wird entdecken, wie Gewalt unterbrochen werden kann. Denn das ist es, was bald einmal geschehen muss (Offb 1,1). So kann es nämlich nicht weitergehen. Eine neue Perspektive muss gefunden werden.

4. Seh-Übungen anhand Offb 6

> Und ich schaute auf, und siehe, ein weißes Pferd, und der darauf saß, hatte einen Bogen; und es wurde ihm ein Kranz gegeben, und er zog aus als Sieger und um zu siegen. [...] Und ein andres Pferd kam hervor, ein feuerrotes, und dem, der darauf saß, wurde gegeben, den Frieden von der Erde wegzunehmen, so dass sie einander hinschlachteten; und er erhielt ein großes Schwert. [...] Und ich schaute auf, und siehe, ein schwarzes Pferd, und der darauf saß, hatte eine Waage in seiner Hand. Und ich hörte, wie eine Stimme sprach: Zwei Pfund Weizen für einen Denar und sechs Pfund Gerste für einen Denar! Und dem Öl und dem Wein füge keinen Schaden zu! [...] Und ich schaute auf, und siehe, ein

> fahles Pferd, und der darauf saß, dessen Name ist »der Tod«; und der Herrscher des Totenreiches folgte ihm nach. Und es wurde ihnen Macht gegeben über den vierten Teil der Erde, zu töten mit dem Schwert und mit Hunger und mit Pest und durch wilde Tiere der Erde [...]. (Offb 6,2–8)

Schreib auf, was du siehst: Die Widerstandsgruppe sieht ein Pferd, darauf einer, der Pfeil und Bogen trägt, einer, der siegen wird.

Danach noch ein Pferd, ein feuerrotes, und einer, der ein großes Schwert trägt. Nun gibt es Krieg, ein Schlachten geht los...

Ein schwarzes Pferd – die Waage: Was sich hier abzeichnet, sind immense Preiserhöhungen, Spekulationen mit Lebensmitteln. Ein Denar ist der Lohn eines männlichen Tagelöhners. Wenn er für seine Arbeitskraft pro Tag nur gerade ein Kilo Weizen bekommt, kann er sich nicht durchbringen, geschweige denn seine Kinder. Eine Taglöhnerin verdiente etwa die Hälfte. Das reichte nicht zum Leben. Die Preise für Öl und Wein, die Lebensmittel für die Reicheren, werden hingegen nicht erhöht, nur die Preise der Grundnahrungsmittel. Das ist ungerecht.

Und es kommt noch ein Pferd, nun kommt der Tod mit Krieg, Hunger, Krankheiten...

Eine schreckliche Reiterei rast vor unseren Augen vorüber, sie bringt Gewalt mit sich und verheert die Erde. Das ist eine Analyse dessen, was gegenwärtig läuft. Diese apokalyptische Zeitansage deckt auf, welche Mächte herrschen und auf wessen Kosten. Ross und Reiter, ein System militärischer, organisierter Gewalt und Ausbeutung, bestimmt die Zeit, verbreitet auf der ganzen Erde Hunger und Unrecht.

Das Grauen, das die Menschen gepackt hält, bekommt hier in Offb 6,2–8 einen Namen, Farben, Bilder. Der Schrecken der Menschen in Kleinasien, nach dem jüdisch-römischen Krieg wird in Form von Reitern »besprochen.« Diese Besprechung gleicht einem poetischen Drama. Sorgfältig wird Element für Element aufgebaut, immer wieder eingeleitet mit: »Sieh hin!«, dann folgt ein Pferd, samt Farbe und Reiter sowie der Funktion des Reiters und was er anrichtet. Dadurch schafft Johannes Struktur im Chaos. Er entwirft eine Ordnung, auf sprachlicher Ebene – inhaltlich ist es eine unerträgliche Mordordnung. Wann hört diese Reiterei endlich auf? Geht das immer so weiter? Ist niemand da, der diesen Reitern das Handwerk legt? Jeder Reiter ist noch grässlicher als sein Vorreiter, alles scheint immer noch schlimmer zu kommen:

> Und ich sah unter dem Altar die Seelen derer, die ermordet worden waren um des Zeugnisses Gottes willen und um des Zeugnisses willen, das sie festhielten. Und sie schrien laut: »Wie lange, heiliger und wahrhaftiger Herr, richtest du nicht und schaffst Recht unserem Blut gegenüber denen, die auf der Erde wohnen?« (Offb 6,9–10)

Während die Reiter ohne Stimme waren, hört Johannes hier die Seelen der Ermordeten. Sie schreien unter dem Altartisch. Johannes blickt unter den Tisch – bisher war der Blick auf die Täter fixiert, die eine Mordordnung geschaffen haben. Nun kommen die Opfer ins Bild: Diejenigen, die unter den Tisch gefallen sind, die von der Bildfläche verschwinden sollten, melden sich lautstark zurück. Aber Ermordete schreien doch nicht mehr, sie sind verstummt! Nicht so bei Johannes. Sie sind es, die eine Stimme haben, die Worte finden, die einen Vers aus einem Psalm (Ps 79,10) zitieren. Wie lange sollen die Reiter noch reiten, das Unrecht andauern? Die Ermordeten verlangen Gerechtigkeit.

Mit ihrem Geschrei, das Johannes plötzlich hören kann, verändert sich das Bild vor unseren Augen. Die Stimmen der Toten durchbrechen die faszinierende Machtabfolge, die die ganze Erdoberfläche zu beherrschen schien. Ihr Schreien stellt Protest in den Raum. Mit den Opfern, die ermordet wurden, kommt ein Ort des Widerstandes in den Blick: Unter dem Tisch gibt es einen Freiraum, wo die Toten leben. Und die Toten, die sind alles andere als tot. Sie lassen sich nicht beruhigen und zum Verstummen bringen. Sie knüpfen an ihre Gottesbeziehung an, knüpfen an ihr weiter, sie lassen Gott und die Gerechtigkeit nicht los.

Und was entwickelt sich aus diesem Protest?

> Und ich sah ein großes Erdbeben, und die Sonne wurde schwarz wie ein Trauerkleid, und der ganze Mond wurde wie Blut, und die Sterne des Himmels fielen auf die Erde [...] und der Himmel entschwand wie eine Buchrolle, die sich zusammenrollt, und alle Berge und Inseln wurden verrückt. Und die Könige der Erde und die Größten und die Kriegsherren und die Reichen und die Mächtigen samt allen Sklaven und Freigelassenen verbargen sich in die Klüfte und Felsen der Berge. Und sie sagten zu den Bergen und Felsen: »Fallt auf uns und verberget uns vor dem Angesicht dessen, der auf dem Thron sitzt, und vor dem Zorn des Lammes. Gekommen ist der große Tag seines Zornes, und wer kann bestehen?« (Offb 6,12–17)

Die Frage ist, aus welcher Perspektive wir auf die Erde und die Könige sehen, wie resigniert, wie empört, wie sehnlich wir ein Ende erwarten. Meistens wurden diese Verse so gelesen: Alles kommt immer noch schlimmer. Jeder Reiter übertrifft seinen Vorreiter, dann schreien die Ermordeten und die Erde bebt, alles fällt zusammen und geht in einer großen Katastrophe unter.

Diese Lektüre ist nicht hilfreich. Sie deprimiert, erzeugt Ohnmachtsgefühle und Angst. Gott erscheint als hartherziger Richter, der alle Lebewesen, Kinder und Unschuldige bestraft. Diese Perspektive ist unfähig, Raum zu eröffnen. Im Gegenteil: Sie erzeugt Angst und lähmt damit Energien, die wir zum Handeln dringend benötigen. Sie schafft, was sie prognostiziert. An ihr sollten wir nicht festhalten. Ich halte sie für gottlos.

Dagegen stelle ich die befreiungstheologische Lesart: Die Ermordeten lassen sich nicht zum Verstummen bringen. Sie halten an ihrer Gottesbeziehung fest und schreien nach Gerechtigkeit. Die Erde hört ihren Schrei. Sie reagiert. Sie lässt sich bewegen. Das Beben und Zittern von Erde und Himmel werden in einigen biblischen und apokalyptischen Schriften positiv konnotiert – weil Mauern zusammenfallen, Kerkertüren aufgehen, weil das Machtsystem erst einmal behindert ist.[6] Ein Erdbeben schafft eine neue Ausgangslage.

Auch die Erde und die Gestirne kommen den Ermordeten zu Hilfe: Sie machen nicht mehr mit. Sie wollen nicht länger Schauplatz der Gewalt sein. Sie entziehen sich dem herrschenden Gedröhn. Die Könige und ihr Machtapparat bekommen daraufhin Angst, sie flehen um Schutz vor dem Strafgericht.

Die Erde und die Gestirne erscheinen hier als Hörende und Handelnde. Die Erde bebt aus Empörung, der Mond verfärbt sich entsetzt, die Sterne weigern sich, noch länger Koordinaten abzugeben für Schifffahrt und Handel. Sie sind aktiv und am Geschehen beteiligt, so wie die Toten nicht schweigen können. Die Ermordeten sind nicht nur Opfer, sondern auch Zeuginnen und Mitarbeiter Gottes. Sie arbeiten hier gemeinsam an einer neuen Welt, an einer anderen als der gegenwärtigen Mordordnung. Die Könige und ihr Machtapparat, die auf jeden Reiter einen neuen ausstaffierten, sind am Boden. Wir können hier deutlich zwei einander entgegenstehende Perspektiven ausmachen: Der Machtapparat fürchtet sich vor dem Ende, dem Eingreifen Gottes, dem Verlust an Macht – während die Menschen unter dem Tisch sehnsüchtig auf die Unterbrechung der Gewalt warten; mit all ihrem Schreien strecken sie sich aus nach Recht und Gerechtigkeit, nach Leben.

5. Die Welt neu zusammensetzen

Wir haben nun ein Kapitel der Offenbarung angeschaut. Es wurde deutlich, wie sehr es darauf ankommt, genau hinzuschauen, den Kontext zu bedenken und die Perspektive zu klären. Das betrifft den Blick heute in die Welt, auf das krisengeschüttelte Europa wie auf das Buch der Offenbarung.

Je genauer wir hinsehen, desto mehr entdecken wir. In der Offenbarung zeigt uns Johannes, wie an allen Enden und Orten Verbündete daran sind, die Welt zu transformieren. Die Erde zum Beispiel, die den Machtapparat abschüttelt (Offb 6,14). Engel blasen die Posaune, um weitere Verbündete zu mobilisieren (Offb 8,2). Bücher werden geöffnet und das Meer gibt seine Toten wieder heraus (Offb 20,12–13). Der Himmel öffnet sich und ein neuer Himmel und eine neue Erde werden sichtbar (Offb 21,1). Das hat nichts mit Weltuntergang zu tun. Die Welt des Johannes ist längst untergegangen, Jerusalem steht nicht mehr.

Zwanzig Jahre danach geht es darum, die Welt neu zusammenzusetzen. Johannes skizziert eine Neuschöpfung und lässt uns daran Anteil nehmen, wie er dies macht. Er lässt uns Handlungsräume entdecken und Verbündete finden in einer Zeit der Gewalt, wo man sich alleingelassen fühlt und meint, auf verlorenem Posten zu stehen. Langsam steigen neue Zusammenhänge auf, Fragmente einer anderen Welt. Diese Fragmente sind Bruchstücke, die aus der zerbrochenen Welt zusammengekehrt werden.

Auch auf literarischer Ebene ist dieser Zusammensetzungsprozess erkennbar. Bei genauem Betrachten erweist sich Offb 21,1–7 als Collage aus anderen Schriften (vor allem aus Jes, Ez, Sach, 2 Sam, aber auch aus apokryphen Spätschriften wie dem Jubiläenbuch, dem 4. Buch Esra, dem Testament des Levi, der Himmelfahrt des Mose, den Orakeln der Sibyllen, Henoch).[7] Doch die Schriftteile werden nicht einfach zusammengefügt, sondern z. T. auch empfindlich verändert, so dass eine eigene, neue Aussage entsteht.

Dazu stelle ich zwei Bilder aus dem Tarot-Garten der Künstlerin Niki de Saint Phalle[8] in der Toskana vor. Als Tochter einer adligen Familie, als Katholikin und frühe feministische Künstlerin in einer patriarchalen Gesellschaft hat Niki de Saint Phalle viele Transformationen durchlebt, denn ihre eigene Welt ist mehrmals eingestürzt.

Sie hat aus Scherben und Keramikbruchstücken eine neue Welt zusammengesetzt. Die Skulpturen aus Spiegelscherben reflektieren die vorbeigehenden Menschen, die Bäume und den Himmel. Sie wollte bewegliche, lebendige Bilder schaffen, die die Welt in sich einbeziehen. Unermüdlich, während 14 Jahren, fügte sie Spiegelscherben, Keramikstücke, zerbrochene Welten neu aneinander und ließ Figuren auferstehen, die bewohnbar sind, Höhlen und Geheimnisse haben, die vor Schönheit strahlen, die etwas schräg sind, aber kraftvoll Wind und Wetter trotzen – oder mit der Natur zu verschmelzen scheinen.

Abb. 1: Ausschnitt der Außenansicht der Sphinx im Tarotgarten, Capalbio (Italien)

Damit macht sie mir Mut, genauso wie die Schrift des Johannes: Der Zusammenbruch einer Welt bedeutet nicht das Ende. Denn aus den Scherben ersteht ein neues Universum. Dies bedeutet viel Transformationsarbeit, die ein Mensch allein nicht bewältigen kann. Niki hatte Mitarbeiter und Freundinnen und Freunde, die ihren Transformationsprozess unterstützten. Johannes suchte und fand Verbündete, die an der Umgestaltung der ungerechten Welt mitwirkten.

Was geschehen wird in Bälde: die Apokalypse – nicht ein irgendwann prognostizierter Weltuntergang, sondern ein Geschehen, das überall dort stattfindet, wo Unrecht aufgedeckt wird und Opfer von Gewalt zurück ins Bild kommen. Dort, wo das Ausmaß der Katastrophe nicht mehr geleugnet wird, wo alle es sehen können, so dass die Großen klein werden und endlich ihren Mund zumachen.

In der Offenbarung öffnet dann das Lamm das erste Siegel, es beginnt ein Zusammensetzen der Welt, Stück für Stück; es werden Versatzstücke aus alten prophetischen Visionen und Mythen ver-

Abb. 2: Blick auf den Turm, Figur aus dem Tarotgarten, Capalbio (Italien)

wendet, aber anders zusammengefügt. Collagetechnik tritt an die Stelle der alten Prophetie – nicht weil die Apokalyptiker es nicht richtig könnten. Der Rückgriff auf das »Es war einmal« geschieht aus Notwendigkeit heraus, im wahrsten Sinn des Wortes. Denn es gilt jetzt, in der Zeit des Erschreckens über die Ausweglosigkeit und den sich offenbarenden Zusammenbruch, gerade jetzt die Welt neu zusammenzusetzen.

Anmerkungen

1 Das Wort stammt aus dem Griechischen und bezeichnet einen (zumeist tragischen) Wendepunkt, von *kata* (herab, nieder) und *strephein* (umwenden). Vgl. Liddell/Scott 1968, S. 915.

2 In diese Kategorie gehört heute die Erderwärmung, die unabwendbar erscheint und dennoch nicht gestoppt wird.

3 Hildesheimer (1985), S. 30.

4 Moyo stammt aus Sambia und wurde für ihre Bücher 2009 vom *Times Magazine* zu den 100 einflussreichsten Persönlichkeiten der Welt ernannt.

5 Magie, Astrologie, Wahrsagen und Prophetie wurden kriminalisiert, weil die Versuche, die Zukunft vorherzusagen, oft mit Staatskritik und Anstiftung zu Aufruhr in Zusammenhang gebracht wurden. Vgl. MacMullen (1966), S. 148–149.

6 »An jenen Tagen erbebt die Erde, verfinstert sich die Sonne. Dann bringt man Frieden auf die Erde und den Geist […].« ApkEl 39,6102. Siehe auch: Ps 18,5.8.20; Jes 13,8.13; 14,1; 4 Esr 6,21.23.26; äthHen 1,6–8; 51,1–2.4.5; AssMos 10,4–7. In: Sutter Rehmann (1995), S. 186–204.

7 Darauf machte Jürgen Ebach aufmerksam, Ebach (1985), S. 18.

8 Niki de Saint Phalle hatte am 29. Oktober Geburtstag. Zu ihrer Biografie und weiterer Literatur siehe: http://de.wikipedia.org/wiki/Niki_de_Saint_Phalle.

Literatur

Ebach, Jürgen (1985): Apokalypse – Zum Ursprung einer Stimmung. In: Einwürfe 2/1985, S. 5–61.

Grass, Günter (1981): Rede bei der Berliner Begegnung zur Friedensförderung im Dezember 1981. http://www.chroniknet.de/tml1_de.0.html?article=3118.

Hildesheimer, Wolfgang (1985): Zeitansagen. In: DIE ZEIT vom 4. Januar 1985, Nr. 2, S. 30.

Liddell, Henry George / Scott, Robert: A Greek-English Lexicon. Oxford University Press, Oxford 1968.
MacMullen, Ramsay (1966): Enemies of the Roman Order. Harvard University Press, Harvard.
Moyo, Dambisa (2010): How the West was lost. Fifty Years of Economic Folly – And the Stark Choices Ahead. Penguin Books, London 2010. Deutsch: Der Untergang des Westens. Haben wir eine Chance in der neuen Wirtschaftsordnung? Piper Verlag, München 2012.
Schüssler Fiorenza, Elisabeth (1985): The Book of Revelation. Justice and Judgement. Fortress Press, Philadelphia.
Sutter Rehmann, Luzia (1995): Geh – frage die Gebärerin! Feministisch-befreiungstheologische Untersuchungen zum Gebärmotiv in der Apokalyptik. Gütersloher Verlagshaus, Gütersloh (Diss. Kassel).
Yanar, Kaya (2012): »Ich lache auch über Religionswitze.« In: Frankfurter Rundschau, 18.10.2012, Nr. 243, S. 40. www.fr-online.de/leute/kaya-yanar--ich-lache-auch-ueber-religionswitze-,9548600,20646980.html
(Zugriff: 14.7.2013).
Riebsamen, Hans (2012): Liao Yiwu bringt die Politik ins Grübeln. Friedenspreis des Deutschen Buchhandels. In: Frankfurter Allgemeine Rhein-Main, 14.10.2012. www.faz.net/aktuell/rhein-main/friedenspreis-des-buchhandels-liao-yiwu-bringt-die-politik-ins-gruebeln-11926097.html
(Zugriff: 14.7.2013).

Michaela Kopp-Marx

»Gesät und gestorben«

Das Prinzip der Wandlung in der Literatur von Patrick Roth

I. Individuation bei C. G. Jung

Kaum ein anderer Autor der Gegenwart kreist in seinem Werk so grundlegend, kontinuierlich und variantenreich um die Thematik der Wandlung – psychologisch »Individuation« – wie Patrick Roth. Individuation ist C. G. Jung zufolge das Lebensprinzip schlechthin, der natürliche innere »Drang«, der darauf abzielt, das im Individuum angelegte Potenzial zu entwickeln und zu verwirklichen: »Individuation bedeutet: zum Einzelwesen werden, und, insofern wir unter Individualität unsere innerste, letzte und unvergleichliche Einzigartigkeit verstehen, *zum eigenen Selbst werden*« (Jung GW 7, § 266).

Synonyme für den lebenslangen inneren Reifungsprozess sind »Bewusstwerdung«, »Ganzwerdung«, »Selbstwerdung«. In seinen späteren Erläuterungen legt Jung Nachdruck auf den Umstand, dass der Individuationsprozess zwei Aspekte aufweist und somit doppelpolig verläuft: Er geht auf ein Ziel in der Zukunft zu, insofern die einzelnen Teile der Psyche sich nach und nach zu einem übergeordneten Ganzen integrieren; gleichzeitig ist er rückwärtsgewandt, insofern sich mit jedem integrierten Element ein ursprüngliches, von Beginn an angelegtes Muster erfüllt. Diese Doppelpoligkeit hat ihren Grund darin, dass zwei Instanzen, das Ego und das Selbst, die Individuation in einem beständigen Ineinandergreifen steuern und hervorbringen (GW 11, § 400).

Die fundamentale Wechselbeziehung zwischen Ich und Selbst, dem inneren Gottesbild, füllt sich in den Erzählungen und Romanen Roths mit Handlung und Leben. »Individuation«, die Auseinandersetzung eines Individuums mit einem Größeren, Göttlichen, ist in den Geschichten Roths das Ereignis, auf das die Handlung zuläuft, und zugleich das Grundmuster, das hinter der erzählten Geschichte liegt und nach und nach erfüllt bzw. eingelöst wird. Die archetypische Dynamik des Individuationsprozesses verwickelt die Protagonisten in ein »drame intérieur«, für das es keine Lösung gibt, außer es zu durchleiden und gewandelt aus ihm hervorzugehen. Am Beispiel der beiden »Eckwerke« des literarischen Schaffens Roths, der Christusnovelle *Riverside* (1991) und dem Roman *Sunrise. Das Buch Joseph* (2012c), soll die Wandlung der jeweiligen Hauptfigur als der eigentliche Dreh- und Angelpunkt der Geschichte beleuchtet und in seiner Entwicklung betrachtet werden.

Individuation ereignet sich sowohl im Kollektiv als auch im Individuum; zum Beispiel erschien gleichsam parallel zum Untergang der herrschenden griechisch-römischen Götterwelt im jüdischen Wanderprediger Jesus von Nazaret ein Mensch, der vom Archetyp »ergriffen« diesem durch sein Leben Ausdruck gab, woraus auf lange Sicht eine neue Religion entstand, die auf der Idee der Wandlung basiert, z. B. in der Vorstellung von der Inkarnation Gottvaters im Sohn. Auch das zweite zentrale Bild des christlichen Mythos, die Kreuzigung, ist ein Urbild der Wandlung. Jung hat in seinem späteren Werk, u. a. in *Antwort auf Hiob* (1952), dargelegt, dass die zentralen »Konzepte« des Christentums, Inkarnation und Kreuzigung, im Kern symbolische Äquivalente des Individuationsprozesses darstellen. So ist die Opfersymbolik, die sich im Leben des historischen Jesus ausfaltet, im modernen Individuum konstelliert, wenn der Lebensfluss ins Stocken kommt, das bisherige Lebensziel bedeutungslos geworden ist. In dieser Situation des Auseinanderfallens der alten Ordnung setzt das »göttliche Drama« der Wandlung ein, ergreift das Individuum mit numinosen Bildern von innen oder Schicksalsschlägen von außen und zieht es in den uralten Bann von Tod und Erneuerung.

Die Laboratoriumsarbeit der Alchemisten war zunächst das Feld, auf dem Jung seine Beobachtungen bestätigt fand. Die Alchemisten lasen ihren innerpsychischen Prozess unbewusst in den Stoff hinein, den sie im Gefäß einer Reihe von Operationen unterzogen, aus ihm das Gold oder den Stein der Weisen zu gewinnen. Entsprechend korrespondieren die Wandlungsstufen im alchemistischen Opus den Stadien der Bewusstwerdung der Psyche (GW 12, § 40). Alles beginnt mit der *prima materia* (der Urmaterie). Sie stellt eine *massa confusa* dar, eine vermischte Masse, die synonym ist mit dem seelischen Zustand unbewussten Einsseins. Die Ausgangsmaterie wird nun mit dem Ziel bearbeitet, die Essenz aus ihr zu ziehen. Im einfachsten Modell vollzieht sich diese Prozedur in drei Stufen: der *nigredo*, der *albedo* und der *rubedo* – dem Schwärzen, Weißen und Röten: »Gleich zu Beginn begegnet man dem ›Drachen‹, dem chthonischen Geist, dem ›Teufel‹ – [dies entspricht] der ›Schwärze‹, der *nigredo*. Diese Begegnung bringt Leiden mit sich. Die Materie leidet so lange, bis die ›Schwärze‹ sich endlich auflöst; psychologisch gesehen befindet sich die Seele im Kampf mit der Melancholie, der Depression, sie ringt mit dem ›Schatten‹.« (Jung 1986, S. 79f.)

Das zentrale Mysterium der Alchemie zielt, wie der Individuationsprozess selbst, auf die Synthese der Gegensätze hin, auf die »Assimilation der Schwärze«, d. h. letztlich die »Integration des Bösen«. Die Konfrontation mit dem Schatten ist, so Jung, eine schwerwiegende seelische Erfahrung, insofern das Ich den eigenen dunklen Seiten begegnet, »der nigredo, welche abgespalten ist und letztlich nie ganz vom Menschen integriert werden kann« (ebd., S. 80). Das Leiden kann nur durchgemacht und passiv ausgehalten werden, bis die *nigredo* endet und die erlösende »Morgendämmerung« *(aurora)* anbricht. Sie verkündet den neuen Tag, die *leukosis* oder *albedo.*

2. Die therapeutische Funktion von Kunst und Literatur

»Alles beginnt im Dunkeln«[1] heißt es bei Patrick Roth treffend. Aus der Schwärze des Unbewusstseins wird im Aufbrechen der Gegensätze und dem Durchleiden des Konflikts das Licht, das neue Bewusstsein, geboren. Ein alchemistischer Lehrsatz, den auch Roth verschiedentlich zitiert, lautet: »Wenn du siehst, daß deine Materie schwarz wird, freue dich, denn das ist der Beginn des Werks« (Roth 2005, S. 26). In der Literatur im Allgemeinen tritt das Motiv der Wandlung auf vielfältige Art in Erscheinung. Es findet sich zum Beispiel im Strukturmuster der »Quest« ausgeprägt, der Suchwanderung oder Suchfahrt, die sich ebenfalls in drei Phasen vollzieht: dem Aufbruch, der eigentlichen Fahrt und der Rückkehr zum Ausgangspunkt. Der Held zieht in die Fremde, um einen Schatz zu finden oder eine schöne Frau gewinnen; unterwegs wird er in Abenteuer, Prüfungen, Konflikte verwickelt, etwa in den Kampf mit einem Drachen, d. h. er wird mit den Mächten der Dunkelheit konfrontiert und erleidet einen symbolischen Tod. Zuletzt kehrt er als gewandelter neuer Mensch zum Ausgangspunkt zurück.

Das Prinzip der Wandlung ist auch ein zentrales Element des Romans, der Königsdisziplin der Literatur seit dem 18. Jahrhundert. Mit dem »Bildungsroman« hat sich ein eigener Typus ausgeprägt, dessen strukturelles und inhaltliches Prinzip die Wandlung ist. Die Romane der deutschen Klassik und Romantik bis ins 20. Jahrhundert hinein – von Goethe bis Hesse – sind überwiegend Bildungs- oder Entwicklungsromane, insofern in ihnen die innere Entwicklung (Bildung) eines Menschen vom Zustand der Unbewusstheit zur allseits gereiften Persönlichkeit oder auch das tragische Scheitern dieses Prozesses dargestellt ist.

Die über das rein Ästhetische und Intellektuelle hinausgehende *therapeutische* (*griech.:* therapeuein = dienen, v. a. den Göttern) Funktion von Kunst, ihren potentiellen Wert für die Bewusstwerdung, hat Edward Edinger hellsichtig beschrieben. Er vergleicht das Kunstwerk mit dem glänzenden Schild des Perseus, der gegen die Medusa gehalten wird. Indirekt, im Spiegelbild, kann das Ungeheuer angeschaut, seine Macht gebannt werden. »Kulturformen halten unserer Seele den Spiegel vor, so dass wir erkennen können, wer wir sind.« (Edinger 2009, S. 52, Übersetzung: M. K.-M.) Edinger deutet an, dass wir uns insbesondere der grausamen Seite der unbewussten Psyche, die uns zu Stein erstarren lässt, wenn wir direkt mit ihr konfrontiert werden, bewusst sein sollten, gerade weil sie in der Wohlstands- und Konsumgesellschaft keinen Ort mehr hat und darum Gefahr läuft, autonom zu werden (Edinger 1987, S. 51f.). Das Kunstwerk vermag den vernichtenden Aspekt des Unbewussten in Form gefasst darzustellen, so dass das Abgründige zum Ausdruck kommen kann, ohne das Ich zu verschlingen.

In der Sichtbarmachung des Unsichtbaren (d. h. der unbewussten Psyche) liegt auch für Patrick Roth der zentrale Wert des Kunstwerks: »Die Funktion der Literatur – wie auch der Religion – ist […] die *coniunctio oppositorum*, das heißt die Vereinigung oder Zusammenkunft der Gegensätze. Die Literatur – die Kunst überhaupt – ist das einzige Medium (im ursprünglichen Wortsinn) zwischen Tag und Nacht, zwischen unserem Bewusstsein und dem Unbewussten.« Das Zum-Ausdruck-Bringen von Bildern und Vorgängen im Unbewussten mittels des Kunstwerks ist eine Sache – eine andere aber ist es, den *Sinn* jenes zur Erscheinung gebrachten Inhalts der unbewussten Psyche zu verstehen. Roth sagt: »In der Literatur arbeitet sich individuelles Bewusstsein – das Bewusstsein des Schriftstellers – an der Macht des Unbewussten ab, an Visionen und Traumimpulsen etwa, die wir nicht ›gemacht‹ haben« (Roth 2012a, S. 119).

Das heißt: Das Verständnis, das der Künstler den Bildern des Unbewussten abringt, muss ins Werk eingehen. Roths Stichwort hierfür lautet »Bewusstseinsarbeit«. Es ist wie bei den Träumen: Einen Traum festzuhalten und aufzuschreiben ist der erste Schritt, dem der zweite zu folgen hat: die Frage nach der *Bedeutung* des Trauminhalts in Bezug zur herrschenden Bewusstseinslage muss gestellt und beantwortet werden. Erst wenn ein möglicher Sinn des Traumbilds gesehen wird, kann das Ich sich neu einstellen und versuchen, den psychischen Inhalt zu assimilieren. Die aufrichtige Bemühung zu verstehen, schafft die Situation des Dialogs, darin das Ich auf das Selbst als dem inneren Zentrum bezogen ist und zu dessen Partner wird. Wie zu zeigen sein wird, ist jene Dialog-Situation konstitutiv für Roths Geschichten. Sie bildet den Rahmen, in dem sich die Wandlung vollzieht.

3. Der Künstler und sein Verhältnis zum Unbewussten

Dass der künstlerisch veranlagte Mensch in einer besonderen Nähe und Beziehung zum Unbewussten steht, ist heute psychologisches Allgemeinwissen.

Bezogen auf das Leben des Künstlers konstatiert Jung starke Konflikte, denn zwei Mächte kämpfen in seiner Brust: »[...] der gewöhnliche Mensch mit seinen berechtigten Ansprüchen auf Glück, Zufriedenheit und Lebenssicherheit einerseits und die rücksichtslose, schöpferische Leidenschaft andererseits« (GW 15, § 158). Jene »Leidenschaft« drängt zum Werk und verlangt vom gewöhnlichen Menschen in ihm erhebliche Opfer. Der Dichter sei im Grunde ein Diener, ja der Sklave seines Werks, das ihn als Person weit überrage: »Nicht Goethe macht den ›Faust‹, sondern die seelische Komponente ›Faust‹ macht Goethe« (ebd., § 159). Aus dem Unbewussten stößt ihm das »Urerlebnis« zu, wort- und bildlose »mächtigste Ahnung« (ebd., § 151), die durch ihn Ausdruck finden will. Der Dichter hat die Aufgabe, die ihm aus der Tiefe der Seele zugestoßenen Manifestationen anzunehmen und sie in die Welt zu bringen, sie durch das Finden von Sprache, Bildern und Geschichten zu verwirklichen. Der Dichter ist – ob er will oder nicht – ein Instrument des Unbewussten. Das Werk, das er aus der Tiefe der Psyche »schöpft«, ist universell und dauerhaft: In ihm vermählt sich das Archetypisch-Zeitlose mit dem Zeitbewusstsein, weshalb das Kunstwerk eine »Botschaft an die Zeitgenossen« (ebd., § 153) darstellt, die zugleich den einzelnen Menschen »aufs tiefste« (ebd., § 162) berührt.

Von heute aus gesehen mutet Jungs Auffassung vom Dichter recht idealistisch an, beeinflusst vom Künstlerbild der Romantik und scheinbar unberührt vom Riss der Moderne. Doch Jung hatte zum Zeitpunkt der Abfassung des Vortrags Joyce' *Ulysses* (1922) auf dem Schreibtisch – der Roman, der alle Konventionen des Erzählens sprengt. Das Werk, das richtungweisend für die moderne Literatur wurde, war ihm sowohl ein überwältigendes »document humain« der Zeit als auch eine »brillante Ausgeburt der Hölle« (ebd., § 164), hinter deren 735 Seiten das reine Nichts lauert.[2] Dreißig Jahre später verglich er Joyce mit Picasso und nannte sie »Meister in der Fragmentierung ästhetischer Inhalte« (Jung 2012, S. 335). In Jungs Sinne sind Joyce, Picasso und die anderen Modernen ein Sprachrohr der unbewussten Psyche, die im Umbruch ist und auf Veränderung drängt. Kritisch merkt er an, dass diese Künstler die generelle Tendenz zur Auflösung geradezu lustvoll betreiben – die Fragmentierung nämlich zu ihrem Stil machen. Was sie hingegen nicht sehen, ist der Umstand, dass die »Zerstückelung« nur eine Seite der Medaille darstellt, deren zweite vom Werden einer neuen Ordnung kündet.

Der Künstler hat die Aufgabe, so ließen sich Jungs Stellungnahmen zusammenfassen, von den Inhalten und Vorgängen der unbewussten Psyche zu künden – sie möglichst unverstellt, d.h. ohne Einmischung des Bewusstseins zum Ausdruck zu bringen: »Wir müssen einfach auf das hören, was die Psyche spontan zu uns spricht. Was der Traum sagt, *ist, wie es ist*, denn wir haben ihn nicht gemacht. Sagt es nochmals, nach bestem Können! Quod Natura relinquit imperfectum, ars perficit. Es ist der große Traum, der von jeher durch den Mund des Künstlers sprach« (ebd., S. 337).

4. Die unbewusste Psyche im Schreiben von Patrick Roth

Am Beginn von Roths künstlerischer Laufbahn steht ein »großer Traum«, der dem 25-Jährigen in Los Angeles träumte, der Stadt des Films, die er aufgesucht hatte, seiner Kino-Begeisterung professionellen Grund zu geben. Der Inhalt des Traums ist geheim, seine erdbebenartige Wirkung jedoch findet sich im Filmessay *In My Life. 12 Places I Remember* beschrieben:

> Plötzlich war ein zweites Zentrum in Sicht gekommen. Eine heimliche Mitte schien auf, mit der ich bis zu diesem Zeitpunkt – ein Leben lang – nicht gerechnet hatte. Neue nach oben gestoßene Schichten hatten das Alte durchbrochen, zogen mich in Bann: Mein Sehen, Fühlen, Schreiben wurde – nachhaltig – beeinflusst. Das Apartment unterm Dach war mein Aornum in Thesprotis, also die Stelle, wo's damals zur Unterwelt hinabführte. Den Traum selbst … – einen solchen Quell-Traum darf man nicht verraten. Die Bücher – und das eigene Leben – gehen im Kreis um ihn, zirkumambulieren seine zentrale Erfahrung, suchen ihn in immer neuen Bild- und Sinn-Aspekten zusammen-zusammeln, diesen großen Traum (Roth 2006).[3]

Man könnte hier wohl mit Jung von einem »Urerlebnis« (Jung, GW 15, § 151) sprechen – der Erfahrung, gewusst zu werden, an ein inneres Zentrum angeschlossen zu sein. Der »große Traum« wies dem Leben des jungen Mannes die Richtung, auch wenn dies lange Zeit vom Bewusstsein nicht erkannt wurde. Ende der achtziger Jahre begann Roth, die Träume regelmäßig aufzuzeichnen, sie gegebenenfalls zu skizzieren und mit Deutungsversuchen zu versehen. Auf C. G. Jung war er über den amerikanischen Mythenforscher Joseph Campbell gestoßen, der sich in der populären Fernseh-Interviewserie *The Power of Myth* (1988) häufig auf Jung berief. Roth erzählt: »Als ich ihn [Jung] dann zu lesen begann, war es, als hätte mir jemand über die Schulter in mein Traumtagebuch geschaut. Jung sprach […] ausführlich, unverwechselbar und mit akuter Wirkung von ›meinen‹ persönlichen Bildern. Die Wirkung dieser Entdeckung war unmittelbar *lösend*: Jetzt ›gingen‹ mir die Bilder auf, über die ich zuvor nur rätseln konnte – das war […] im Bauch zu spüren und lief nicht nur über den Intellekt, sondern griff tief« (Roth 2012b, S. 29).

Mit dem täglichen Notat der Träume setzt die Phase ein, die Roth später als Aufnahme des »Dialogs mit den Inhalten des Unbewussten« umschrieb, und die, wie er sagt, bis heute andauert. Die Auseinandersetzung mit den psychischen Bildern bildet den eigentlichen Grund seines Schreibens, auch dahingehend, dass bestimmte Träume und Traumbilder Eingang in die Texte finden, mitunter auch den Kristallisationspunkt für das Verfassen einer Erzählung, eines Romans bilden.

Insbesondere die Erläuterungen zum Arbeitsprozess, wie sie in den Poetikvorlesungen und Interviews vorliegen, lassen erkennen, wie groß der Stellenwert der unbewussten Psyche für Roths Schreiben ist. In den Selbstaussagen wird häufig die Fluss-Metapher aufgerufen, so z. B. bei der Charakterisierung der Arbeit am *Sunrise*-Roman, die als »große[s] Übersetzen über den Fluss der Bilder« (ebd., S. 23) beschrieben wird. Im »Übersetzen« ist neben dem Bild der Passage auch die Vorstellung des »Dolmetschens« enthalten, das Transferieren bzw. In-Sprache-Fassen der Bilder aus dem Unbewussten. Die doppelte Bewegung des Hinübergehens oder auch Hinabsteigens ins Unbewusste und des Herüber- oder Heraufbringens des Stoffs aus dem Unbewussten findet Roth im Orpheus-Mythos vorgeprägt – mit dem Unterschied, dass der legendäre Sänger die Anima nicht heraufretten kann, sie wieder an die Unterwelt verliert.

Es ist kaum überraschend, dass Patrick Roth den Künstler in der Jung'schen Tradition als »Instrument des Unbewussten« begreift, doch geht er einen entscheidenden Schritt weiter, wenn er sich als »Übersetzer« versteht, der, gleichsam auf den Schultern Jungs und seiner Schüler stehend, die psychischen Bilder nach ihrer Bedeutung befragt, um sie auf der Basis ihres möglichen Sinns in einer Erzählung zu realisieren.

> Das Unbewusste spricht durch den Künstler. Er ist nichts als sein Instrument und soll, was ihm gesagt wurde, umsetzen. Der zweite Teil dieses »Umsetzens« ist […] die Bewusstseinsarbeit des Künstlers. Und damit – mit solchem Verständnis nämlich – wird die Arbeit verbindlich. Der Künstler hat sich verpflichtet, aus dem Unbewussten zu übersetzen, über-zu-setzen, den Weg hin- und herzugehen, weil das Andere etwas durch ihn sagen will. Er selbst ist wenig – aber nicht allein (Roth 2002, S. 136).

Während Jung dem Dichter die Deutungskompetenz über sein Material schlicht absprach,[4] ist für Roth das Bemühen um das Verstehen der psychischen Bilder von größter Wichtigkeit. »Das Wertvollste, was aus dieser Rohmaterial-Phase der [...] Begegnung mit dem Unbewussten ins Werk fließen sollte, ist das aus ihr gewonnene Verständnis des Autors von seiner Sache, vom *Sinn* dessen, was ihm das Unbewusste da mitgeteilt hat. Denn gerade das wird die endgültige Form des Werks bestimmen« (Roth 2002, S. 135). Das Bewusstsein ist gefordert, das »analysierend an das Rohmaterial geht, es ordnet, nach Sinn und Sinnzusammenhängen durchsucht, nach Bildern und Bilderbrücken, nach einem Gesamtsinn mithin, der hinter diesem Erfahrenen steht [...].« (ebd., S. 134).

Roths Verhältnis zum Unbewussten erinnert an einen permanenten Dialog, der wiederum der alchemistischen Methode ähnlich ist. Er selbst vergleicht sein Verfahren mit dem Vorgehen des Alchemisten, der am Gefäß steht und aufmerksam beobachtet, wie die Substanz im Gefäß durch eine Serie von Prozeduren geht, dabei »immer wieder angesehen, gekocht, gekühlt, sublimiert und letztlich *gewandelt*, transformiert wird« (Roth 2005, S. 52). Die alchemistische Metapher signalisiert, dass es beim Schreiben um mehr geht als nur darum, ein neues Buch zu verfassen: Mit jedem Werk steht auch der Schriftsteller mit seinen inneren Erfahrungen und seinem gewöhnlichen Alltag »im Feuer« des Prozesses. Er ist *nicht* der über den Dingen schwebende, unbeteiligte Gestalter seines Werks, sondern erfährt sich schreibend in den Prozess einbezogen: Der Drang zu schreiben, ist eins mit dem Drang zur Individuation.

5. Wandlung als Heilung: *Riverside. Christusnovelle* (1991)

Die nach der Begegnung des jüdischen Einsiedlers Diastasimos mit Jesus Christus betitelte Novelle ist Roths erste Prosaveröffentlichung und spielt im Jahr 37 n. Chr. *Riverside*, im Bild des Flussufers auf die Passage ins Unbewusste vorausdeutend, setzt irgendwo im Hinterland der jüdäischen Bergwüste ein. In seiner Höhle »abseits des Wegs von Jericho« empfängt Diastasimos zwei junge Abgesandte des Apostels Thomas. Ihnen, die ihn über sein legendäres Treffen mit Jesus befragen wollen, erzählt der »Alte«, der für seinen Unglauben berühmt ist, im Nachtgespräch am Lagerfeuer seine abenteuerliche Lebensgeschichte.

Am Anfang des Individuationswegs, wir schreiben das Jahr 28 n. Chr., steht die schockierende Entdeckung, vom Aussatz befallen zu sein – es ist die erste große Durchkreuzung im Leben des jüdischen Bauern und Familienvaters. Sie bedeutet die völlige Ausgrenzung, die buchstäbliche Verbannung in die Wüste. Aussatz galt als Strafe Gottes – d. h. der Kranke war nicht nur aus der Gemeinschaft auszustoßen, er musste sich selbst als innerlich verworfen und von Gott verstoßen betrachten. Diastasimos aber widersetzt sich dem Gesetz – er verhüllt sich, um Zuflucht im Tempel zu suchen, wo er seine Heilung erflehen will. Im Haus Gottes jedoch widerfährt ihm die zweite große Durchkreuzung: Er gerät an jenem Morgen in einen Volksaufstand, der in ein Massaker ausartet. Im Chaos der Volkserhebung trifft er auf einen finsteren Mann mit »schrecklich angespannter Miene«. Im Gewoge der aufgebrachten Menschenmenge prallen die beiden wiederholt aufeinander, bis der Aufstand schließlich losbricht und der unheimliche Mann sich als römischer Soldat entpuppt, der unterm jüdischen Gewand Schwert und Geißel verbirgt. Mit der Geißel peitscht er auf Diastasimos ein und reißt ihm das Kleid auf. Was er sieht, lässt ihn entsetzt zurückweichen, um im nächsten Moment nur umso stärker auf den am Boden liegenden »Judenwurm« einzuschlagen: Die aus Diastasimos' Händen aufflatternden Opfertauben queren die Bahn des herabsausenden Römer-Schwerts und bewahren ihn vor dem sicheren Tod. Den Tempel verlässt Diastasimos ungeheilt und ohne jeden Trost. Anstatt ihn zu erlösen, hat Gott ihn fast getötet. Nun ist klar: Einen Weg zurück gibt es nicht.

> Wie er [Gott], stumm und tot, sich mir nicht gezeigt, würde auch ich für tot gehalten und zu den Toten gerechnet von heut an. Und wahrhaft, totgeglaubt wollt ich sein, unter die Opfer des

Tages gezählt, denn ich war ohne Hoffnung und konnte so nicht zurück zu den Meinen. Und zog aus der Stadt und fand später hierher, wo ihr mich heute gefunden (Roth 1991, S. 34).

Es beginnt, alchemistisch gesprochen, die Phase der *nigredo*, eine Periode äußerster Einsamkeit, radikaler Verzweiflung und größter Hoffnungslosigkeit. Innerhalb weniger Stunden hat Diastasimos alles verloren: die Gesundheit, die Familie, den inneren Halt. Was er (noch) nicht sehen kann: Durch jene schicksalhafte Zerschlagung seines Lebens, jenen Riss zwischen ihm und dem Gottesbild, ist die Chance gegeben, bewusst zu werden und zu sich selbst zu kommen.

Der Seelenkampf, der in der *nigredo*-Phase einsetzt, zeigt sich im Fall des Diastasimos als Groll gegen Gott. Wie Hiob wurde auch er grundlos geschlagen, wie dieser hat auch er die dunkle, zerstörerisch-grausame Seite des Göttlichen erfahren und beklagt nun sein Unglück. Anders als Hiob ist Diastasimos jedoch nicht der fromme Dulder, der alles demütig auf sich nimmt; er begreift sich als Anwalt der Toten, der mit Gott rechtet. Es ist die alte Frage der Theodizee, die er stellt: »Wie kann ich dem glauben, der Menschen so zeichnet – und grundlos« (Roth 1991, S. 53). Ebenso schicksalhaft-unerklärlich wie das Gemetzel am Tempelberg ist sein persönliches Gezeichnetsein von der Krankheit – aus beiden Ereignissen lässt sich auf Anhieb kein Sinn ziehen. Es sind diese unfassbaren, entsetzlichen Einbrüche, an denen Diastasimos innerlich zerbricht. Was im Zustand des Durchleidens der Sinnlosigkeit einzig bleibt, ist das zerreibende Gefühl der Kränkung, des Hasses, der Bitterkeit.

Auf dem Tiefpunkt der Qual, wenn die Gegensätze am stärksten am Ich ziehen, erscheinen Bilder des Selbst. Jesus aus Nazaret legt auf seinem letzten Weg nach Jerusalem einen Abstecher ins bergige Hinterland ein, nach dem Aussätzigen zu sehen. Die Begegnung zwischen ihm und Diastasimos ist die »unerhörte Begebenheit«, die die Wende bewirkt. Diastasimos schildert seinen jungen Besuchern das Zusammentreffen eindringlich als Nichtausweichen-Können – eine wahrhaft religiöse Erfahrung, die sich als Mischung aus starker Anziehung, verbunden mit Impulsen der Ablehnung beschreiben lässt.[5] Jesus ist einerseits ganz »menschlich«, er schwitzt und seine Kleider sind staubig, zugleich ist er zweifellos ein göttliches Wesen, seine stille Präsenz hat etwas überirdisch Magisches. In seiner Gegenwart erfährt Diastasimos sich auf ein Zentrum bezogen und erkennt sich im selben Moment als zerstreut. Mit einem Mal sieht er ein, dass er sein Leben ziel- und sinnlos verbracht hat: Es war »umsonst«:

> Umsonst und jetzt, in diesem Moment, da ich vor ihm stand, für eine Weile ihn sah, denn ich hielt nicht lang aus die Augen, aber die Weile lang, die eine Weile lang: hatte er alles eingeholt, was ich sinnlos verloren, und so alles Verlorene eingesammelt, daß ich verstand. Verstand, *wie* alles verloren, wie so sich zerstreuen *mußte*, verloren jetzt aber und eingeholt, gesät und gestorben, ausgestreut und verdorben sein mußte, um hier zu bestehen, das ist: hier von ihm zu mir zurückgebracht und geordnet zu sein (Roth 1991, S. 48f.).

Die Begegnung mit dem Numinosum hat auf das Ich den Effekt eines Magnetfeldes: Dieses zieht die in die äußere Welt zerstreuten, abgespaltenen Teile mit seiner Strahlkraft an und sammelt sie solchermaßen in eins. Diastasimos wird bewusst, dass erst ausgestreut sein muss, was sich als eins erfahren soll – mit anderen Worten: Er beginnt zu ahnen, dass die Erfahrung des Verlorenseins eine notwendige Bedingung für das Einssein darstellt. Säen und Sterben, Ausstreuen und Verderben sind Synonyme der Individuation. Die uralte Symbolik der Reifung und Ernte als Sinnbild der Neuwerdung hat sich z. B. im Johannesevangelium niedergeschlagen: »Wahrlich, wahrlich, ich sage euch: Wenn das Weizenkorn nicht in die Erde fällt und erstirbt, bleibt es allein; wenn es aber erstirbt, bringt es viel Frucht. Wer sein Leben lieb hat, der wird's verlieren; und wer sein Leben auf dieser Welt hasst, der wird's erhalten zum ewigen Leben« (Joh 12,24–25).

Jesus ist in der Höhle erschienen, Diastasimos zu heilen – doch anders als in den Wundergeschichten der Evangelien geschieht dies nicht unmittelbar, u. a. deswegen nicht, weil der Kranke sich nicht heilen lassen will. Jesus spricht kein Wort, berührt nur Diastasimos' Schulter und erzählt das Gleichnis von den Teilenden, die im Regen aufs nachtbeschattete Land schauen; »da bricht durch das Dunkel ein Blitz, reißt durch Himmel und Land. Hellt auf jedes, das ist. Der Blitz aber wird die teilen, die sehen« (Roth 1991, S. 54). Das fiktive Gleichnis spricht von der Bedingung der Möglichkeit, bewusst zu werden. Bewusstwerdung setzt die Teilung des Einen in Zwei voraus. Teilung ist Spaltung, ein Vorgang der Abtrennung, der das Gegenübertreten und Objektiveren ermöglicht: Im Unterschiedensein erkennt man sich als autonomes Wesen aus eigenem Recht. Ermöglicht wird dies durch das Licht (Blitz), das Himmel und Erde teilt – ein kosmogonisches Bild. Der, der »sehen« kann – derjenige, der zur Bewusstwerdung bestimmt ist –, wird erkennen, dass er aus zwei Hälften, den »Teilenden«, besteht, die jedoch nichts voneinander wissen. Jesu geheimnisvolle Rede verweist zurück auf Diastasimos' gewaltsamen Zusammenstoß mit dem römischen Soldaten im Tempel. Jesus weiß, dass Diastasimos in seinem Zustand äußerster Verzweiflung mit seinem Schatten ringt, und so entgegnet er dem vom Schmerz Verzehrten: »Zeig aber nicht mir [...]. Denn du willst nicht von mir, was zu geben ist. Sondern wer hat dich gesehn? [...] Zeig dem, mit dem dus geteilt. Geh zu ihm, laß dich heilen« (Roth 1991, S. 53f.).

Im Licht des Gleichnisses und seiner symbolischen Weisung wird deutlich, dass Diastasimos im Tempel seiner anderen, unbekannt-gegensätzlichen Seite, dem Schatten, begegnet war. Nachdem die Katastrophe des Aussatzes auf ihn niedergekommen war, wurde er ins kollektive Unbewusste hineingezogen, versinnbildlicht in der hin- und herflutenden aufständischen Menschenmenge, die ihn zu verschlingen drohte. In dieser Situation der Auflösung trifft er auf den Schatten, der Angst hat wie er, der feindlich ist wie er und schließlich zum Angriff übergeht. Mit jenem Anderen »teilt« Diastasimos – auch in dem Sinn, dass der Andere seine Blöße, das

Kranke, gesehen hat: Er, der Gegensätzliche, vermag zu heilen (ganz zu machen). Das Gleichnis besagt, dass der dunkle Bruder anzunehmen ist.[6] Im Gleichnis von den Teilenden spricht Jesus die Lebensaufgabe des Diastasimos aus: Er, dessen Name »der In-sich-Geteilte«, »der In-sich-Entzweite« bedeutet,[7] hat gleichsam von Geburt an den Auftrag, die getrennten Hälften zusammenzuführen und in eins zu bringen – sprich: den Schatten zu assimilieren. All dies geschieht unter der Obhut des Selbstsymbols, das in dem Moment erscheint, als Diastasimos vollkommen verloren ist und droht, in die Resignation abzugleiten.

Jesus lebt die Zusammenführung des Getrennten in einer späteren Episode der Novelle vor. In jener Szene, die unterhalb der Höhle am Feuer eines römischen Wachpostens spielt, wird Jesus, der als Knecht verkleidet erscheint, einer harten Prüfung unterzogen. Als seine Identität aufzufliegen droht, schreitet Judas als »Herr« ein und prügelt Jesus, den Knecht, dass die »Fetzen fliegen«. Der römische Hauptmann, der das Spiel durchschaut, wird von diesem Verzweiflungsakt aus Liebe – sie »peitschen ihren Heiligsten wie einen Hund« (Roth 1991, S. 82) – so angerührt, dass er Judas Einhalt gebietet. Da, im Blick auf den Geprügelten am Boden, erkennt der Römer: Die Haut unterm aufgerissenen Gewand ist voller Aussatz, und weicht entsetzt zurück. Diastasimos, der das Geschehen von einem oberhalb gelegenen Versteck aus beobachtet, erkennt sich im befleckten, geschlagenenen, am Boden liegenden Jesus und wird augenblicklich eins mit ihm. Deutlich wird: Jesus hat Diastasimos' Aussatz auf sich genommen, um ihn *sehen* zu lassen, wie man »teilt«; die gesamte Szene am Wachfeuer ist eine Wiederholung der Episode im Tempel, als Diastasimos vom selben römischen Soldaten geschlagen und »erkannt« wurde – mit dem entscheidenden Unterschied, dass das Getrennte nun zusammengeführt wird. Diastasimos sieht durch Jesus, der sie ihm zeigt, die Versöhnung der feindlichen Gegensätze, des römischen Hauptmanns mit dem jüdischen »Knecht«, als erlösende Umarmung von Gott und Mensch, Römer und Jude, Ego und Schatten:

> Aber jetzt, hier, hier im Zurückweichen, Erkennen, Entsetzen, hier beginnt alles erst! Denn nicht nur vor mir, Jesus, dem Mann auf dem Boden, dem aussätzigen Diastasimos, war der Hauptmann gewichen. Sondern immer noch vor dem Ausgepeitschten, dem Gott, der ihn sehen ließ, wie er getan und *was* er vergessen, und mit wem er geteilt hat, ohne zu wissen, und mit wem ich geteilt hatte, ohne zu wissen. Und der Gott, der da lag wie ich einst, zog ihn an mit großer Kraft. Zog ihn an, daß er auswich nicht mehr, sondern stehenblieb, dieser Hauptmann, angezogen wie ein Verlorener. [...] Und aufgerichtet sah ich den Hauptmann umarmen den aufgehobenen Knecht und Aussätzigen, den Jesus-und-Diastasimos, beide in eins erinnert, und sah ihn, den Hauptmann, in der Umarmung umarmt werden vom Knecht und Jesus, dem mit Aussatz befleckten, und tief fuhr da in mich wie deren Arme ineinander waren gefahren: *diese* Umarmung, die eine und einzige, wahre. Die schien mir alles zu sein und sprach zu mir klar. Denn wie ich oben mich stehend fand, wie erhoben, so auch: geheilt. Geheilt! (Roth 1991, S. 83f.)

6. Wandlung des Gottesbilds: *Sunrise. Das Buch Joseph* (2012c)

Riverside handelt tiefenpsychologisch betrachtet von der Schwierigkeit der Assimilation des Schattens, die am Beginn des Individuationsweges steht und das Ich gleichwohl lebenslang begleitet. Diastasimos gewinnt gleichsam unter der Anleitung und Aufsicht des Selbstsymbols Einsicht in diese Problematik und erkennt schließlich den »Römer« in sich selbst. Das Sehen und Annehmen des Schattens als einen lebendigen Bestandteil der unbewussten Psyche lässt ihn gesunden.

In *Sunrise*, dem zwanzig Jahre später entstandenen 500-Seiten-Roman, bildet die Schattenproblematik dagegen nur einen Teil innerhalb eines ganzen Individuationsspektrums, welches das (fiktive) Leben des Joseph von Nazaret in sechs Büchern entfaltet: drei

»Büchern des Abstiegs« und drei »Büchern des Aufstiegs«. Was *Riverside* als Mittelpunktsereignis dramatisierte – die Begegnung mit dem Göttlichen –, wird in *Sunrise* zum eigentlichen Anlass und treibenden Motor der Handlung: Erzählt wird, wie Joseph von Beginn seines Weges an von der Gottheit in Dienst genommen und in das göttliche Drama hineingezogen wird. In seinem Werdegang bildet sich gleichsam der volle Umfang einer Individuation ab: die Wandlung des Selbst, das sich im ausgewählten Individuum inkarniert, und die Wandlung des Individuums, das am göttlichen Drama partizipiert.

Auf *Sunrise* trifft im Kern zu, was Jung am Buch Hiob entwickelt hat: Wenn das Ich – verkörpert in Hiob – das Gottesbild sieht, wenn es gar Einblick in dessen dunkle, zerstörerische Seite gewinnt, hat dies den Effekt einer Transformation des Göttlichen. »Wer Gott erkennt, wirkt auf ihn« (Jung, GW 11, § 617), lautet der berühmte Satz. Zugleich wirkt jenes Erkennen des Göttlichen auf das menschliche Ich zurück, insofern es zum Gefäß seiner Wandlung wird.

Wie Hiob vermag auch Joseph aufgrund seiner großen Leidensfähigkeit, des Wissens um seine kreatürliche Begrenztheit und nicht zuletzt aufgrund seines unerschütterlichen Vertrauens in das Göttliche als Spiegel zu wirken, in dem die Antinomie des jahwistischen Gottes sichtbar zutage treten kann. »*Der Schöpfer sieht Sich Selbst durch die Augen menschlichen Bewußtseins*, und hier liegt der Grund, warum Gott Mensch wurde […]« (Jung 2012, S. 178) schreibt Jung in einem Brief an Morton T. Kelsey.[8] Dem menschlichen Bewusstsein, so Jung nachdrücklich, kommt in jenem Wandlungsprozess eine kaum zu überschätzende Rolle zu: Ein Individuum, das in einer bewussten, lebendigen Auseinandersetzung mit der Gottheit steht, vermag zu ihrem »Gefäß« zu werden, die Wandlung des Größeren zu ermöglichen und dabei selbst von Grund auf gewandelt zu werden.

Die Transformation, die sich im Verlauf der Handlung über eine Reihe von Stationen hinweg entfaltet und die hier nur in groben Zügen dargestellt werden kann,[9] ist in einem eindrücklichen

Traumbild, das Joseph zu Beginn seines Wegs – im Zuge seiner Flucht aus Nazaret – empfängt, angekündigt.[10] Der große Traum, im Zustand größter Sorge und Unsicherheit geträumt, zeigt Joseph als jüngsten Spross des Hauses David, der von Löwen in einen Felsspalt gedrängt mit einem Abgrund konfrontiert wird. Unter seinen Füßen erstreckt sich ein »vergessener« Tempel in eine unermessliche Tiefe. Vom Stammvater Jakob bis hinunter zu Adam führt der Weg am Seil, Ahn für Ahn an riesenhaften 64 »Ragebildern« entlang, bis zum lehmigen Grund des Anfangs der Schöpfung. Bei Adam angekommen, ergeht die Stimme Gottes an Joseph:

> »Was siehst du?« / Joseph hob auf seine Augen und sah. / Und Joseph sprach: »Ich sehe einen Tiegel.« / Und was Joseph sah, ließ ihn hoffen. Denn der Tiegel war dem Fassungslosen Gefäß, behielt, was in Flucht zu zerstieben drohte, goß Nahrung aus, wem nach ihr hungerte. [...] Da sprach Gott: / »Zerschmettre den Tiegel, zerschlag ihn zu Scherben, zerschell ihn mir hin am Ragebild Adams!« Da ging Joseph hin und zerschlug den getragenen, den Tiegel, zerschmetterte ihn am Ragebild Adams, daß er in Unzahl Scherben zerscholl. / Und Gott sprach: / »Lies mir die Scherben, Joseph. Aber keinen Splitter, kein Morsel laß mir zurück. Lies sie mir alle gesamt! / Und eine jede bestreichend mit Speichel, zueinander zurück hafte sie neu mir zum Tiegel!« (Roth 2012c, S. 49f.)

Der »Stammtraum« ist der erste in einer Reihe von zwölf Träumen, die Joseph bis zum Ende seines Wegs träumen wird; er initiiert ihn ins Bündnis mit Gott. Die alte Vorstellung von der Gottesebenbildlichkeit (Gen 1,26) aufgreifend, tritt der gewöhnliche Mensch Joseph als gleichrangiger Partner dem Göttlichen gegenüber: Das, was er »sieht«, wird zum Zeichen ihres Bundes, aber auch zu Josephs persönlichem Auftrag, mit allen Konsequenzen, die er noch in keiner Weise zu übersehen vermag, als er erstarkt aus dem Traum erwacht. Der Tiegel, ein Gefäß, das Nahrung auf Vorrat hält und in frühen Opferkulten gebräuchlich war, wird zum Inbild des neuen Bundes; er ist das Symbol der Notwendigkeit einer *bewussten* Beziehung zwischen dem Menschen und der Gottheit. Als konkretes Gefäß enthält er das Verbundensein als die »Speise«, die beide Seiten nähren kann.

Es ist also Joseph, der – von Gott befragt – den Tiegel vor sich sieht, diesen »wählt«. Gottes Beitrag besteht in der paradoxen Aufforderung, jenen Tiegel zu zerschlagen und noch einmal neu zusammenzusetzen. Im Bild des Zerschlagens und Neuzusammensetzens eines Gefäßes erscheint die Individuationssymbolik, die in *Riverside* noch in ein Naturbild gefasst war (Säen und Ernten). Interessanterweise sollen die Einzelteile mithilfe von Speichel (lat.: *saliva*) geklebt/gefügt werden. Dieser in ihrer symbolischen Bedeutung dem Blut ähnlichen Vitalessenz des Körpers wird seit alters heilende Wirkung zugeschrieben. Der Speichel als Symbol der Lebenskraft ist das Bindemittel, das den restituierten Tiegel zusammenhält. Das Sammeln und Zusammenfügen von Scherben versinnbildlicht die Tätigkeit des reflektierenden Bewusstseins, einen Vorgang des kritischen Befragens, der im alltäglichen Sprachgebrauch »Auseinandersetzung« heißt: Jede einzelne Scherbe muss genau betrachtet und sorgsam geprüft werden, damit die Teile zu einem neuen Ganzen zusammengefügt werden können. Betrachtung und Prüfung impliziert das Sinnen auf die mögliche Bedeutung des einzelnen Fragments, sowohl im Verhältnis der Teile zueinander als auch zum übergeordneten Ganzen. Das Zusammensetzen entspricht mithin dem Vorgang der Bewusstwerdung, die das Gefäß neu hervorbringt.

Gott und Mensch begegnen sich in Josephs Traum als gleichberechtigte, aufeinander angewiesene Partner eines Dialogs, die ihr Bündnis im vollen Bewusstsein seines Werts schließen und um seinen Sinn wissen: »Auf daß wir des Bruches gedenkend, halten einander Antwort und schöpfen uns Hungrigen ewige Speise« (Roth 2012c, S. 50). Zwölf Jahre nach jener Initiation erfolgt die große Durchkreuzung: Ein Traum entrückt Joseph an den Ort des alten Bundes, auf den Sinai. Aus dem Innern des Berges, auf dem Mose die Zehn Gebote empfing, der nun ein brütend »rauchender Ofen«

ist, ergeht das Gebot, den geliebten Sohn Jesus »hinauszuführen«, um ihn zum Brandopfer zu schlachten. Im Angesicht dieser monströsen Forderung beginnt Joseph zu ahnen, dass er selbst der Tiegel ist, der zerschlagen werden soll:

> Will ER sich neu brennen den Menschen aus Stein? Denn ins Herz reißt ER mir sein Geritz und schreibt nicht außen auf steinerne Tafeln, sondern ins innerste Herz mir, daß es zu Stein werde am Schrecken Seines Geheißes. Der Tiegel aber wird IHM zerspringen, ist schon zerschlagen (Roth 2012c, S. 178).

Der Auftrag des Sohnesopfers, der wie ein Gesetz über ihn verhängt wird, stellt Joseph vor eine Zerreißprobe: Wenn er Gottes Wille gerecht wird, gibt er seine Menschlichkeit preis. Joseph steht am Abgrund. Grundlos soll ihm das Liebste genommen werden, er selbst soll es zum Opfer bringen: »Warne mich, Herr, daß ich nicht verrückt werde an Dir. Dich nicht verfluche unterm Druck solcher Stimme. Wie es der Hinderer nämlich sich wünscht, dem Gott einst Erlaubnis gab, Hiob zu würgen« (Roth 2012c, S. 179f.). Was aber tut er in dieser wiedergekehrten Abraham-/Hiob-Situation? Er begibt sich folgsam auf die Suche nach dem Opferberg, zugleich sucht er das Gespräch mit Gott. In mäandernd-kreisender Gedankenbewegung, die der äußeren Suche nach der Opferstätte parallel läuft, strebt er in immer neuen Anläufen, den verborgenen Sinn des ungeheuerlichen Befehls zu erkennen.

> Nicht prüft Er mich nur, daß ich bestätigt sähe das Vorgewußte. / Sondern will prüfen mich um ein Neues. Das will Er prüfen in mir und am Sohn, den Er mir damals verhieß/ Für sich aber prüft Er's in mir, für sich. / Denn ich bin Sein Tiegel, den Er zerschmettern läßt, um sich das Neue neu zusammengesetzt zu erprüfen. / Und niemand, weder Gott, der mir sandte den Traum, / noch ich, keiner von uns: soll sicher sein, wie sie ausgeht, die Probe (Roth 2012c, S. 186–187).

Als habe ein Geistesblitz ihn getroffen, versteht er in diesem Moment, dass die Gottheit einen Spiegel sucht, in dem sie sich »prüfen« kann; Gott, so Josephs Ahnung, braucht einen Menschen als Gegenüber, ein Individuum, das abwägen, sich frei entscheiden und Verantwortung tragen kann. »Nicht über mich kommt Er, überkommt mich nicht, sondern kommt zu mir, tritt heran und spricht zu mir, Ihm gegenüber« (Roth 2012c, S. 187).

Joseph widersetzt sich schließlich dem Gottesbefehl – anstatt den Sohn zu opfern, bringt er sich, so könnte man sagen, selbst zum Opfer. Mit dem vierten Buch, dem ersten der Aufstiegs-Sequenz, kommt er in der Unterwelt, im »Tal der Schatten«, an. Der Familie ist er ein Toter, seit Jesus ohne ihn vom Opferberg wiederkehrte. Seit Gott einen anderen an Jesu Statt von Berglöwen zerreißen ließ, führt Joseph die geisterhafte Zwischenexistenz eines Untoten in einer grabartigen Höhlenkluft. Die Worte »Nach / Drei Tagen / Lebe« (S. 258), die Jesus von außen auf die Felsplatte der Höhle einritzt, erfährt er als Tilgung seines Namens aus dem »Buch des Lebens« (S. 251).

Was Jona im Bauch des Wals auf hoher See durchmacht, widerfährt Joseph in einer symbolischen Nachtmeerfahrt durch die Wüste. Im Sandsturm heben sich die Kategorien von Raum und Zeit ebenso auf wie die Grenzen zwischen Vision und Wirklichkeit. Im Tal größter seelischer Dunkelheit, im Zustand äußersten Verlassen- und Verirrtseins wird ihm das Licht einer essenziellen Wahrheit zuteil. Als heimlicher Gast zweier arabischer Kaufleute kommt ihm die Legende von den »Tränen des Esau« zu Ohren, dem unglücklichen, vom Bruder um den väterlichen Segen gebrachten Sohn des Isaak. Jene Tränen des geprellten, zurückgesetzten Esau – so der Tenor der Geschichte – weinen alle Getrennten, die ohne »Segen von oben« leben müssen; so fühlt es auch Joseph, der sich in seiner Verlorenheit nach Erlösung sehnt. Doch solange niemand wisse, woher die Tränen kommen und wohin sie gehen – d. h. solange man den Sinn seines Leids nicht erkennt –, erfährt Joseph, könne man nicht erlöst werden.

Im fünften Buch fällt Joseph in die gesetzlose, finstere Welt der Räuber, die ihn als stummen, holzsammelnden Knecht nachts in Fesseln legen und tagsüber bis aufs Blut peinigen. So lange wird er in die Untaten der »Rotte« hineingezogen, bis er zu einem der Ihren wird und in einem Anfall von Raserei den ältesten Sohn des Anführers tötet, der in seiner eiskalten Brutalität, seiner Machtbesessenheit und demagogischen Brillanz anmutet wie das teuflische Pendant des gütigen Gottessohns. Solchermaßen mit der Wirklichkeit des Bösen vertraut, sogar selbst zum »Mörder« geworden, kommt es zum neuerlichen Dialog mit Gott. In Rede und Gegenrede prallen die Positionen aufeinander – ist der Mensch vor allem ein Geschöpf Gottes oder hat er einen eigenen Willen und ist vor allem selbstbestimmt?

Joseph legt, anders als Hiob, nicht seine »Hand auf den Mund« (Hi 40,4), vielmehr setzt er Gott argumentativ auseinander, was er, der vorgeblich machtlos-austauschbare Mensch, zum göttlichen Drama beisteuert. Es ist eine Auseinandersetzung unter Gleichen, wobei sich Joseph der Erfüllung seiner Aufgabe, dem göttlichen Gegenüber ein Partner zu sein, sehr bewusst ist: »[...] so durchkreuzt hast du viele. Aber sie sehen nicht, Wer ihnen geschieht. / Sage mir, wer redet mit Dir und nennt keinen andern und tauscht Dich nicht aus, weil er weiß, Wer ihm geschieht?« (Roth 2012c, S. 354) Gott antwortet auf diese Demonstration eines sich seines Werts gewissen, sich seiner Aufgabe bewussten Menschen mit einer überwältigenden Bestätigung, die an die Taufe denken lässt: »Da kam über Joseph, als er so sprach bei sich, STIMME. / Die antwortete, sprechend: / ›*Du* bist es. *Dich* wählte ich. / Noch im Anfang: mit dem Schatten des Vogels hab ich gedeutet auf dich. [...] Denn keinen anderen will ich im Tausch, als den, den ich mir erwählte zum Liebsten.‹« (Roth 2012c, S. 354)

Am Ende des fünften Buchs erfüllt sich das Bündnis, das im Traum angekündigt war. Die Auseinandersetzung mit dem Schatten war die notwendige Erfahrung, die es noch brauchte, den Tiegel zu vollenden und für die göttliche Wandlung vorzubereiten. Die Anerkennung der dunklen Weltmächte, das Erlernen des Räuberhandwerks im »Rauben, Brennen, Morden« (S. 354) setzen Joseph instand, zu Gottes Gefäß zu werden. In einer ungeheuerlichen *visio dei* erblickt er die vernichtende, archaisch-rohe Seite des Göttlichen. Er sieht das Blut von den Hängen des Jordantals in Strömen herabfließen – Blut aller Unschuldigen, Geopferten, Gerichteten, im Krieg Zerrissenen. Josephs Auge dringt in die Tiefe der Wasser, wo das Blut in Strängen, Seilen und Fäden in einen gläsernen Kasten führt, der »Wiege und Urne« (S. 369) zugleich ist. Auf ihm ruhen Füße, rotglühend wie Erz »strängeumwunden, rotseilumschnürt«. Sie gehören einem »König«, der in einer riesigen Schwitzkammer sitzt: »Und der war der Grausamste der Grausamen, das Ungeheuer, das Joseph sah, als er sah über die Grenzen hinaus alles Gesehenen, über die Grenzen hinaus alles Sehens, und erkannte« (S. 370).

Der »Hinabblick« Josephs in die Tiefe provoziert den »Hinaufblick« der Gottheit. In diesem Moment einer fundamentalen, erschreckenden Erkenntnis im Sehen und Gesehenwerden eröffnet sich Joseph das zweite »Gesicht« Gottes, das hinter der Grausamkeit liegt: Es ist »verzerrt von Leid, von maßloser Qual, das Angesicht, das heraufsah zu Joseph. Und Joseph entsetzt sich vor ihm, der so leidet.« Joseph schlägt die Hände vor Augen, sich vor dem grauenhaften Anblick zu schützen, und hört die Worte: »Heute habe ich dich gezeugt. Neuerschaffen hast du die Welt« (S. 370).

In diesem exzeptionellen Erkenntnismoment vollzieht sich die Wandlung: »Gott« offenbart sich in seinem innersten Wesen und »zeugt« in der Folge einen neuen Menschen, ein Gegenüber, das nun bis an den Rand des Zerspringens vom Göttlichen gefüllt wird. Im Aug-in-Auge-Sein, im Erfülltsein wird der »Scherbenmensch« (S. 377) erschaffen, der »IHN« *gesehen-erkannt* und verstanden hat, wie auch Hiob Gott *gesehen*, nämlich Einblick in seine unbekannte Rückseite gewonnen hat. Joseph wird diese menschliches Vermögen sprengende Bürde, »Gottes Gefäß« zu sein, aufgeladen, da er fähig geworden ist, die »andere«, dunkle, mörderische Seite, die auch Teil des Lebens ist, anzunehmen, auf sich zu nehmen und Schuld zu tragen.

Joseph erwacht aus dem Gottesgesicht im Blutmeer erblindet. 16 Jahre gehen ins Land, die der Roman nicht erzählt, Zeit des ruhelosen Umherziehens, vom Anblick des »Qualgebundenen« Tag und Nacht verfolgt. Als Joseph Monate vor der Kreuzigung Jesu in Jerusalem wiederauftaucht, ist sein Antlitz mit einem Schweißtuch umhüllt – das entsetzliche Abbild des gequälten Gottes hat sich seinen Zügen eingeschrieben: »Der Augstrahl Seines Heraufblicks, der eindrang in Joseph, als er hinabsah und IHN sah, mit Furcht schliff Er jede Scherbe des Menschen. / Erschliff mit Furcht sich erschaffend den Scherbenmenschen« (S. 377).

Nach der Zerschlagung erfolgt die Zusammensetzung: Wie so häufig bei Roth ist Heilung im Erzählen, das ihm analog zum Bewusstwerdungsprozess ein Lesen von Bruchstücken, ein Zusammensammeln von Zersprengtem zu einem neuen Ganzen ist.[11] Das sechste und letzte Buch »Das Grab« zeigt Joseph als Arbeiter am Felsengrab des Joseph von Arimathäa. Während die Grabstätte errichtet wird und die Magd Neith gleichzeitig dazu das Grabtuch webt, beginnt Joseph die Erzählung seines abenteuerlichen Lebens. Angestoßen wird sie durch einen rezenten Traum, in dem eine Stimme zu ihm spricht: »Hier ist der Berg, den mir gewiesen dein Opfer. Am Ziel bist du« (Roth 2012c, S. 443). Als er erwacht, hat er Augenlicht und Stimme wieder – eine inwendige Heilung hat sich an ihm vollzogen, Joseph, der »Scherbenmensch«, ist nun am Ziel seines Wegs angekommen. Die Bruchstücke seines Lebens, die er im Folgenden erzählend aneinanderfügt, webt Neith in ihr Tuch, »als verwebte ich Leinen und Sprache« (S. 447). Vierzig Jahre später, am Vorabend der Zerstörung Jerusalems, wird sie das Erfahrene zwei jungen Judenchristen weitergeben, die Josephs Worte in Schrift fassen. In Neiths Tuch und in Josephs Grab aber wurde, wie die Evangelien berichten, der Gekreuzigte gelegt, um am dritten Tag aufzuerstehen.

Josephs langer Weg des Leidens führt vom Garten in Galiläa im Jahr 7 v. Chr. zum Grab nach Jerusalem im Jahr 30 n. Chr. Vom Ende des Romans her gesehen wird deutlich, dass Josephs »Opfer« (S. 443) das Leben und Sterben Jesu ermöglichte. Indem Joseph das Gebot des Herrn verweigert und sich selbst opfert, nimmt er Gottes Zorn bewusst auf sich, macht sein Leben elend, hat Teil am Dunkel der Welt. Die Passion präfigurierend bahnt er dem Sohn den Weg, damit dieser seine einzigartige Mission erfüllen kann. Roth zeichnet seinen Joseph als Mittler, als Einiger und Versöhner von Gott und Mensch. Im großen Schlussbild schaut er den »Tisch der Generationen« (S. 495), der einem Baum entstammt, der wiederum einem Zweig in Adams rechter Hand entspross. Jenen über beide Seiten des vollendeten Grabs hinausreichenden, mit Blumen und Früchten geschmückten Tisch umrundet Joseph, die 64 an ihm wartend versammelten Vorväter grüßend. Als letzter Gast des Mahls erscheint der »Bräutigam«, der Auferstandene:

> Alle erheben sich, die Tafel erhebt sich. Alles ersteht lebendig, den lebendig Gekommenen zu grüßen. / Da ist Abendmahl und ist Hochzeit und des Wartens ein Ende. / Am Baum aber der Tafel, die sich erstreckt durch die Mitte, darin in Eins fallen Leben und Tod, sitzen Mensch und Gott, gesehen, zugewandt Auge in Auge (S. 497).

Die Geschichte des Joseph endet in einem *unus-mundus*-Bild, Emblem einer überzeitlichen Allversöhnung, die ein Ende und einen neuen Anfang bezeichnet. Darin ist das Vermächtnis des Joseph enthalten und zum Ausdruck gebracht: das neue, bewusste Verbundensein mit dem Göttlichen – ein »Bündnis« zwischen Mensch und Gott auf Augenhöhe. In Jungs Lesart ist Roths Joseph ein menschliches Paradigma für eine dauerhafte, inwendige und lebendige Bezogenheit auf das Göttliche, das *im* Menschen wohnt. So gesehen gibt *Sunrise* eine Antwort auf die Wurzellosigkeit und Transzendenzferne der Moderne, von der unsere Gegenwart geprägt ist.

Anmerkungen

1 So lautet der Eröffnungssatz der autobiographischen Erzählung »Meine Reise zu Chaplin« (1997).
2 Zur Genese von Jungs Auseinandersetzung mit dem »Ulysses« vgl. die Anmerkungen der Herausgeber im Anhang von Bd. 15 der Gesammelten Werke, S. 146f. Jung formulierte seine Einschätzung des Romans im Essay *»Ulysses«. Ein Monolog*, der 1932 in der *Europäischen Revue* erschien. Wiederabgedruckt in: GW 15, §§ 163–203.
3 Zit. n. dem unveröffentl. Drehbuch.
4 »Er [der Dichter] ist in tiefstem Sinne Instrument und deshalb unterhalb seines Werkes, weshalb wir von ihm auch niemals eine Deutung seines eigenen Werkes erwarten dürfen« (GW 15, § 161).
5 Rudolf Otto schreibt der Erfahrung des Numinosen einen »Doppel-Charakter« zu und kategorisiert sie als »mysterium fascinans et tremendum«. Vgl. Otto (2004).
6 Der Text weist in der Vergegenwärtigung des Zusammenpralls eine Reihe von Signalen auf, die zeigen, dass der römische Soldat den Typus des feindlichen Bruders und des »Verfolgers« verkörpert – bekannten Personifikationen des Schattens. Hinter dem Angriff des römischen Soldaten steht das Selbst, das als zorniger Vatergott erlebt wird. Für eine genauere Analyse vgl. Kopp-Marx (2013), hier bes. S. 47–52.
7 Es handelt sich um eine eigene Schöpfung Roths, eine Ableitung von (griech.) *histämi* = stellen, gestellt worden sein. Die wörtliche Übertragung lautet: »der Getrennt-Stehende«, »der Getrennt-Gestellte«, »der Getrennt-gestellt-Wordene«.
8 Brief vom 3.5.1958 an Morton T. Kelsey (Hervorh. im Original).
9 Für eine ausführliche Analyse vgl. Kopp-Marx (2014).
10 Die Flucht ist Folge einer ersten Durchkreuzung Josephs. Gott hatte ihn in Gestalt eines majestätischen Vogels in einen paradiesartigen Garten gelockt, wo er aus einem Impuls heraus einen ägyptischen, blutig gepeitschten Sklaven vom Baum schnitt, den hinzueilenden Aufseher erschlug und den Ägypter auf dem Rücken in ein Versteck trug, in dem Maria ihn pflegte.
11 Vgl. dazu das Eröffnungsbild in »Riverside«, das eine Feuerstelle in einer Höhle zeigt. Hier an diesem »zusammengesammelten, steinumringten« Ort wird die Geschichte erzählt. Vgl. Kopp-Marx (2013), S. 16.

Literatur

Edinger, E. F. (1987): The Christian Archetype. A Jungian Commentary on the Life of Christ. Inner City Books, Toronto.

Edinger, E. F. (2009): Edward F. Edinger in Conversation with Lawrence W. Jaffe. In: An American Jungian. In Honor of Edward F. Edinger. Hg. von G. F. Elder / D. Cordic. Inner City Books, Toronto, S. 32–77.

Jung, C. G. (1928/1966, 2011): Die Beziehungen zwischen dem Ich und dem Unbewußten. In: GW 7. Hg. von M. Niehus-Jung / L. Hurwitz-Eisner/ F. Riklin / L. Zander. Sonderausgabe. 3. Aufl. Patmos, Ostfildern, §§ 202–406.

Jung, C. G. (1930/1950, 2011): Psychologie und Dichtung. In: GW 15. Hg. von L. Jung-Merker / E. Rüf. Sonderausgabe. 2. Aufl. Patmos, Ostfildern, §§ 133–162.

Jung, C. G. (1944/1952, 2011): Psychologie und Alchemie. GW 12. Hg. von L. Jung-Merker / E. Rüf. Sonderausgabe. 3. Aufl. Patmos, Ostildern.

Jung, C. G. (1952/1967, 2011): Antwort auf Hiob. In: GW 11. Hg. von M. Niehus-Jung / L. Hurwitz-Eisner / F. Riklin et al. Sonderausgabe. 3. Aufl. Patmos, Ostfildern, §§ 553–758.

Jung, C. G. (1986): Interview mit Mircea Eliade [1952]. In: C. G. Jung im Gespräch. Interviews, Reden, Begegnungen. Daimon, Zürich, S. 76–86.

Jung, C. G. (2012): Briefe. Bd. 3. Hg. v. A. Jaffé. Sonderausgabe. Patmos, Ostfildern.

Kopp-Marx, M. (2013): Die Seelen-Dialoge. Ein Commentary Track zu Patrick Roths Christus-Trilogie. Königshausen & Neumann, Würzburg.

Kopp-Marx, M. (2014): »Denn ins Herz reißt Er mir sein Geritz«. »Sunrise. Das Buch Joseph« und das Gottesbild der Moderne. In: dies.: G. Langenhorst (Hg.): Die Wiederentdeckung der Bibel bei Patrick Roth. Wallstein, Göttingen.

Otto, R. (2004): Das Heilige. Über das Irrationale in seinem Verhältnis zum Göttlichen und sein Verhältnis zum Rationalen [1917]. C.H. Beck, München.

Roth, P. (1991): Riverside. Christusnovelle. Suhrkamp, Frankfurt a. M.

Roth, P. (2002): Orpheus nach Hollywood. In: ders: Ins Tal der Schatten. Frankfurter Poetikvorlesungen. Suhrkamp, Frankfurt a. M., S. 10–44.

Roth, P. (2005): Zur Stadt am Meer. Heidelberger Poetikvorlesungen. Suhrkamp, Frankfurt a. M.

Roth, P. (2006): In My Life. 12 Places I Remember. ZDF, 2006.

Roth, P. (2012a): »Das Ästhetische muss zunächst einmal dienen«. Patrick Roth im Interview mit Rita Tüpper-Fotiadis. In: Die politische Meinung, Nr. 116/2013, S. 116–123.

Roth, P. (2012b): Heimsuchung. Ein Gespräch mit dem Schriftsteller Patrick Roth. In: Cargo. Film/Medien/Kultur 15/2012, S. 22–31.

Roth, P. (2012c): Sunrise. Das Buch Joseph. Wallstein, Göttingen.

Oskar Negt

Der politisierte Mensch*

Demokratie als Lebensform

Die Krise, in der wir uns befinden, unterscheidet sich grundlegend von den Krisen, die wir bisher hatten. Grundlegend deshalb, weil es nicht um Krieg und Nachkriegszeit und die Verarbeitung dieser totalitären Systeme geht. Die Krisen, mit denen wir es heute in den entwickelten kapitalistischen Ländern zu tun haben, sind vielmehr Strukturkrisen dieser Form der Wirtschaft, der Lebenszusammenhänge, d. h. es sind autonome Krisen. Deshalb darf man nicht erwarten, dass wir zu den alten Verhältnissen zurückkehren werden, wenn Konjunkturen wieder anspringen und so etwas wie Wachstum zustande kommt. Diese Konjunktur und Rezession können diese Form der Krise, die ich als kulturelle Erosionskrise bezeichne, verstärken, abschwächen. Sie können Entwicklungen erzeugen, die Abwege und Umwege sind, aber sie berühren diese Krise nicht zentral.

Lassen Sie mich in einigen Punkten beschreiben, worin diese Krise besteht. Es ist eine Krise der Werte, wie allgemein gesagt wird. Aber es ist eine Zwischenwelt von alten Werten entstanden, die nicht mehr unbesehen gelten und deshalb auch nicht von Generation zu Generation problemlos überliefert werden können. Sie sind noch da, aber der Geltungsanspruch ist verloren gegangen, oder der Wahrheitsanspruch ist verloren gegangen, und es werden neue Werte gesucht. Das heißt, wir befinden uns in einem sehr intensiven kulturellen Suchprozess, der u. a. zur Folge hat, dass sich alte Bindungen lösen. Selbst die Parteien können nicht mehr selbst-

* Der vorliegende Text ist eine redigierte Transkription des auf der Tagung frei gesprochenen Vortrags.

verständlich mit Loyalität rechnen. Das irritiert viele Parteien. Auch die CSU kann nicht mehr darauf vertrauen, dass sie selbstverständlich Bayern erobert.

Das heißt, es geht darum, dass alte Bindungen und Loyalitäten brechen, und im Unterschied zur traditionellen Frage der Soziologen nach der Enttraditionalisierung von Werten ist diese Entwicklung der Werte gewollt. Bindungslosigkeiten sind gewollt in dieser Gesellschaft, weil nur der bindungslose Mensch marktgerecht handeln kann. Das heißt, die marktgerechten Handlungsweisen der Menschen sind gewollt. In der Geschichte der politischen Ökonomie war noch nie vom Markt erwartet worden, dass er ein vernünftiges Gemeinwesen organisiert. Schon im Aachener Programm der CDU von 1947 steht: »Der Kapitalismus ist nicht in der Lage, eine vernünftige gesellschaftliche Ordnung zu Stande zu bringen. Wir dürfen die wirtschaftlich Mächtigen nie wieder ohne politische Kontrolle lassen.« Das ist ein großer Lernprozess der Nachkriegszeit! Mitbestimmung, Betriebsverfassungsgesetz sind Kompromisse, aber immerhin gibt es einen Lernprozess, der besagt: Der Sozialstaat ist kein Staat für die Bedürftigen, der Sozialstaat ist ein konstitutiver Bestandteil unserer modernen Verfassung. So steht es auch im Deutschen Grundgesetz.

Wenn der Sozialstaat geplündert wird, wird eines Tages der Sicherheitsstaat mehr Geld verlangen, etwa für Polizei, Gefängnisse und alle diese Dinge mehr Geld ausgeben müssen. Das heißt, Sozialstaat, Rechtsstaat und Demokratie sind drei Säulen, auf denen unsere moderne Welt beruht. Bindungslosigkeit ist eben das Resultat einer Gesellschaft, die marktgerecht handelt und in der die betriebswirtschaftliche Mentalität gleichsam durch Kontamination in alle Gehirne eindringt. Auch in den Theatern, in den Schulen wird betriebswirtschaftlich gedacht. Das hat es auch so noch nie gegeben. Selbst Adam Smith, auf den sich die Liberalen und Neoliberalen berufen, oder David Ricardo, John Stuart Mill, die großen bürgerlichen politischen Ökonomen, waren nie der Auffassung, dass der Markt alles regulieren kann. Adam Smith ist ja Professor für Ethik in Schottland gewesen, d. h. es gab immer Gegenkräfte, Gegenbewegungen, *counterpowers*, wie die amerikanischen Sozialwissenschaftler dies nennen, und die sind heute weggebrochen.

Auch auf die Arbeiterbewegung kann man nicht einfach setzen. Wir sind in einem gesellschaftlichen Zustand, in dem dann Stéphane Hessel, dieser Widerstandskämpfer, eine kleine Broschüre verfasst hat – *Empört Euch!* (Hessel 2010) – die innerhalb von Wochen eine Millionenauflage bekommen hat, weil offenkundig sehr viele Menschen dieses Empörungspotenzial in sich tragen, aber dafür keine Ausdrucksformen finden.

Die kollektiven Ausdrucksformen fehlen, deshalb finde ich an solchen Versammlungen wie hier – es sind ja sehr viele Menschen anwesend – immer sehr wichtig zu erfahren, dass andere ähnlich denken. Dieser kollektive Zug in der Empörung ist sehr wichtig. Das heißt, die gesellschaftliche Krise ist nicht so einfach zu lösen. Ich werde das im letzten Teil meiner Rede und auch im Einzelnen etwas begründen. Wir müssen uns vielmehr damit abfinden, dass ein Teil dieses kapitalistischen Systems in uns selbst steckt und wir nicht einfach den Kapitalismus als etwas Fremdes betrachten können. Das macht die Sache schwieriger.

Heute kann man sich selbst auf seine Feinde nicht mehr verlassen – die ändern sich. Dass etwa eine sehr schöne Laudatio von Heribert Prantl anlässlich einer Preisverleihung an mich in der *Frankfurter Allgemeinen* erschien, war für mich so verblüffend, dass ich mir die Frage gestellt hatte, ob sich die Politik verändert hat oder was los ist mit denjenigen, die mich seit 1968 eigentlich ignoriert haben.

Wir sind also in solchen Erosionsprozessen und Suchbewegungen, was die Sache aber auch gefährlich macht, denn wenn die demokratische Gesellschaftsordnung nicht im Stande ist, die Finanzkrise zu lösen, werden sich mit Sicherheit autoritäre, ja totalitäre Optionen anbieten, die alles schneller machen wollen, die im Grunde die komplizierten Verfahrensweisen der demokratischen Gesellschaft für überflüssig halten. Wir haben es ja mit rechtsradikalen Entwicklungen im Zentrum Europas zu tun. Es geschieht nicht mehr am Rande – Holland ist kein Randland, auch Ungarn und die anderen Gesellschaften sind es nicht. Das heißt, wir haben eine antidemokratische Option in den entwickelten Ländern.

Wenn das der Fall ist, dann bedeutet die Auflösung solcher alten Bindungen gleichzeitig, dass das Bindungsbedürfnis nicht nachlässt, sondern ganz im Gegenteil zunimmt. Zum Beispiel erfährt der Begriff »Heimat« eine Revitalisierung; Heimat und Familie spielen in der Shellstudie bei Jugendlichen eine große Rolle und sind im Rang sehr weit oben. Was bedeutet das jetzt für die gesellschaftliche Situation, mit der wir es aktuell zu tun haben?

Ich habe mein letztes Buch deshalb *Nur noch Utopien sind realistisch* (Negt 2012) genannt, weil für mich das, was Utopie oder Fiktion auf der einen und Realität auf der anderen Seite ist, ins Schwimmen geraten ist. Das kann sich doch keiner mehr vorstellen: 1000 Milliarden als Bürgschaften, und innerhalb einer Nachtsitzung des Deutschen Kabinetts wird beschlossen, dass eine Billion gerade reicht, aber vielleicht auch mehr erforderlich ist. Hier wird ein kollektives Wertschöpfungsresultat, das Menschen gemeinsam erarbeitet haben, in einer Weise verteilt, die Generationen belasten könnte. Wenn auch nur eine Bürgschaft eingefordert wird, betrifft dies ganze Staatshaushalte. 700 Milliarden ist das Doppelte eines Staatshaushalts wie der der Bundesrepublik Deutschland. Mit anderen Worten: Die haben eine Realitätsdefinition von der Art, die so nicht mehr funktioniert. Ich glaube, dass wir uns eine Finanzkrise, in der jetzt nur die maroden Banken gestützt werden, noch vor zehn Jahren nicht haben vorstellen können, obwohl es Prognosen von linken Leuten gab, die in diese Richtung gingen.

Die Wertschöpfung hat sich verabschiedet – nein: Die Verwendung der Wertschöpfungsresultate hat sich von der Gesellschaft verabschiedet. 3 Billionen Geschäftsakte gibt es an den Börsen täglich, und davon sind nur 4 % auf Produktion und Warentausch bezogen. Der Rest hat sich gewissermaßen nach eigenen logischen Prinzipien verselbstständigt und bedroht eher die Gesellschaftsordnung. Mit anderen Worten: Es vollzieht sich neben der Bindungslosigkeit so etwas wie ein Abstraktionsprozess. Marx hat einmal von Realabstraktion gesprochen. Das Geld verselbstständigt sich gegenüber den Produktionsprozessen. Wenn das der Fall ist, dann haben wir es mit einer Fragmentierung der Welt zu tun, und die gegenwärtigen Herrschaftsverhältnisse leben im Grunde vom Ausspielen der einzelnen Bereiche gegeneinander, das heißt von der Nichtherstellung von Zusammenhang. Die Fragmentierung ist ein Herrschaftsmittel und deshalb – darauf werde ich noch zu sprechen kommen – ist es für jeden beruflichen Zweig existenznotwendig, über die berufliche Qualifikation und Tätigkeit hinaus zu denken, also politisch zu denken, gesellschaftlich zu denken. Dies ist nicht mehr eine Frage nur der Bildung, sondern es ist meiner Meinung nach eine Existenzvoraussetzung in allen Berufszweigen, ob es der Psychiater ist, der Psychologe, der Soziologe oder der Philosoph.

Es geht also darum, die Fragmentierung aufzuheben und sich nicht so viel vor dem Fernseher aufzuhalten, in dem das Fragmentierungsprogramm genauso abläuft: Innerhalb einer Viertelstunde wird in den Tagesschauen alles Mögliche angeboten, was im Übrigen im amerikanischen Fernsehen – zumindest bei einzelnen Kanälen, etwa CNN – ganz anders ist. Dort gibt es noch sehr ausführliche Kommentare, die das Geschehen begleiten. Wenn Sie vor der Tagesschau die Börsenberichte einigermaßen intensiv wahrnehmen, haben Sie im Grunde die wirklichen Informationen für den Tag schon bekommen.

Diese Krise hat also auch mit der inneren Verfassung der Menschen zu tun. Ich möchte dies an drei Linien näher herausarbeiten.

Die gegenwärtige gesellschaftliche Situation ist gekennzeichnet durch einen ungeheuren Prozess der Polarisierung, der gewollt ist, etwa die Polarisierung z. B. zwischen Arm und Reich. Kluge Leute haben errechnet, dass die Akkumulation des gesellschaftlichen Reichtums in wenigen Händen oder wenigen Institutionen so groß ist wie vor der Französischen Revolution. Noch nie ist gesellschaftlicher Reichtum in so wenigen Händen gewesen. Wir haben es mit entwickelten Gesellschaftsordnungen zu tun, und man verhandelt über Millionen, obwohl jedes vierte Kind in Deutschland unter

Armutsbedingungen aufwächst. Das kann nicht in Ordnung sein, egal wie man das technisch oder anders erklärt, und selbst wenn die Bertelsmann Stiftung jetzt vor wenigen Tagen eine Untersuchung herausgebracht hat, das Armutsrisiko von Kleinkindern sei um 1,6 % geringer geworden (Bertelsmann Stiftung 2013). Ja, aus demographischen Gründen kann das schon sein, auch aus anderen Gründen, und vielleicht ist es ja auch wirklich so. Trotzdem ist es ein Skandal, und mir fällt bei dieser Polarisierung zwischen Arm und Reich immer ein Satz von Augustinus ein, der sagt: »Was sind denn Reiche anderes als große Räuberbanden, wenn ihnen die Gerechtigkeit fehlt?« Gerechtigkeit nicht nur als Verteilungsgerechtigkeit, sondern als Prinzip einer modernen Gesellschaft – hier geht es genau um das, was Gustav Radbruch einmal mit den Worten beschrieb: »Es gibt so etwas wie gesetzliches Unrecht« (Radbruch 1950, S. 347). Und übergesetzliches Recht. Dies steckt in diesem Prozess der Empörung mit drin. Es muss nicht immer Kohlhaas sein, aber Empörung ist ein Potenzial gegen die erfahrene Ungerechtigkeit einer ganzen Gesellschaft, und deshalb ist Gerechtigkeit nicht nur eine ethische Frage, sondern eine Frage des Zusammenhalts einer Gesellschaft. Eine Gesellschaft, die auf Dauer polarisiert ist und diese Ungerechtigkeiten zulässt, ist vom Auseinanderdriften bedroht, hält nicht zusammen.

Das wird unterstützt durch eine zweite Polarisierungsebene, nämlich die zwischen Peripherie und Zentrum. Die Peripherien – und zwar die im gesamteuropäisch entwickelten Zusammenhang, ich will gar nicht von São Paulo oder von Rio sprechen –, die Peripherien veröden gegenüber den geförderten Zentren. Die paar Minuten, die durch eine Bahntrasse in Stuttgart gespart werden, verweisen darauf, dass hier das Zentrum gefördert wird, aber die Peripherien vernachlässigt werden, ebenso in einem verstärkten Ausmaß das Geld für die neuen Bundesländer.

Eine dritte Ebene der Polarisierung ist die im Bildungsbereich. Es tauchen immer mehr Privatschulen, Eliteschule, Elitevorstellungen, Exzellenzvorstellungen auf. Mich macht es besonders traurig, dass diese Exzellenz- oder Elitevorstellungen von einer Schülerin von mir ins Gespräch gebracht wurden, die Bundesministerin für Forschung war. Zunächst hatte sie von »Elite« gesprochen, wobei »Elite« in meinen Vorlesungen eigentlich immer ein kritisierter Begriff war. Und dann hat sie es in »Exzellenz« umdefiniert, was allerdings überhaupt nichts an dem mediokren Zustand der deutschen Eliteuniversitäten oder Exzellenzuniversitäten ändert. Ich habe in Princeton studiert, also einer Eliteuniversität, und den Rektor gefragt: »Was ist denn so der Haushalt, was ist das Vermögen von Princeton?« Er sagte: »So richtig weiß das keiner, will auch keiner wissen, aber schätzungsweise 18 Milliarden Dollar, so dass der laufende Betrieb von den Zinsen, die diese 18 Milliarden Dollar bringen, finanziert werden kann.« Gegenüber der Columbia und den anderen Universitäten ist es im Grunde eine kleine Universität, die etwa tausend Personen als Lehrpersonal hat – natürlich verschieden gestuft, aber eben doch tausend Personen. *Das* ist eine Eliteuniversität, wenn man den Begriff überhaupt verwenden will. Die Eliteuniversitäten bei uns, die 50 Millionen Euro zusätzlich bekommen, sind ein Witz dagegen. Aber es wird darüber hinweggetäuscht, dass hier eine Eliteuniversität als so etwas wie ein Produktionszentrum von Neuronen betrachtet wird, und es wird der Tatbestand verschleiert, dass das Geld von den normalen Universitäten genommen, d. h. abgezweigt wird.

Polarisierung ist also ein Prozess, der meiner Meinung nach gefährlich für den Zusammenhalt der Gesellschaft ist.

Hinzu kommt der Aspekt der Flexibilisierung. Flexibilisierung in bestimmten Bereichen mag sinnvoll sein. Wenn ich einen von Ihnen fragen würde: »Bist du flexibel?«, würden Sie das kaum bestreiten, denn nicht flexibel zu sein bedeutet auch eine gewisse Borniertheit. Eigensinn wäre eine positive Wendung dieser Borniertheit, aber es ist eine Beschränktheit.

Aber es gibt Grenzen der Flexibilisierung, wie Richard Sennett sie in der amerikanischen Gesellschaft aufgezeigt hat. Er sagt, dass die Grenze der Flexibilisierung im Grunde schon erreicht ist, weil diese Flexibilisierung mit einer totalen Fragmentierung der Lebensverhältnisse verknüpft ist. Keinen Vollarbeitsplatz mehr, sondern nur eine Kombination verschiedener Arbeitsplatzfragmente zu haben, bedeutet z. B. auch, dass in den amerikanischen Familien überhaupt keine Kommunikation mehr stattfindet, weil die verschiedenen Arbeitszeiten nicht miteinander zu verbinden sind. Das heißt, dass Flexibilisierung nur dann ihrem Sinn der Befreiung gerecht wird, wenn sie Grenzen einhält. Ich glaube, die Ideologie der Flexibilisierung drückt sich auch im deutschen Titel von Sennetts Buch aus, der in einer Weise übersetzt wurde, die mir völlig unverständlich ist. Das Buch heißt im Deutschen *Der flexible Mensch* (Sennett 1998) und hat damit eine positive Konnotation, aber die amerikanische Originalausgabe heißt *The Corrosion of Character*, was offenkundig eine andere Richtung ist. Es ist eine Schande für den Verlag, diese Ideologie der Flexibilisierung auf eine solche Weise voranzutreiben.

Das Dritte, was die Gesellschaft auseinandertreibt, ist eine Dreispaltung der Gesellschaft, die ich sehe. Ich selbst habe zusammen mit Peter Glotz Anfang der 80er Jahre die These von der Zweidrittelgesellschaft vertreten und gesagt: Wenn zwei Drittel etabliert sind, sich demokratisch partizipativ verhalten, also im gesellschaftlichen Kontext auch integriert sind, dann kann man von einem Drittel sprechen, das integrierbar ist, aber vorübergehend nicht in diese Gesellschaft integriert ist. Es ist eine Gewichtung, die in der Gesellschaft einigermaßen Lebensmöglichkeiten schafft. Heute spreche ich von einer Drittelung der Gesellschaft: Nur noch ein Drittel der Gesellschaft fühlt sich wohl. Wenn ich mit Managern diskutiere, und das kommt gelegentlich vor, dann sind sie sehr vorsichtig und fragen am Ende: »Sag mal, du hast immer von Krise geredet, wo ist die denn?« Die über 100 Milliarden Exportüberschüsse und natürlich die unübersichtlichen Goldvorräte, die allmählich auftauchen, machen natürlich einen Reichtum der Gesellschaft deutlich, der eben noch nicht ganz berechnet ist und festgehalten werden kann, weil man nicht weiß, wo in Kalifornien die deutschen Goldvorräte gehortet werden – was offenkundig der Fall ist, um sie vor dem Ostblock zu schützen. Das ist nur verständlich, wenn man einen kollektiven Verfolgungswahn unterstellt.

Wenn die Russen in Düsseldorf einmarschieren, hat man Goldvorräte, dann hat man einen Vorrat, den man aus Amerika holen kann – so ist die Denkweise hier. Es klingt zwar ein bisschen lächerlich, aber wenn die Russen in Berlin oder in Düsseldorf einmarschieren, sind wir nicht verarmt, sondern wir haben noch Vorräte in Goldlagern, die etwa 20 bis 30 Meter unter der Erde liegen.

Dass ist das Drittel, das von einer Krise nichts hören will, nichts weiß und in den eigenen Lebenszusammenhängen im Grunde auch nichts damit anfangen kann – schon gar nicht mit Krise im Sinne von griech. *krínein*, entscheiden, trennen, neu kombinieren. »Krise« hat ja eine doppelte Bedeutung. Im Chinesischen ist das Zeichen für Krise dasselbe wie für Chance. Dieses Drittel nimmt überhaupt nicht wahr, was in der Gesellschaft abläuft, und es ist natürlich ein dominierendes Drittel: an den Universitäten, in den Medien. Sie können eine beliebige Talkshow einschalten, und Sie finden immer dieselben Leute, die da reden. Wie das zustande kommt, ist mir schleierhaft, aber es sind immer dieselben, die natürlich auch dasselbe vertreten. Nun gut, ich rede natürlich auch immer über dasselbe, in der Hoffnung, dass es etwas wahrhaftiger ist.

Dieses Drittel dominiert also die Gesellschaft und lebt auch vom Kitt der Überlebensangst der Menschen. Der sozialdarwinistische Überlebenskampf in den anderen beiden anderen Dritteln ist ein wesentliches Element der Verblendung des herrschenden Teils der Gesellschaft. Und es ist eine sehr gesteuerte Ideologie in der Gesellschaft.

Das zweite Drittel ist geprägt von zunehmend fragmentierten Lebensverhältnissen, wie ich schon angedeutet habe, d. h. von prekären Lebensverhältnissen. Prekariat ist kein schlechter Begriff für diese Gruppierung, für diese Tendenz in der Gesellschaft: kurze Verträge von Job zu Job, schneller Wechsel von einer Tätigkeit zur anderen, Auflösung der berufsethischen Bindung. »Job« kommt ja ursprünglich aus dem Amerikanischen und ist so etwas wie ein Klotz, also etwas, das entqualifiziert ist. Es ist eine Entqualifizierung der Tätigkeiten und damit die Zerstörung der Bindungen durch diese Tätigkeiten, die allerdings nicht ganz gelingt. Die Opelarbeiter haben das Gefühl wie die alten Kruppianer: »Das ist unser Betrieb, das haben wir geschafft! Was machen die mit uns, wenn die einfach beschließen, Werke aufzulösen?« Rüsselsheim lebt von Opel. Wenn Opel in Rüsselsheim stirbt, stirbt diese Stadt. Das heißt, diese prekären Lebensverhältnisse sind so intensiv, dass die Menschen keine Lebensplanungen vornehmen können. Man muss sich nicht wundern, dass Kinder nicht mehr so richtig zu planen sind, wenn die berufliche Tätigkeit der Jobs nicht einigermaßen verlässliche Perspektiven zulässt.

Und das dritte Drittel der Gesellschaft ist die wachsende Armee der dauerhaft Überflüssigen, dauerhaft überflüssig nicht was die gesellschaftliche Qualität ihrer Tätigkeiten betrifft – viele weichen in ehrenamtliche Tätigkeiten aus –, sondern was die Notwendigkeit betrifft, zum gesellschaftlichen Produktions- und Lebenszusammenhang konstitutiv dazuzugehören. Der Kapitalismus, wenn er so bleibt wie er ist, beruht auf einer wachsenden Rationalisierung der Produktionstechniken im Inneren. Was einmal der menschenfreie Betrieb war – in den 80er Jahren noch so etwas wie eine negative Utopie –, ist heute Realität und wird immer häufiger. Das heißt, das Ersetzen lebendiger Arbeit in allen Bereichen, auch in den Dienstleistungsbereichen, nimmt zu; es werden immer mehr Menschen ausgegliedert. Solange sie noch sozialstaatlich gehalten werden können, geht es. Aber eines Tages könnte dies aufhören. Dann haben wir im Grunde die Rettung eines Produktions- und Gesellschaftssystems, das lebendige Arbeit und die Menschen überflüssig macht.

Ich habe einmal einen Rückversicherungsmanager gefragt: »Sie haben doch sicherlich Methoden, die sehr exakt solche Katastrophen wie diese Finanzkrise voraussehen können? Sie leben doch davon, Sie müssen das doch wissen.« Da hat er gesagt, sie hätten Methoden, die eher ein Erdbeben voraussehen könnten als eine ökonomische Krise. Auf meine Frage, wieso das so ist und woher das kommt, hat er mir wörtlich gesagt – ich habe es mir aufgeschrieben: »Bei der Eurokrise ist viel Mensch im Spiel, da sind

Menschen im Spiel.« Ja natürlich, es gibt Betroffene, aber natürlich auch Interessenskonstellationen: Wir haben Interesse an der Stützung der maroden Banken in Griechenland und in Spanien. Man stelle sich das einmal vor: Man erwartet Reformen in einem Land, das jetzt unter die 50 % gedrückt wird, was die Produktion betrifft. Wie sollen die auch nur die Zinsen bezahlen? Ein Marshallplan wäre nötig, im Sinne einer solidarischen Ökonomie der Hilfe Europas, anders geht das nicht. Aber es herrscht eben diese Form einer rabiaten und ausbeuterischen Gesellschaftsordnung, die vor Reichtum überquillt. Es ist keine arme Gesellschaft, in der wir leben.

Lassen Sie mich zum Schluss fragen: Was bedeutet das für das Menschenbild? In dieser neoliberalen Phase, die ja allmählich zu Ende geht und praktisch in einer Katastrophe endet, ist ja immer stärker die Rede davon, dass der eigentliche Mensch Unternehmer ist. Fast wörtlich steht dies in einer sächsisch-bayerischen Kommission zur Untersuchung moderner Lebensbedingungen. Dort steht sinngemäß: »Der unternehmerisch tätige Mensch ist das Selbstideal des Menschen heute.« Hätte man in der Zeit von Perikles jemanden gefragt: »Was ist eigentlich so die Idealvorstellung eines Menschen?«, dann wäre die Antwort gewesen: »Das ist der Polisbürger. Das ist derjenige, der über das Wohl und Wehe der Polis nachdenkt.« So ein Politiker ist für Perikles also kein naturwüchsiges Phänomen, sondern ein im städtischen Zusammenhang gebildeter Mensch. Wenn man im Übrigen zurückverfolgt, was die Formel vom Idioten ursprünglich bedeutet, sieht man: *Idiótes* im Griechischen bedeutet schlicht: »der Privatmann«. Den Privatmann kann man dann also als krank bezeichnen, aber ursprünglich ist dieser *idiótes* im Grunde der Nicht-Polisbürger. Und so bezeichnet auch Aristoteles den Zusammenhang von Arm und Reich. Er sagt: »Dass es Armut gibt in der Gesellschaft, ist sehr bedauerlich, aber die Armen versuchen, ihre Erlöser zu finden.« Erlöser sagt er nicht, sondern: »ihre Autokraten, ihre Diktatoren, die ihr Schicksal wenden sollen«. Aber schlimmer sind die Reichen, denn sie kümmern sich überhaupt nicht um das Gemeinwesen. Diese Form des Sich-nicht-Kümmerns um das Gemeinwesen fängt natürlich im eigenen privaten Bereich an und ist nicht etwas Fremdartiges.

Das heißt, der unternehmerische Mensch als der eigentliche Mensch ist so, wie es Joseph Schumpeter bezeichnet hat: »Unternehmer ist nicht der, der Kapital hat, sondern der etwas unternimmt.« Dies ist natürlich eine Verengung des Begriffs vom Menschen, die die betriebswirtschaftliche Denkweise komplett idealisiert und totalisiert. Auch der Mensch der Renaissance wäre einer, der im Grunde eine vielseitige Tätigkeit ausübt und Projekte macht, wie Leonardo.

Was können wir mit dieser Krise tun? Weil auf dieser Tagung ja auch Menschen vieler verschiedener Berufsgruppen versammelt sind, ist es meiner Meinung nach wichtig, den Krisenbegriff in Krisenherde zu zerlegen und aus Krisenherden Handlungszusammenhänge bzw. Handlungsfelder zu machen. Der Krisenherd Schule und Erziehung ist ein anderer und verlangt andere Lösungen als der Krisenherd Gesundheitsversorgung. Krisenherde in Handlungsfelder zu verwandeln, ermöglicht, übersichtliche Handlungsweisen zu praktizieren, für die ich auch Verantwortung übernehmen kann. Ich habe keine Beziehung zur New Yorker Börse, und ich bin sicher, dass auch keiner sonst hier eine Beziehung zur New Yorker Börse hat. Aber ich habe sehr wohl eine Beziehung zu meinen Kindern, zur Schule und zu vielen Dingen, Nachbarschaften und Tätigkeitsformen, in denen ich dann auch für das Resultat meiner Handlungsweise verantwortlich sein kann.

Die Beschwörung der großen Krise reicht nicht aus, und hier Handlungsfelder zu eröffnen, wäre sehr gut. Das bedeutet allerdings, dass in diesen Handlungsfeldern auch sehr viel von überschüssigem Bewusstsein enthalten ist. Ich bin der Überzeugung, dass viele der Energien, die die Menschen in sich tragen, dafür verbraucht werden, in Zuständen auszuhalten, die als unerträglich betrachtet werden. Es geht also darum, sich nach außen zu wenden und zu schauen, ob es im Lehrerkollegium vielleicht einen Zweiten gibt, der genauso denkt, und wenn es einen Zweiten gibt, gibt es vielleicht einen Dritten, der mitmacht, usw. So bilden sich ja kollektive Zusammenhänge. Es geht darum, den Mut aufzubringen, die Empörung, die zunächst privat bleibt, nach außen zu tragen. »Habe Mut, dich deines Verstandes ohne Anleitung eines anderen zu bedienen«, wie Kant sagt, oder: »Habe Mut, dich deiner Vernunft öffentlich zu bedienen, nicht privat.« Wenn man dann mit diesen Lehrern, die das ganze System für falsch halten, zusammensitzt und wir einen Schnaps getrunken haben, dann geht es radikal gegen die Bologna-Reform. Aber sie machen mit in der Schule, sie halten den Betrieb am Laufen, und das gilt für die Hochschullehrer in noch stärkerem Ausmaß.

Es gilt, dieses Nicht-länger-mitmachen-Wollen aufzugreifen und die Energien für bessere Zwecke zu nutzen. Denn das Aushalten in unzulässigen, unerträglichen Zuständen verzehrt die Hälfte der menschlichen Energie. Das Herrschaftssystem lebt davon, dass die Energien nicht in kollektiver Empörung gebunden sind. Das setzt natürlich voraus, dass im Unterricht auch etwas verändert wird. Ich glaube, dass die Bologna-Reform eine fatale Entwicklungslinie eröffnet, indem die Menschen auf Botmäßigkeit gebracht werden, auf Außenleitung ausgerichtet werden, so wie David Riesman sagte, dass der außengeleitete Mensch das Ideal der Marktgesellschaft sei. Natürlich, wie sollte es auch anders sein! Der Innengeleitete würde ja viel stärker Kritik üben an dem, was er macht.

Diese Energien umzulenken, würde bedeuten, dass man bestrebt ist, in seinen übersichtlichen beruflichen Verhältnissen etwas gesellschaftlich zu organisieren, sich als gesellschaftliches Lebewesen zu betätigen, und das würde bedeuten, z. B. ganz konkret in den Schulen, dass man die Lernzeiten differenziert und getrennt voneinander addiert: Es gibt die Lernzeit kognitiver Aneignung, die sich grundlegend von der Lernzeit im sozialen Bereich unterscheidet, ebenso vom emotionalen Lernen. Dies hätte eine Differenzierung der Zeitstrukturen zur Folge, denn emotionales Lernen braucht viel mehr Zeit als kognitives Lernen. Das bedeutet natürlich auch für die Kinder – und ich kann das an meinen eigenen Kindern gut verfolgen –, dass hier Aneignungsprozesse in einem Tempo stattfinden, das überhaupt nichts zu tun hat mit der Verarbeitung des Lehrstoffs oder mit exemplarischen Lernformen, d. h. dass man etwas an einem bestimmten Punkt begreift und von da aus sich auch andere Sachen aneignen und sie entschlüsseln kann. Wissen ist ja kein Problem mehr: Man drückt auf einen Knopf und hat alles. Das Wissen selbst ist es also nicht, sondern die Verarbeitungsform des Wissens, und diese lässt sich nur durch primäre Kommunikation und primäre Öffentlichkeit verändern.

Einige Schlussgedanken:

Was ist das Ziel unserer Tätigkeit? Es ist die Frage nach dem gewollten Menschen: »Welche Menschen wollen wir?« – aber nicht im Sinne eines dogmatischen Aufstülpens von bestimmten Regeln oder Dogmatiken. Ein Element ist meiner Meinung nach unerlässlich für demokratische Beteiligung und deshalb auch für den politisierten Menschen, den politischen Menschen: die Entwicklung von Urteilsfähigkeit. »Urteilskraft ist das Vermögen des Besonderen«, sagt Kant. Das heißt, Urteilskraft stellt das Allgemeine und das Besondere her, so dass hier nur dann Dogmatiken vermieden werden, wenn eine Übung der Urteilskraft stattfindet. Die zweite Bildung in einem strengen Sinne ist eine Vorratshaltung: Man legt Vorräte an. Es ist ja unsinnig, dass man das, was in den Schulen gelernt wird, überhaupt nicht anwenden kann, und dass es verloren geht. Wer weiß denn noch, was im Physikunterricht gemacht wurde? Im Grunde habe ich von der Mathematik nur die drei oder vier Grundrechenarten behalten. Ich bin damit ganz gut zurechtgekommen – wenn man eben dann irgendwelche Leute fragt, die mit Maschinen umgehen können.

Die Vorratshaltung an Sichtweisen, Problemstellungen, an Interpretationen, auch an Literaturhinweisen – diese Vorratshaltung kann lebensentscheidend sein. So hat einmal ein kluger Mensch, der im Gefängnis war und die Vollstreckung des Todesurteils erwartete, gesagt: »Im Grunde hat mich am Leben erhalten, dass ich immer wieder wiederholt habe, was ich einmal gelesen habe.« Es ist wirklich lebenserhaltend, wenn es einen solchen Vorrat gibt. Deshalb ist die Wegrationalisierung der Vorratshaltung das große Problem der Bologna-Reform. Es ist keine Zeit da für den Psychologen, die *Traumdeutung* von Freud zu lesen; es ist alles zu viel und die Zeit fehlt. Es wäre aber notwendig. Ein Buch von Freud, oder auch Jung, würde Sichtweisen, Lebensweisen bündeln und dazu beitragen, sich in dieser komplizierten Gesellschaft orientierend zu bewegen. Das würde bedeuten, dass wir in Erziehungs- und Schulzusammenhängen – aber das gilt auch im Umgang mit Strafgefangenen, mit psychiatrischen Anstalten, die wieder die Tendenz haben, geschlossen zu werden, also wieder Menschen aus der Gesellschaft herauszunehmen – unter dem Gesichtspunkt zu betrachten, was der erste Artikel unseres Grundgesetzes vorschreibt, nämlich die Würde des Menschen. Das ist ein großer gewaltiger Rechtsschritt, der uns auch Orientierung sein kann. Würde gibt es in der Weimarer Verfassung noch nicht als Begriff, auch den des Menschen nicht, sondern in der Weimarer Verfassung gibt es nur den Staatsbürger. Dass hier der Mensch und seine Würde im Zentrum stehen, halte ich für sehr wichtig. Und Würde hat keinen Preis, sagt Kant.

Literatur

Bertelsmann Stiftung (2012): Armutsrisiko für Kleinkinder weiter rückläufig. Pressemeldung vom 21.10.2012. www.bertelsmann-stiftung.de/cps/rde/xchg/bst/hs.xsl/nachrichten_113850.htm (Zugriff: 30.5.2013).

Hessel, S. (2010): Empört Euch! Ullstein, Berlin.

Negt, O. (2012): Nur noch Utopien sind realistisch. Politische Interventionen. Steidl, Göttingen.

Radbruch, G. (1950): Gesetzliches Unrecht und übergesetzliches Recht (1946). In: ders.: Rechtsphilosophie. 4. Aufl. Koehler, Stuttgart, S. 347ff.

Sennett, R. (1998): Der flexible Mensch. Die Kultur des neuen Kapitalismus. Berlin Verlag, Berlin.

Sylvia Kotting-Uhl

Das Glück aus Selbstbestimmung und Verantwortung

Der Bürger und sein Staat

Dieser Vortrag – gehalten am 1.11.2012 in Lindau bei der Arbeitstagung der Internationalen Gesellschaft für Tiefenpsychologie – ist kein wissenschaftlicher Vortrag, sondern eine Mischung aus politischer Rede und meinen Gedanken zu den Leitbegriffen dieser Tagung »Resignation – Empörung – Zuversicht«, die sich nicht allein aus meiner siebenjährigen Parlamentszugehörigkeit speisen, sondern aus meiner gesamten, sehr abwechslungsreich verlaufenen Biografie.

Was ist Glück?

Märchen enden mit den Worten: »... und sie lebten glücklich und zufrieden bis ans Ende ihrer Tage«. Wenn wir nach dem Glück fragen, dann meinen wir nicht dieses Märchen-Glück ohne Konflikte, Trauer und Schmerzen, aber auch nicht das flüchtige situative Glück, den Glücksrausch, sondern ein grundsätzliches Zufriedenheitsgefühl. Die Frage gilt also den Lebensumständen und wie glücklich sich diese gefügt haben – und ganz entscheidend der Zufriedenheit mit dem eigenen Handeln im Leben. Da spielt das individuelle Schicksal eine große Rolle, als Grundlage aber auch die Gesellschaft und die Zeit, in die der Mensch hineingeboren wurde. Das Hier und Jetzt. Wir in Deutschland zu Beginn des 21. Jahrhunderts leben – verglichen mit »früher« oder »woanders« – im Glück. Trotzdem bezeichnen sich nur wenige Menschen in unserem Land als glücklich.

Es wird niemals eine Gesellschaft geben, in der sich alle Mitglieder als glücklich bezeichnen. Aber sehr viele Menschen – z. B. sicher die meisten hier Anwesenden – arbeiten daran, dass es mehr werden, dass die Chancen auf Glück oder Glücksempfinden von Individuen oder der Gesamtgesellschaft wachsen.

Auch Politik hat im Kern keine andere Aufgabe als die Herstellung von Rahmenbedingungen, die die Glückschancen ihrer Bürgerinnen und Bürger möglichst groß werden lassen. Schon Aristoteles benennt in seiner Ethik das gute Leben, das Glück als das Ziel des menschlichen Lebens, und der Staat als Gemeinschaftsform war für ihn eine Voraussetzung für das menschliche Glück.

Der Mensch ist das Lebewesen, das denkt und bewusst handelt, und deshalb sind die Rahmenbedingungen für menschliches Glück mehr als Kost und Logis und mehr als staatliche Infrastrukturen wie Schulen, Krankenhäuser und Autobahnen. Sie sind aber auch entgegen allen Annahmen klassischer Staatslenker mehr als die Möglichkeit, Wohlstand anzuhäufen – ja, paradoxerweise führt Wohlstand ab einem gewissen Maß zum Gegenteil. Das sogenannte Easterlin-Paradox – nach seinem Entdecker, einem US-Ökonomen genannt – wird vor allem in den reichsten Ländern der Welt wie den USA, Deutschland und Japan beobachtet und beschreibt letztlich nicht mehr und nicht weniger als die alte Volksweisheit »Geld allein macht nicht glücklich.« Was die Volksseele schon immer wusste, haben wir jetzt auch von Forschern bestätigt bekommen. Fassungslos lässt das nur Ökonomen zurück, die dieses von ihnen so genannte paradoxe Phänomen nicht begreifen.

Wer sich viel mit Kindern befasst und erlebt, dass sie gefordert sein und sich behaupten wollen, weiß, dass diese Grundbedürfnisse uns – im guten Fall – ein Leben lang begleiten. Deshalb ist meine Vorstellung von den Aufgaben des Staates neben der Erfüllung der elementaren Grundbedürfnisse, dass er seinen Bürgerinnen und Bürgern Bedingungen schaffen muss, in denen sie selbstbestimmt leben und Verantwortung übernehmen können.

Dem Paradies fehlte die Selbstbestimmung

In den Bereich des Märchens mit seiner Art Glücksvorstellung gehört auch das Paradies als Ort vollkommenen Glücks. Das Paradies hatte ein Manko, dem Eva dann ja auch abhalf: die fehlende Selbstbestimmung. So hatte die feministische Emanzipation ihren Keim bereits in der Schöpfungsgeschichte. Evas Neugier, ihr Drang nach Erkenntnis, der als Sündenfall jahrhundertelange Unterdrückung der Frauen bis hin zu tausendfacher sogenannter Hexenverbrennungen im Mittelalter begründete, ist – zumindest in unserem Kulturkreis – die erste schriftlich festgehaltene weibliche Empörung gegen männliche Vorherrschaft, ausgeübt durch einen übermächtigen männlichen Gott und einen obrigkeitshörigen Gatten. Diese weibliche Empörung gegen männliche Vorherrschaft wurde in den 70er Jahren in den USA und Westeuropa zu einer gesellschaftsverändernden Bewegung und in Deutschland zu einer der Wurzeln der 1980 gegründeten grünen Partei. Das Ziel der Gleichstellung gehört nach wie vor zu unserem Grundsatzprogramm – gegründet auf die Gleichstellung der Geschlechter, ausgeweitet auf alle vorstellbaren Benachteiligungen wie körperliche Einschränkungen, Alter, sexuelle Orientierung oder Migrationshintergrund.

Jeder hat das Recht auf Erkenntnis

Selbstbestimmung, also Entscheidungsfähigkeit und Entscheidungsmacht über das eigene Leben, ist eine Grundvoraussetzung für Glück und ein gutes Selbstwertgefühl. Wovon aber hängt die eigene Einschätzung, selbstbestimmt agieren zu können, ab? Und warum kommt das Gefühl der Selbstbestimmtheit so vielen Menschen in unserer reichen demokratischen Gesellschaft abhanden?

Selbstbestimmung braucht als Voraussetzung Erkenntnis, also Bildung. Wollen wir selbstbestimmte Menschen, brauchen wir gute Bildung für alle. Davon sind wir in Deutschland mit einem Bildungssystem, das Chancen auf gute Bildungsabschlüsse weitgehend an den sozialen Status der Herkunftsfamilie koppelt, noch meilenweit entfernt. Dieses Bildungssystem produziert Verlierer, die sich niemals mit Zuversicht an der Aufgabe, ihre Gesellschaft mitzugestalten, beteiligen werden. Vor dieser Aufgabe haben sie bereits vor Verlassen der Schule resigniert. Und ihre Empörung richtet sich folgerichtig gegen Ungerechtigkeiten, die ihnen von der Gesellschaft angetan werden und vor denen sie sich ohnmächtig fühlen. Ein Bildungssystem, das jungen Menschen vermittelt: »Du genügst nicht!«, verschenkt Kräfte für die konstruktive Arbeit an unserer Gesellschaft, die sich im schlechtesten Fall gegen die Gesellschaft selbst wenden werden.

Eine selbstbestimmte Gesellschaft braucht also als erste Voraussetzung ein Bildungssystem der Chancengerechtigkeit. Dann können die Erfahrungen des eigenen Lebens gewinnbringend sowohl für das Individuum als auch für die Gesellschaft zu Wissen und Handlungsfähigkeit werden. Das grüne Konzept mit dem Ziel, kein Kind zurückzulassen, fußt auf dem System einer gemeinsamen Basisschule für deutlich mehr als vier Jahre, möglichst in Gestalt einer Ganztagesschule. Das kostet Geld und die Bereitschaft von Familien mit höherem sozialen Status, auf Privilegien für ihre Kinder zu verzichten. An Letzterem ist 2010 unsere grüne, an Chancengerechtigkeit ausgerichtete Schulreform in Hamburg und in der Folge auch die dortige schwarz-grüne Regierung gescheitert. Das ist aber nicht das Ende einer Geschichte, also kein Grund zu resignieren, sondern es gilt, daraus zu lernen, dass die Vorteile der Gesamtgesellschaft durch Chancengerechtigkeit nicht überzeugend genug kommuniziert worden waren.

Eine Gesellschaft ist umso glücklicher, je geringer ihre sozialen Unterschiede sind

Das Glück im Märchen ist immer nur das Glück ganz Weniger: des Klügsten, der Schönsten, des Stärksten. Auch im wirklichen Leben zielen Glücksversprechen meist darauf ab, besser zu sein oder mehr zu haben als andere. Das Glück Weniger ist aber keine Grundlage für eine Gesellschaft, in der selbstbewusste Menschen mit Zuversicht ihr Leben meistern. Die Glücksforschung kommt für die Gesamtgesellschaft zu anderen Ergebnissen als die weitläufigen individuellen Einschätzungen: Eine Gesellschaft ist umso glücklicher, je geringer ihre sozialen Unterschiede sind.

Das heißt, eine Gesellschaft, deren Ziel Zufriedenheit und Zuversicht ist, tut gut daran, ihre sozialen Unterschiede nicht zu groß werden zu lassen. Chancengerechtigkeit durch gemeinsame Bildung, Verteilungsgerechtigkeit durch Einbeziehen der ökonomisch Leistungsfähigeren in die gesamtgesellschaftliche Verantwortung, sind gute Grundlagen für eine zufriedene Gesellschaft.

Aber auch die Glückskinder in unserem Land, die nicht durch ihre soziale Herkunft und/oder das Bildungssystem benachteiligt waren, zeichnen sich nicht durchweg durch Selbstbestimmung und Selbstwertgefühl aus. Resignation vor unlösbar scheinenden Aufgaben und globalen Herausforderungen gerade bei gebildeten Menschen, die sich Gedanken um die Zukunft unserer Gesellschaft und unseres Planeten machen, beeinträchtigen das Gefühl der eigenen Handlungsreichweite.

Wangari Maathais Kolibri

Der politische Raum ist geprägt von Krisen, die im vom »normalen« Bürger und der Bürgerin überschaubaren Raum nicht mehr gelöst werden können. Der Klimawandel, die weltweite Übernutzung der natürlichen Ressourcen sind Probleme, die auf nationaler Ebene nicht lösbar sind. Wer die Klimakonferenzen oder die Rio-Folgekonferenzen und deren Millimeter-Fortschritte verfolgt, kann mit gutem Grund resignieren. Die schiere Größe des globalen Zusammenhangs, die Schwere des Tankers, der bewegt werden muss, macht die Bewegung, wo sie denn stattfindet, kaum mehr wahrnehmbar. Und Fakt ist: Der weltweite Co_2-Ausstoß nimmt zu, der Ressourcenverbrauch nimmt zu, Fleischkonsum, Flugverkehr, Naturzerstörung und Müllproduktion nehmen zu. Wer um die Grenzen unseres Planeten weiß, scheint nur verzweifeln zu können. Es sei denn, er reagiert wie Wangari Maathai.

Die Kenianerin Wangari Maathai, europäisch gebildet und von der Kultur ihrer Vorfahren geprägt, bewegte die Frauen ihres Landes dazu, Bäume gegen die Trockenheit Kenias zu pflanzen. Wenn die Frauen vor der Größe der Aufgabe verzweifeln wollten, erzählte sie ihnen die Geschichte vom Kolibri, der – während alle anderen Tiere vor einem Waldbrand flohen – tropfenweise Wasser in seinem Schnabel zum Brand trug. Als die anderen Tiere ihn auslachten und aufforderten, sich lieber in Sicherheit zu bringen, antwortete er, solange er etwas tun könne, werde er es tun. Wangari Maathai sagte, sie müsse sein wie der Kolibri. Ihre Baumpflanzaktion, zu der sie Tausende mobilisieren konnte, war überaus erfolgreich und brachte ihr den Friedensnobelpreis ein.

Die Kraft der Bürgerbewegung

Selbstbestimmung ermöglicht, sich von gesellschaftlichen Stimmungen nicht mitnehmen zu lassen, dem Gefühl der Ohnmacht, der Resignation zu widerstehen und das zu tun, was man selbst tun kann – auch wenn das angesichts der Größe der Aufgabe sinnlos, weil zu wenig erscheint. Haben sehr viele den gleichen Gedanken oder lassen sich mitnehmen, werden die vielen, für sich allein zu schwachen Kräfte zu einer großen Kraft, zu einer Bewegung.

In unseren Anfängen waren auch wir Grüne eine solche Bewegung. Wir brauchten viel Selbstbestimmtheit und Selbstbehauptung, um – vor allem in den ländlichen Räumen – die Anfeindungen und Beschimpfungen der frühen Jahre auszuhalten. Ich habe die ersten 20 Jahre meines grünen Engagements in einem 1800-Seelen-Dorf im Norden Baden-Württembergs verbracht. Als junge Familie mit Öko-Selbstversorger-Tendenzen und ungewöhnlichen Berufen waren wir eine Provokation für den Großteil der Dorfbewohner. Das manchmal vielleicht etwas zu offensive Eintreten für

Umweltschutz und soziale Belange brachte mir bei manchen Bewunderung, bei vielen anderen jedoch offene Ablehnung ein. Mit der ersten Regierungsbeteiligung auf Bundesebene änderte sich das radikal. Plötzlich waren wir nicht mehr der Rand der Gesellschaft, den man meinte, abschätzig ignorieren zu können – unsere Wertvorstellungen waren plötzlich gestaltende Politik. Der Atomausstieg, das Dosenpfand als Regierungshandeln wurden symbolträchtiger Ausdruck eines veränderten Umgangs mit Risiken und Ressourcen. Beides wurde von der Mehrheit meines nordbadischen Dorfes als Unfug betrachtet, aber ich bekam als Mitglied einer nun regierenden Partei endlich den eigentlich ganz normalen Respekt, der jedem Menschen gebührt.

Toleranz und respektvoller Umgang mit Andersdenkenden, Andersaussehenden, Anderslebenden ist ein Grundelement demokratischer Gesellschaften. Deutschland hat sich – wie die meisten anderen Demokratien auch – da sehr lange sehr schwer getan und tut es, leider oft unterstützt von sich christlich nennenden Politikerinnen und Politikern, in bestimmten Zusammenhängen immer noch. Durch den Einzug der GRÜNEN in die Parlamente hat sich das Bild dieser Parlamente und im Laufe der Jahre das Demokratieverständnis in Deutschland nachhaltig verändert. Für uns war immer klar, dass wir die Bewegungen im Land brauchen, also die Menschen, die sich für eine bestimmte Idee gegen den Mainstream zusammentun. Unsere wichtigsten Ziele – wie der Atomausstieg – wären ohne die sie tragenden Bewegungen politisch nicht umsetzbar gewesen. Die Empörung der Menschen, die sie auf der Straße zum Ausdruck brachten, hat uns in den Parlamenten Kraft gegeben.

Die Kraft von Bürgerbewegungen, zusammengesetzt aus vielen Einzelnen, die sich alleine ohnmächtig fühlen, wird oft erst im Moment des Umsturzes, des Erreichens des Ziels erkannt und dann auch sofort gewürdigt. Plötzlich sind Helden, die kurz zuvor noch Aufrührer, Krawallmacher, verbohrte Ideologen waren. Die friedliche Revolution der DDR, der Atomausstieg einer schwarz-gelben

Bundesregierung, der Arabische Frühling sind herausragende Beispiele für Leistungen von Bürgerbewegungen.

In Baden-Württemberg im Jahr 2011

Nehmen wir den Regierungswechsel in Baden-Württemberg. Seit mehr als einem halben Jahrhundert, seit Bestehen des Landes, wurde Baden-Württemberg von der CDU regiert, einmal zusammen mit der SPD, öfter mit der FDP, meist in Alleinherrschaft. Die CDU errang fast 100 Prozent der Direktmandate für den Bundestag; Landräte und Bürgermeister kamen in überwältigender Mehrheit aus derselben Partei. Das Land schien der CDU zu gehören wie in einer Monarchie. Die Vorstellung, die CDU könnte eines Tages abgewählt werden, hatte auch bei der Opposition nicht viele überzeugte Anhänger. Die für Grüne immer noch gewagte Idee, man könne mit der CDU zusammen regieren, stammt aus Baden-Württemberg – und wurde dort aus der Not geboren, nämlich aus der Überzeugung, dass es für Rot/Grün hier nie reichen würde. In »normalen« Wahlkämpfen – Programm gegen Programm – wäre der jetzt vollzogene Wechsel tatsächlich vermutlich nicht gelungen. Er wurde möglich durch die Kraft zweier Bürgerbewegungen: der Anti-Atom-Bewegung, die gegen die Laufzeitverlängerungen der Bundesregierung im Herbst 2010 und nach dem GAU von Fukushima 14 Tage vor der Landtagswahl Hunderttausende von Menschen auf die Straße brachte, sowie durch die Bürgerbewegung gegen »Stuttgart 21«. Dank dieser Bewegungen hat Baden-Württemberg nun die Chance, eine andere Politik zu erleben und zu erfahren, dass es dem Land damit nicht schlechter, sondern in mancher Hinsicht besser geht. Der Mut der Menschen, die für ihre politischen Vorstellungen auf die Straße gingen, hat Baden-Württemberg demokratischer gemacht, denn Regierungswechsel sind das Salz einer Demokratie.

Der Schrei nach Demokratie

Der Beginn des 21. Jahrhunderts ist geprägt vom Schrei nach Demokratie. In arabischen Ländern lehnen sich die Menschen gegen ihre diktatorischen Regime auf, in ehemaligen Sowjet-Staaten sind sie Wahlfälschungen und politische Intransparenz leid, in Deutschland wollen Bürgerinnen und Bürger bei Entscheidungen, die ihre direkte Umgebung beeinflussen, mitreden.

Abgesehen davon, dass es unterschiedlich viel Mut erfordert, sich in einer Diktatur gegen das Regime zu stellen oder in einer Demokratie gegen eine Entscheidung, passiert im Kern überall das Gleiche: Die Menschen wollen nicht mehr über sich bestimmen lassen, sie wollen selbstbestimmter leben. Resignation, die still ist und alles mit sich machen lässt, wandelt sich in Empörung, die laut wird und widerständig. Eine gute, eine kraftvolle Entwicklung. Sie verlangt, dass Politikerinnen und Politiker ihr Verhalten ändern. Nicht nur in arabischen, osteuropäischen und zentralasiatischen Ländern, sondern auch mitten in Deutschland.

Demokratie ist ein Prozess

Demokratie ist kein Zustand, sondern ein Prozess – sie muss ständig erhalten und weiterentwickelt werden. Wer das ignoriert und sich im errungenen Sessel zurücklehnt, wird abgewählt. Die noch junge Demokratie Deutschlands drohte bereits zu Beginn der 60er Jahre zu erstarren. Die »Spiegel-Affäre«, der Versuch von Kanzler und Verteidigungsminister, ein Presseorgan mundtot zu machen, trieb zum ersten Mal in der jungen Bundesrepublik Tausende auf die Straße. Studentinnen und Studenten, aber auch Anwälte, Professoren und Hausfrauen demonstrierten für die Pressefreiheit und gegen Konrad Adenauer und Franz Josef Strauß. Am Ende musste Strauß zurücktreten, Adenauer sah sich gezwungen, seinen Rücktritt für die laufende Legislaturperiode zu erklären.

Weiterentwicklung der Demokratie ist eine hohe Anforderung an die Politik. »Weiterbildung« verstehen Politikerinnen und Politiker gern eindimensional, sobald es sie selbst betrifft. Wir lernen gern, solange es um die Weiterentwicklung unserer politischen Inhalte geht, wir stützen uns auf Erfahrungen anderer Länder, Ergebnisse von Studien oder Erkenntnisse aus der Forschung. Wir sind deutlich weniger lernbereit, wenn es um unser Demokratieverständnis geht. Die repräsentative Demokratie beauftragt uns für die Zeit unseres Gewähltseins, Entscheidungen zu treffen. Um sie durchsetzen zu können, müssen wir für Mehrheiten sorgen: in der eigenen Partei und Fraktion, im Parlament, im Bundesrat. Bürger und Bürgerinnen werden, nachdem sie ihre Wahlentscheidung getroffen haben, nicht mehr gefragt, schließlich haben sie uns in Kenntnis unseres Wahlprogramms gewählt. Viele Entscheidungen stehen aber nicht – oder nicht so, wie sie gefällt werden – im Wahlprogramm.

Mit dem Schrumpfen der Volksparteien und dem Mehrwerden kleinerer Parteien in den Parlamenten werden Einparteienregierungen immer seltener und Dreiparteienkoalitionen sogar wahrscheinlich. Damit werden Regierungshandeln und das Programm einer Partei immer weniger deckungsgleich. Dazu kommen Abstimmungen im Bundesrat und zunehmend auf europäischer Ebene. Wie Ergebnisse zustande kommen und warum sie so aussehen, wird für die Bürgerinnen und Bürger immer weniger nachvollziehbar, immer weniger verständlich. Ein Ergebnis davon ist die um sich greifende Politikverdrossenheit. Wer versucht, sich zu erklären, was er nicht mehr versteht, greift zu einfachen Erklärungen: Politiker folgen anderen Maßstäben als dem Gemeinwohl, z. B. dem persönlichen Vorteil, sie sind zu dumm für ihre Aufgabe, sie belügen das Volk. Bestätigen einzelne Politikerinnen und Politiker solche Vorurteile durch ihr Tun, gilt das pauschal für die gesamte politische Klasse. Das Verlagern von Entscheidungen aus den Parlamenten in demokratisch zweifelhafte Gremien wie z. B. den europäischen Vierer-Rat, in dem keiner sitzt, der vom Volk gewählt wurde, verschärft das Problem, weil die Entscheidungen noch intransparenter werden und die Entscheidungsträger niemandem Rechenschaft schuldig sind.

In dieser Gemengelage müssen wir die demokratischen Rituale weiterentwickeln, um wieder Vertrauen zu generieren.

Das Alpha-Tier-Gehege in der Politik

Die Zauberworte für eine der heutigen Kompliziertheit und Komplexität politischer Entscheidungsfindungen angemessene demokratische Kultur heißen Transparenz und Partizipation. Vor beidem schrecken Politikerinnen und Politiker erfahrungsgemäß eher zurück – nicht immer zu Unrecht. Das Aushandeln eines Kompromisses ist umso schwerer, je mehr Personen daran beteiligt sind oder das Verhandeln verfolgen. Häufige Zugeständnisse werden in Führungspositionen schnell zum Gesichtsverlust, wenn sie öffentlich werden. Die Öffentlichkeit liebt durchsetzungsstarke Politikerinnen und Politiker, die nicht nachgeben, sich selten irren und sich nicht revidieren müssen. Wenn es gelänge, das, was wir im persönlichen Miteinander an anderen Menschen schätzen, auch zum Maßstab der Bewertung von Politikerinnen und Politikern zu machen, hätten wir eine andere Politik. Doch solange wir den politischen Raum als Alpha-Tier-Gehege zulassen und pflegen, fördern wir den Machtmenschen, der weiß, dass nach seiner Wahl mehr Herrschen als Teilen von ihm erwartet wird. Wen aus ihrer Troika hat die SPD zu ihrem Kanzlerkandidaten gemacht? Den Aggressivsten! Der zudem schon jetzt von seiner Partei »mehr Beinfreiheit«, also das nicht programmatisch Gebundensein fordert. Worauf soll sich das Wahlvolk, das ja nur die Wahlprogramme der Parteien als Entscheidungshilfe hat, dann verlassen können?

In Systemen der Direkten Demokratie – wie z. B. der Schweiz – sind Politikerinnen und Politiker beständig gezwungen, im Kontakt mit ihren Bürgerinnen und Bürger zu bleiben. Die Möglichkeit einer jederzeitigen Volksabstimmung verringert die Machtkonzentration. Nicht jedes Ergebnis einer Volksabstimmung in der

Schweiz gefällt mir – Stichwort Moscheen-Abstimmung. So wie ich auch das Ergebnis der baden-württembergischen Volksabstimmung zu Stuttgart 21 in der Sache für falsch halte. Aber der Souverän hat gesprochen und das ist zu akzeptieren. Die Einführung mehr Direkter Demokratie auch auf anderen Ebenen könnte einen Beitrag leisten, das sich selbst reproduzierende System von Alpha-Tieren und intransparenten Entscheidungen in der Politik zu durchbrechen.

Zuhören

»Die Politik des Gehört-Werdens« ist nach eigener Aussage das Markenzeichen der neuen baden-württembergischen Regierung. Diese Regierung wurde gewählt mit dem klaren Auftrag, es anders zu machen als die Vorgängerregierung, transparenter zu arbeiten und nicht an den Wünschen der Bevölkerung vorbei zu entscheiden. Schon im Wahlkampf hatten beide jetzt regierenden Parteien versprochen, den Konflikt um Stuttgart 21 in einer Volksabstimmung klären zu lassen. Zum Erstaunen vieler erbrachte der Volksentscheid ein mehrheitliches Pro Stuttgart 21, auch in der Hauptstadt selbst, die monatelang von überwältigend breit getragenen Demonstrationen gegen dieses Projekt geprägt war. In klarer Konsequenz stellt sich auch der grüne Teil der Landesregierung, allen voran Ministerpräsident und Verkehrsminister, Stuttgart 21 politisch nicht mehr entgegen. Dafür mussten sich beide von Stuttgart-21-Gegnerinnen und -gegnern des Verrats bezichtigen lassen. Auch ein Volksentscheid ist also offenbar kein Garant dafür, dass den zuständigen Politikern die entsprechende Entscheidung nicht übel genommen wird. Es kann allerdings sein, dass es in diesem Fall einfach zu spät war, dass also eine frühzeitig in die Entscheidungsfindung eingebundene Bevölkerung, in der die Wut noch nicht so groß ist, mit dem eigenen Abstimmungsergebnis souveräner umgeht.

»Die Politik des Gehört-Werdens« will diesem Ansatz folgen. Der Ministerpräsident sah sich allerdings schon genötigt zu ergänzen, dass »gehört werden« nicht automatisch »erhört werden« heiße. Denn selbstverständlich schließen Mitreden und Mitbestimmen nicht aus, dass am Ende nach Abwägung aller Argumente doch anders entschieden wird.

Das Verhältnis von Politik und Zivilgesellschaft befindet sich in einem Lernprozess, der zu einer selbstbestimmteren, selbstbewussteren Gesellschaft mit endlich aus dem Alpha-Tier-Gehege befreiten zuhörenden Politikerinnen und Politikern führen könnte. Dieser Prozess steckt noch in seinen Anfängen und es ist absolut ungewiss, ob er gelingen oder scheitern wird. Denn dieser Prozess verlangt nicht nur, dass Politikerinnen und Politiker Gewohnheiten aufgeben, sondern auch die Bereitschaft von Bürgerinnen und Bürgern, Verantwortung zu übernehmen.

Verantwortung übernehmen

Ich will das am Beispiel der Suche für das Endlager für hochradioaktiven Müll verdeutlichen: In Deutschland wird seit über 40 Jahren Atommüll produziert, ohne dass wir wissen, wo wir diesen Hunderttausende von Jahren strahlenden Müll am Ende lassen sollen. Diesen Zustand teilen wir mit dem Rest der Atomstrom produzierenden Welt. Einigkeit herrscht darüber, dass tiefe geologische Formationen bestimmter ausgewählter Gesteinsarten die beste Sicherheit bieten. Schwieriger ist die Frage, wann ein solcher Gesteinsort sicher genug ist. Deshalb gibt es – vor allem bei der Atomkraft gegenüber grundsätzlich kritischen Politikerinnen und Wissenschaftlern – seit Langem die Forderung, den bestgeeigneten Standort für ein Atommüll-Endlager im Vergleich aller in Frage kommenden Standorte zu finden. Nun geht man in Deutschland aus bisheriger Erfahrung davon aus, dass sich an jedem Standort, der in den Fokus einer Endlagersuche gerät, sofortiger heftiger Widerstand formiert. Das ist schon an allen zentralen Zwischenlagern so. Der Widerstand gegen Atommülllager war in Deutschland immer sehr viel stärker als der gegen Atomkraftwerke, gegen die gerade die Einwohnerinnen und Einwohner der Standort-Gemeinden oft nicht viel haben, weil sie gut bezahlte Arbeitsplätze, Steuereinnahmen und Sponsoring bieten. Ein Atommüll-Endlager will dagegen niemand in seiner Nähe haben.

Sollte es also gelingen, in Deutschland ein Endlagersuchgesetz zu verabschieden – im Moment sieht es leider so aus, als würde die erfolgreiche baden-württembergische Initiative vom niedersächsischen Landtagswahlkampf und dem sich anschließenden Bundestagswahlkampf zerrieben, aber irgendwann in nicht allzu ferner Zukunft muss ein solches Gesetz erlassen werden – dann ist die große Frage, ob sich in der vergleichenden Suche an jedem Standort eine Bürgerinitiative dem Vorhaben erbittert in den Weg stellt oder …

Ja, was wäre das Oder? Das Oder wäre ein gesellschaftlicher Konsens darüber, dass wir in unserem Land einen Standort für ein tiefengeologisches Endlager finden müssen und dass dieser Standort der nach dem Maßstab der Sicherheit bestgeeignete im Land sein soll. Das Oder wäre eine gesamtgesellschaftliche Verständigung darüber, dass es dabei für Kommunen und Regionen nicht um das Prinzip »not in my backyard« gehen kann, weil es um ein gemeinsames übergeordnetes Interesse geht. Das Oder wäre Verantwortungsübernahme.

Eine Gesellschaft, die sich im Wissen um die Gefährlichkeit von hochradioaktivem Atommüll gemeinsam auf den Weg macht, den sichersten Platz im Land für diesen Müll zu suchen. Nur ein Vision? Sie kann Wirklichkeit werden, wenn wir als Bürgerinnen und Bürger uns darauf einlassen, über den eigenen Tellerrand hinauszusehen, uns übergeordnete Projekte anzueignen und Verantwortung für das Ganze zu übernehmen. In der Sache Endlagerstandort ist die Begründung dafür im Grunde ganz einfach: Wir alle sind am sichersten und am besten vor dem Atommüll geschützt, wenn wir ihn im bestgeeigneten Standort endlagern.

Energieerzeugung in der Hand der Zivilgesellschaft

Deutschlands Zivilgesellschaft hat sich in einem anderen Bereich, der sozusagen der Beginn des Prozesses ist, an dessen Ende die Atommüll-Entsorgung steht, längst auf den Weg der Verantwortungsübernahme gemacht: bei der Energieerzeugung. Deutschlands Bürgerinnen und Bürger wollen in großer Mehrheit den Atomausstieg; sie wissen, dass die Alternative nicht der Klimakiller Kohle sein kann, sondern dass wir auf Erneuerbare Energien umsteigen müssen. Nachdem die vier großen Stromkonzerne sich diesem Umstieg jahrelang verweigert haben, fing die Zivilgesellschaft an, ihre Energieerzeugung selbst in die Hand zu nehmen. Das Erneuerbare-Energien-Gesetz EEG gibt ihnen die Möglichkeit, sich als Klein- und Kleinstanleger an der Produktion von regenerativem Strom zu beteiligen, und sie haben diese Möglichkeit weidlich genutzt. Der Boom der Erneuerbaren ist gewaltig, die Produktion von Wind- und Sonnenstrom wächst beständig.

Politische Unklarheit schafft Unsicherheit

Die derzeitige Bundesregierung hat zwar den von ihr 2010 aufgekündigten Atomausstieg nach dem GAU von Fukushima wieder zurückgeholt, aber sie hat versäumt, die Rahmenbedingungen für die Energiewende richtig zu setzen. Sie hat nicht dafür gesorgt, dass der Netzausbau vorangeht. Sie hat nicht dafür gesorgt, dass die Entwicklung von Speichertechnologien entsprechend der Wichtigkeit von Speichern für regenerativen Strom gefördert wird. Sie hat weder bei den Nachbarn noch in der EU offensiv für Atomausstieg und Energiewende geworben. Ganz im Gegenteil. Investoren werden verunsichert, weil sie nicht wissen, wie es die Bundesregierung mit dem EEG hält. Zu schnell aufeinanderfolgende Novellen, das Gerede des Wirtschaftsministers von der völligen Abschaffung des EEG führen zu Planungsunsicherheit. Anstatt das deutsche Energieforschungsprogramm konsequent auf die Erfordernisse der

Energiewende auszurichten, werden nach wie vor öffentliche Gelder für atomare Forschung bereitgestellt, die im Erfolgsfall als Anwendung den Wiedereinstieg in die Atomkraft bedeuten würde. So wird Steuergeld für etwas verschwendet, dem diese Gesellschaft den Rücken gekehrt hat, und es fehlt für wichtige Bausteine der Energiewende. Anstatt andere Länder zu ermutigen, dem deutschen Beispiel zu folgen und gemeinsam ein Europa der Erneuerbaren Energien vorzubereiten, das Versorgungssicherheit für die europäischen Länder garantieren würde, erweckt die Kanzlerin im Ausland eher den Eindruck, als seien die Beschlüsse des deutschen Bundestags nach Fukushima aus Versehen passiert.

Die Strompreis-Lüge

18 Monate nach Fukushima kommt darüber hinaus eine Kampagne der Verteufelung der Energiewende als zu teuer, zu schnell, sozial ungerecht, technisch nicht machbar in Gang. Diese Kampagne wird von Energie- und Wirtschaftspolitikern der Koalition mitgetragen. Den Bürgerinnen und Bürgern, die sich vielfach für den Ausbau der Erneuerbaren engagieren, wird eingeredet, dass sie das am Ende teuer zu stehen kommen wird. Die angekündigte Erhöhung der EEG-Umlage zum Jahresanfang auf 5,2 Cent wird als Zwischenschritt bezeichnet und das Horrorbild stetig steigender Strompreise entworfen. Ich will hier nicht ausführlich auf das Geflecht verleugneter Fakten eingehen, das diese Strompreis-Lüge erst möglich macht, ich nenne nur die wichtigsten Stichworte: die Ausnahme von bald mehreren tausend Unternehmen von der EEG-Umlage oder die Senkung des Börsenstrompreises durch die Erneuerbaren, die durch die Systematik paradoxerweise zur Erhöhung der EEG-Umlage führt. Eine ehrliche EEG-Umlage für alle Haushalte läge bei ungefähr der Hälfte. Ebenfalls verschwiegen wird, dass 60% der Strompreissteigerung der letzten zehn Jahre nichts mit der Energiewende und dem EEG zu tun, sondern andere Ursachen haben. Und verschwiegen werden die volkswirtschaftlichen

Kosten des konservativen Stroms, die nicht im Strompreis enthalten sind.

Das wirklich Fatale an dieser Strompreis-Lüge ist, dass ein großartiges zivilgesellschaftliches Projekt schlechtgeredet wird: Da machen sich Bürger und Bürgerinnen auf und nehmen einen Teil der Energieversorgung in die eigenen Hände. Sie tun etwas für den Klimaschutz, für das Gelingen des Atomausstiegs, sie investieren Geld in ein Projekt, das die Bundesregierung 2011 als ihr wichtigstes Ziel ausgegeben hat: die Energiewende. Und dann kommt dieselbe Bundesregierung und macht die Geschwindigkeit des Ausbaus der Erneuerbaren, die durch das Engagement der Bürgerinnen und Bürger zustande kommt, zu einem geradezu asozialen Akt, der Menschen in unserem Land verarmen lässt.

Armut ist ein grausames Unrecht, das in einem reichen Land wie dem unsrigen nicht vorkommen dürfte, aber darum geht es in dieser Debatte gar nicht. Läge der Bundesregierung daran, Armut zu vermeiden, gäbe es genug Möglichkeiten: den gesetzlichen Mindestlohn, die Erhöhung der Hartz-IV-Regelsätze, eine Garantierente und vieles mehr. Ich muss an dieser Stelle einfügen, dass ich Hartz IV für ein grundsätzlich schlechtes Gesetz halte, weil es von einem falschen Menschenbild ausgeht. Ein Bedingungsloses Grundeinkommen (BGE), zu dessen Befürworterinnen ich gehöre, würde ermöglichen, Menschen selbstbestimmter und verantwortlicher ihr Leben führen zu lassen. Freie Berufe könnten angstfreier gewählt, kulturelle und soziale Tätigkeiten ohne Angst vor finanziellem Absturz ausgeübt werden. Ich hoffe, dass wir mutig genug sind, uns in Deutschland zu einem solchen Konzept durchzuringen. Zurück zum Strompreis: Es gäbe auch die Möglichkeit, von den Energievertreibern Spartarife zu fordern. Aber hier wird Armut nur instrumentalisiert.

Es sind Handlungsweisen dieser unverständlichen Art, die Bürgerinnen und Bürger resignieren lassen. Denn es wird ihnen verwehrt, sich an einem Wertesystem zu orientieren. Was gestern gut war, ist heute schlecht. Was einer Kanzlerin nach der japanischen Katastrophe opportun erschien, ist ihr 18 Monate später lästig. Der opportunen, sich entsprechend schnell verändernden Werteordnung der Kanzlerin sollen sich die Bürgerinnen und Bürger unterwerfen.

Politik braucht erkennbare Leitlinien

Es ist diese Art von Politik, die die Bürgerinnen und Bürger sich abwenden lässt, eine Politik, die nach Mehrheiten und Machterhalt schielt und keine inhaltlichen Prinzipien erkennen lässt. Mit inhaltlichen Prinzipien meine ich nicht unverrückbare Positionen, die keine gesellschaftliche Weiterentwicklung und keine neuen Erkenntnisse reflektieren. Mit der Erkenntnis des Klimawandels ist es richtig, Umwelt- und Energiepolitik auf Klimaschutz auszurichten. Die gesellschaftliche Wandlung des Frauenbildes muss selbstverständlich die Familien-, Wirtschafts- und Arbeitsmarktpolitik verändern. Solche Veränderungen meine ich nicht, sie sind folgerichtig und für die Bürgerinnen und Bürger nachvollziehbar und einsichtig – ja, oft von ihnen gefordert. Mit inhaltlichen Prinzipien meine ich unverrückbare Leitlinien wie z. B. für uns Grüne der Erhalt der natürlichen Lebensgrundlagen.

Ich gebe Ihnen ein Beispiel: Die Förderung Erneuerbarer Energien, die uns vom atomaren Risiko und der fossilen Beschädigung des Klimas befreien sollen, haben wir (Grüne und SPD in der gemeinsamen Regierungszeit) ursprünglich undifferenziert vorgenommen. Inzwischen sehen wir, dass die energetische Nutzung von Biomasse auch negative Folgen hat: »Vermaisung« der Landschaft, konkurrierender Anbau mit Nahrungsmitteln, Importe, die zur Abholzung von Regenwald führen. Also müssen wir hier nachsteuern. Biomasse-Strom sollte vor allem aus Reststoffen produziert und womöglich nur als Reserve eingesetzt werden – wenn der Wind nicht weht und die Sonne nicht scheint. Für Grundlaststrom sind die sogenannten NaWaRos – die Nachwachsenden Rohstoffe – zu schade. Das sind Lernprozesse, die aber die grundsätzliche Leitlinie nicht verlassen.

Wir waren und sind der Meinung und arbeiten politisch dafür, dass Kohle und Atom durch Erneuerbare abgelöst werden – und zwar bis 2050 zu 100% bei Strom, Wärme und Verkehr. Dieses Ziel ist nicht willkürlich gegriffen, sondern folgt der Anforderung der Weltgemeinschaft an die wirtschaftsintensiven Staaten, ihren CO_2-Ausstoß bis 2050 um 95% zu reduzieren. Was uns zukünftig an Treibhausgas-Ausstoß noch zusteht, wird von der Landwirtschaft gebraucht werden – es sei denn, wir wären bereit, auf Rindfleisch- und Milchkonsum zu verzichten. Das würde allerdings – ganz im Gegensatz zur Umstellung auf 100% regenerative Energien – einen massiven Eingriff in Lebensstil und gewohnte Lebensqualität eines Großteils der Bevölkerung bedeuten (darauf gehe ich später noch ein).

Anstatt einer erkennbaren Leitlinie zu folgen, hat sich die 2009 gewählte Bundesregierung dagegen ein Jahr lang mit dem Ausstieg aus dem Atomausstieg befasst, um dann nach Fukushima den Ausstieg aus dem Ausstieg aus dem Ausstieg zu verkünden. Inzwischen mehren sich die Stimmen in der Koalition, die mehr oder weniger unverblümt schon wieder einer Kehrtwende das Wort reden. Was sollen Bürgerinnen und Bürger damit anfangen? Sich abwenden? Resignieren? Sich empören? Zuversicht jedenfalls kann die Reaktion nicht sein.

Widerstand

In dieser Gemengelage, diesem Hin und Her ist es nicht verwunderlich, dass Bürgerinnen und Bürger Widerstand gegen geplante Stromtrassen und Windanlagen demonstrieren. Warum sollen sie für ein energiepolitisches Projekt, für das bei der Bundesregierung keine Leidenschaft erkennbar ist, von dem sie nicht wissen, wie lange es als Ziel überhaupt Bestand haben wird, eine Beeinträchtigung ihres gewohnten Umfeldes hinnehmen? Bürgerinnen und Bürger in dieser Situation mitzunehmen, erfordert Überzeugungskraft. Wie sollen das die Mitglieder einer Regierungskoalition leisten, die selbst nicht überzeugt sind – es größtenteils vermutlich nie waren –, sondern die taktisch motivierte Kehrtwende ihrer Kanzlerin nach Fukushima aus ebenfalls taktischen Beweggründen mitvollzogen haben? Geradezu triumphierend beziehen sie sich in Debatten auf die Widerstände vor Ort gegen den Ausbau der Energiewende mit dem Tenor: »Wir wollen ja, aber die Bürger wehren sich.« Wieder Instrumentalisierung, wieder Unehrlichkeit – Bürgerinnen und Bürger werden als Feigenblättchen dem eigenen Unwillen vorgeschoben.

Wie kann die begonnene zivilgesellschaftliche Verantwortungsübernahme gerettet werden? Wie kann verhindert werden, dass aus Engagement, aus der Zuversicht, gemeinsam etwas Positives zu leisten, Resignation und Rückzug entstehen? Die erste Antwort ist Ehrlichkeit.

Strompreise

Es ist richtig, über Strompreise zu reden. Die Strompreise steigen. Sie steigen auch ohne EEG-Umlage, sie steigen etwas mehr mit EEG-Umlage. Auch die EEG-Umlage selbst steigt. Sie steigt wegen der vielen Ausnahmen für die Industrie, sie steigt aber auch wegen des rasanten Ausbaus von Windkraft- und Solar-Anlagen. Diesen Ausbau wollten wir. Und es ist klar, dass der Aufbau eines neuen Energiesystems nicht umsonst zu haben ist. Die EEG-Umlage ist eine Investition der Gesellschaft in eine klimaneutrale, risikolose und irgendwann unschlagbar billige zukünftige Energieversorgung. Die Energiewende ist ein generationsübergreifendes Projekt. Wir investieren heute für unsere Kinder. Tun wir es nicht, verharren wir im alten System, werden sich unsere Kinder mit steigenden Strompreisen konfrontiert sehen, aber dann wegen rasant steigender Rohstoffpreise und wegen steigender Preise für CO_2-Zertifikate. Je länger wir das fossile Energiesystem erhalten, desto teurer wird es für unsere Kinder. Die Bürgerinnen und Bürger unseres Landes spüren das. Deshalb sind sie in so großer Anzahl persönlich am Ausbau der Erneuerbaren beteiligt. Deshalb halten über 90% von ihnen die Energiewende für wichtig. Politik kann die Bürgerinnen und Bürger in dieser Überzeugung bestärken, die Strompreissteigerungen ehrlich analysieren und Lösungen für Stromkunden suchen, für deren ökonomische Verfasstheit Energie zu teuer wird. Oder Politik instrumentalisiert die steigenden Strompreise, um die Bürger in ihrer Überzeugung zu erschüttern. Letzteres erleben wir leider – Ersteres ist aber, worauf Bürgerinnen und Bürger einen Anspruch haben.

Ökologischer Fußabdruck von Energie

Es ist auch richtig, über den Eingriff, den Energieerzeugung immer bedeutet, zu reden. Es gibt keine Energieerzeugung ohne ökologischen Fußabdruck. Bislang waren wir in weiten Teilen Deutschlands immer nur mit den Kraftwerken konfrontiert. Die Produktion des eigentlichen Energieträgers Kohle, Gas, Uran oder Öl findet für die wenigsten in direkter Nachbarschaft statt. Diesen unangenehmen Teil der Energieerzeugung haben wir ausgelagert. Kohleförderung, Uranabbau und Ölförderung hinterlassen schlimmste Umweltschäden und bedeuten für die dort lebenden Menschen massive Eingriffe in ihre Lebenswelt. Je gesundheits- und umweltschädlicher der Abbau eines Energieträgers ist, desto häufiger findet er übrigens in Regionen statt, in denen die Bewohner selbst eher wenig Energie verbrauchen. Uranabbau findet vorrangig in Lebensräumen indigener Völker statt.

Der erste wichtigste Schritt bei der Herstellung von Energie und der Verbrauch der Energie liegen räumlich also oft weit auseinander. Das ändert sich mit dem dezentralen Ausbau der Erneuerbaren Energien. Plötzlich stehen Windanlagen und Biogasanlagen in unserer Nachbarschaft. Das ist ungewohnt und viele Bürgerinnen und Bürger müssen sich daran erst gewöhnen. Es hat aber etwas sehr Logisches, den Eingriff in Natur und Landschaft für unseren Energiewohlstand in unsere Nähe und nicht in die Nachbarschaft von Menschen zu platzieren, die von dieser Energie gar nicht profitieren. Es ist gerecht.

Und wer die Tiefe der Eingriffe vergleicht: den Uranabbau unter Missachtung elementarster Menschenrechte in Niger, Namibia oder Kasachstan; die Ölförderung im Niger-Delta oder in den Küstenmeeren mit uneingrenzbaren ökologischen Folgen – ich erinnere an den katastrophalen Unfall der Deepwater Horizon im Golf von Mexiko – oder das Abbaggern ganzer Dörfer in der Lausitz für die Braunkohle, in Nordrhein-Westfalen ist Garzweiler ein von Schrecken umgebenes Stichwort … Wer das mit dem Eingriff vergleicht, den das Aufstellen von Windrädern bedeutet, hat ein weiteres Argument für die Energiewende.

Nur wer beteiligt ist, kann Verantwortung übernehmen

Bürgerinnen und Bürger, die bereits an Wind- oder größeren Solar-Anlagen beteiligt sind, freuen sich über den Ausbau und haben auch nichts dagegen, dass er in ihrer Nähe stattfindet. Sie sind an der Wertschöpfung der Erneuerbaren Energien beteiligt und spüren die Freude der Verantwortung, die sie übernommen haben. Widerstand gegen Windanlagen oder Stromtrassen kommt nicht von Bürgern, die bereits an Anlagen beteiligt sind. Wo sich solcher Widerstand aufbaut, ist den Bürgerinnen und Bürgern keine Partizipation angeboten worden – weder an der Auswahl des Standorts noch an der Wertschöpfung. Beides ist wichtig. Bürgerinnen und Bürger müssen mitentscheiden dürfen, wenn es sich um ihre direkte Umgebung handelt. Wenn sie nicht über das Ob entscheiden können, müssen sie über das Wie entscheiden dürfen. Veränderungen von Kulturlandschaft dürfen sich nicht danach richten, wo und wie es am billigsten ist, sondern wo und wie es für die Umwelt und die Menschen am verträglichsten ist. Und es muss Bürgerinnen und Bürgern Teilhabe an der Wertschöpfung angeboten werden. Sie sollen sich entweder selbst an der Investition beteiligen können oder – wenn es um Gemeindeeigentum oder die anfallenden Steuereinnahmen geht – mitreden, was mit dem in die Gemeindekasse fließenden Geld passieren soll.

Nur wer an einem Projekt beteiligt ist, kann es zu seinem eigenen machen.

Das Projekt Erde

Das größte Projekt, an dem wir alle beteiligt sind, uns dessen aber unterschiedlich bewusst sind, ist das Projekt Erde. Ich will nochmals an den Beginn meines Vortrags erinnern: an Wangari Maathais Kolibri. Der Waldbrand versetzt die Tiere in Panik und Angst – ihre Welt wird zerstört. Wir Menschen in den wirtschaftlich und technologisch hochentwickelten Ländern haben noch nicht von dem Ansinnen abgelassen, unsere Welt zu zerstören, obwohl wir seit 40 Jahren durch den Club of Rome von den Grenzen des Wachstums wissen. Wir vermüllen unseren Planeten mit Plastik, Chemiegiften, Atommüll. Wir lassen täglich Hunderte von Arten sterben. Wir vergiften das Klima. Wir zerstören die Ozonschicht. Es gibt inzwischen unterschiedliche Mechanismen, damit umzugehen. Verleugnen ist verbreitet, funktioniert aber nur bei einer gehörigen Portion Starrsinn. Verdrängen ist beliebt, aber nicht sehr wirksam, da Verdrängtes die Eigenschaft hat, einen doch immer wieder zu quälen. Ablass erleichtert das persönliche Gewissen: Ich fliege zwar weiterhin, zahle aber für den CO_2-Ausstoß einen Ausgleich, mit dem irgendwo aufgeforstet wird, also CO_2-Senken geschaffen werden. Alles machen, aber Öko, ist zwar teurer und besser als nicht Öko, negiert aber ebenfalls die Grenzen unseres Planeten. All diese Mechanismen helfen nicht wirklich. Die Angst der Tiere beim Waldbrand steckt in uns. Es ist eine grundsätzliche Verunsicherung, der wir ausgeliefert sind, denn sie stellt unsere eigentliche Aufgabe in Frage: den Erhalt des Lebens. Die Angst, dass wir die Grundlagen unseres Lebens zerstören, greift tiefer als persönliche Sorgen um Arbeitsplatz oder Rente und sogar tiefer als Angst vor Krankheit oder Krieg. Das Prinzip Hoffnung wird zerstört, die Hoffnung, dass es nach einer schlechten Phase wieder aufwärts geht, dass meine Kinder, dass die nächste Generation es besser machen wird, es besser haben wird. Angst lähmt. Furcht dagegen orientiert. Furcht macht handlungsfähig, weil wir auf Basis von Information entscheiden können, etwas zu tun. Wir müssen also von der diffusen Angst zur konkreten Furcht kommen, indem wir uns mit dem Auslöser unserer Angst konfrontieren, und durch Information von der Ohnmacht zur Handlungsfähigkeit.

Lebensstil

Die Information sagt: Wir werden, um uns selbst, um die Lebensgrundlagen für die Gattung Mensch zu erhalten, unseren Lebensstil ändern müssen. Wir werden aufhören müssen, Energie zu verschwenden, Lebensmittel täglich in ungeheuren Mengen wegzuwerfen, in 5-Personen-Autos mit einem für Berge ausgelegten Antrieb allein über ausgebaute Straßen zu fahren. Wir werden aufhören müssen, so viel Fleisch zu verzehren, dass dessen Produktion in tierquälerischer Massentierhaltung stattfinden muss, mit Soja-Futter, das in dafür eigens abgeholztem Regenwald angebaut wird. Noch manch andere lieb gewordene Gewohnheit werden die sogenannten hochzivilisierten Gesellschaften überdenken müssen. Die gute Botschaft: Das muss nicht weniger Lebensqualität heißen, es verlangt nur eine neue Definition von Lebensqualität. Tief im Inneren wissen wir es alle ganz genau: Weniger kann mehr sein.

Die Aufgabe, die sich stellt, um das Projekt Erde zu retten, ist so simpel wie wunderbar: mehr Bewusstsein. Erobern wir uns zurück, was wir uns abgewöhnen ließen: bewusster einkaufen, bewusster konsumieren, mehr genießen, weniger wegwerfen, entschleunigt leben. Dieser Bewusstseinswandel wird nicht leicht, denn es gilt, alle Akteure der Gesellschaft auf diesem Weg mitzunehmen. Die Wirtschaft davon zu überzeugen, haltbare statt Wegwerf-Produkte anzubieten, eine Handwerkerschaft wieder dahin zu bringen zu reparieren, statt mit dem Standardspruch »Das lohnt sich nicht« Neues anzubieten – das wird nicht von allein gehen. Es braucht dazu zweierlei: Zum einen müssen die politischen Rahmenbedingungen – hier wäre es das Kreislaufwirtschaftsgesetz und eine noch einzuführende Ressourcensteuer oder -abgabe – den Zielen angepasst werden. Zum zweiten: Bewusste Kundinnen und Kunden (den Begriff »Verbraucher« werden Sie von mir nicht hören) müssen sagen, was sie wollen. Kundinnen und Kunden haben viel mehr Macht als Politikerinnen und Politiker. Wie wurde erreicht, dass wir in Deutschland keine gentechnisch veränderten Lebensmittel auf dem Markt haben? Weil die Kundinnen und Kunden bei den Versuchen, einzelne gentechnisch veränderte Produkte einzuführen, sie trotz großen Werbe-Tamtams in den Regalen liegenließen. Die Botschaft »Das kaufen wir nicht« war erfolgreich. Sie ist in einer Marktwirtschaft die erfolgreichste Botschaft überhaupt.

Die Bürgerin und ihr Staat

Große Veränderungen haben nie »von oben« stattgefunden – Politik ist dazu viel zu ängstlich –, sondern immer »von unten«. Wenn Gesetze erlassen werden, brauchen sie immer die Akzeptanz der Bevölkerung. Die Laufzeitverlängerung für Atomkraftwerke wurde von der Bundesregierung zurückgenommen, weil ihr klar wurde, dass sie diese Entscheidung nach dem GAU in Japan sehr viel Zustimmung kosten würde. Die Praxisgebühr – Ärgernis für Patientinnen und Patienten seit ihrer Einführung – wird in diesen Wochen zurückgenommen. Nur zwei Beispiele! Regelungen, die trotz vermeintlich guter Argumente von der Bevölkerung auf Dauer nicht akzeptiert werden, überleben nicht. Das ist Teil unserer repräsentativen Demokratie. Auch bei dieser Form der Demokratie entscheiden Bürgerinnen und Bürger nicht nur bei Wahlen. Sie entscheiden ständig mit: durch Akzeptanz oder Widerstand gegen politische Entscheidungen, durch Begeisterung oder Verweigerung, durch Kaufen oder Liegenlassen, durch Verantwortungsübernahme oder Gleichgültigkeit, durch Resignation, Empörung oder Zuversicht.

Im Mittelpunkt der Demokratie stehen die Bürgerin und der Bürger. Das ist auch im Zeitalter der Globalisierung so. Ja, es stimmt: Entscheidungsräume werden europäisch, sie werden global. Den Eindruck des Kontrollverlusts teilt die Politikerin im Bundestag mit der Bürgerin auf der Straße. Und doch muss am Ende alles heruntergebrochen werden auf die Lebenssituation vor Ort, auf die Kommune, den Stadtteil, die Nachbarschaft, den überschaubaren Lebensraum. Und von dort kommt die Antwort, das Ja oder das Nein, an dem sich jeder beteiligen kann und soll.

Ich will zum Schluss die drei Begriffe dieser Tagung aus meiner – der Sicht einer grünen Politikerin – bewerten.

1. Resignation ist tödlich, sie macht Menschen klein und lässt sie vor sich selbst verschwinden. Wo immer wir sie wahrnehmen – ob im politischen oder persönlichen Raum –, müssen wir uns zuwenden, unterstützen, Mut machen und vielleicht zur Empörung verleiten.
2. Empörung ist eine wunderbare Emotion – wenn sie kein Dauerzustand ist und nicht taktisch eingesetzt wird. Echte situative Empörung über etwas, das als falsch oder ungerecht erkannt wird, macht lebendig und kraftvoll und treibt an. Nicht umsonst heißt ein alter Leitspruch von Bürgerbewegungen: »Wer sich nicht wehrt, lebt verkehrt.« Empörung steht hinter allen großen zivilgesellschaftlichen Veränderungen.
3. Zuversicht braucht Glauben. Glauben an einen Gott, einen Menschen, dem wir uns überantworten, oder eine Idee. Zuversichtliche Menschen sind eher in der Lage, glücklich zu sein. Meine These jedoch ist: Wer sich nie empört hat, empfindet in der Zuversicht nicht das Glück des selbstbestimmten Menschen, sondern das Glück der Herde, die vom – hoffentlich – vertrauenswürdigen Hirten geleitet wird. Die Verantwortung trägt allein der Hirte, nicht die Mitglieder der Herde.

Es gibt einen wunderbaren Film des französischen Fotografen Arthus-Bertrand zu den globalen menschlichen Zerstörungsmechanismen. Der Film heißt »Home« und besteht aus unglaublich schönen Bildern unserer Erde und der Dokumentation dessen, was wir ihr antun. Die zuversichtliche Conclusio dieses Films will ich heute auch zu meinem Schlusssatz machen: Es ist zu spät, um Pessimist zu sein!

Wilhelm Heitmeyer

Gruppenbezogene Menschenfeindlichkeit (GMF) in einem entsicherten Jahrzehnt*

1. Die Idee und Grundphilosophie

Die Vermutung, dass Vorurteile gegenüber schwachen Gruppen, Vorurteile, die faktisch zur Abwertung dieser Gruppen führen, untereinander zusammenhängen könnten, hatte bereits Gordon W. Allport, der Begründer der individualpsychologischen Vorurteilsforschung, geäußert (1954). Allerdings wurde dieser Gedanke zunächst nicht systematisch konzeptionalisiert, empirisch – im Sinne eines Syndroms – auf Zusammenhänge getestet und in repräsentativen Bevölkerungsbefragungen überprüft. Dies wäre allerdings notwendig gewesen, um sozialpsychologische und soziologische Erklärungsansätze zu den Ursachen dieser Vorurteile zu entwickeln und zu testen.

Die Grundphilosophie unseres Projektes bestand nun darin, dass die *Gleichwertigkeit* aller Menschen und die Sicherung ihrer physischen und psychischen *Unversehrtheit* zu den zentralen Werten einer modernen und humanen Gesellschaft gehören. Diese Prinzipien drücken den Willen einer Gesellschaft aus, ein möglichst angstfreies Zusammenleben von Individuen und Gruppen unterschiedlicher ethnischer, religiöser, kultureller oder sozialer Herkunft mitsamt ihrer alltäglichen Lebenspraxis zu realisieren. Die Verwirklichung solcher Wert- und Normvorstellungen ist bekanntlich in engem Zusammenhang mit gesellschaftlichen Ent-

* Diese Kurzfassung des gleichnamigen Beitrags in: Wilhelm Heitmeyer (Hg.): Deutsche Zustände. Folge 10. Suhrkamp, Berlin 2012, S. 15–41, entspricht in etwa dem Inhalt des auf der Tagung frei gesprochenen Vortrags »Gesellschaftliche Entwicklungen und *Gruppenbezogene Menschenfeindlichkeit*«.

wicklungen zu sehen, also sozialen, ökonomischen und politischen Prozessen. Eine auf längere Sicht zerstörerische Entwicklung sowohl für Individuen als auch für eine liberale und humane Gesellschaft ist dann gegeben, wenn sich menschenfeindliche Einstellungen und Verhaltensweisen zeigen oder gar ausweiten. Menschenfeindlichkeit wird erkennbar in der Betonung von *Ungleichwertigkeit* und der *Verletzung von Integrität*, wie sie in öffentlichen Aussagen von Repräsentanten sozialer Eliten, die vornehmlich über die Medien vermittelt werden, formuliert, in Institutionen oder öffentlichen Räumen artikuliert bzw. in privaten Kreisen durch Angehörige ganz unterschiedlicher Altersgruppen reproduziert werden, so dass sie auch von bestimmten politischen Gruppen – vornehmlich rechtsextremistischer Couleur – zur Legitimation manifester Diskriminierungen oder gar Gewaltakten genutzt werden können. Ziel des Langzeitprojektes war deshalb die aufmerksame Analyse der Einstellungen sozialer Gruppen vor dem Hintergrund gesellschaftlicher Entwicklungen. Als Messlatte dienten uns dabei die genannten normativen Grundsätze der Gleichwertigkeit und Unversehrtheit.

Der Begriff *Menschenfeindlichkeit* bezieht sich auf das Verhältnis zwischen Gruppen und meint kein interindividuelles Feindschaftsverhältnis. Das besondere Kennzeichen unseres Begriffsverständnisses ist seine Spannbreite. Diese ergibt sich aus den beobachtbaren Phänomenen selbst, denn nicht nur Personen fremder Herkunft erleben Abwertung, Diskriminierung und Gewalt, sondern auch solche gleicher Herkunft, die als *abweichend empfunden oder deklariert* werden.

Ein weiterer wichtiger Aspekt unseres Konzepts ist das bereits angesprochene Verständnis als Syndrom, basierend auf der Annahme, dass die Elemente der *Gruppenbezogenen Menschenfeindlichkeit* untereinander zusammenhängen und einen gemeinsamen Kern aufweisen. Diese Annahme hat sich im empirischen Test bestätigt (Zick et al. 2008). Dies gilt auch für die Weiterentwicklungen des Syndroms (vgl. das Vorwort und den Beitrag von Zick/Hövermann/Krause in Heitmeyer 2012a, S. 9–14; S. 64–86,

DZ 10) in der nachfolgend abgebildeten aktuellen Struktur im Jahre 2011 (Abb. 1).

Abb. 1: Das erweiterte Syndrom Gruppenbezogene Menschenfeindlichkeit

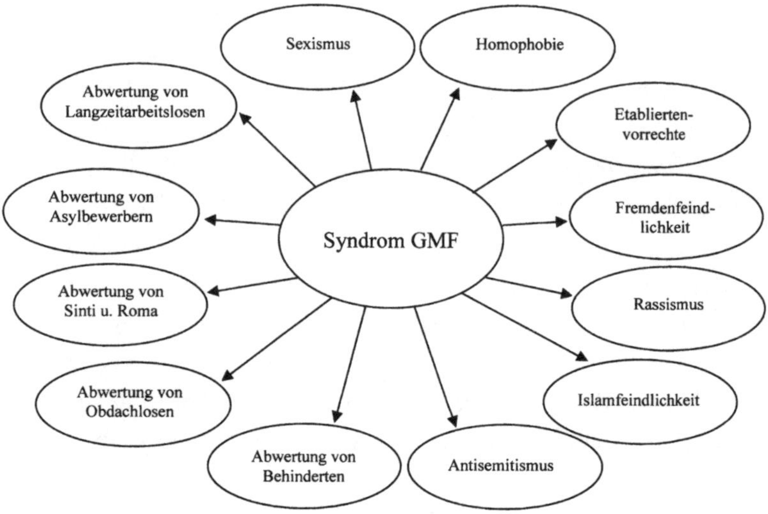

2. Das Kennzeichen des Jahrzehnts: Entsicherung

Jede Zeit trägt Kennzeichnungen. Es können Zeiten mit positiven Konnotationen sein, aber auch mit negativen. Hier wird die These vertreten, dass das zurückliegende Jahrzehnt von Entsicherung und Richtungslosigkeit im Sinne einer fehlenden sozialen Vision markiert ist, in dem auch die schwachen sozialen Gruppen sowie solche mit spezifischen Lebensstilen eine Ideologie der Ungleichwertigkeit sowie psychische und physische Verletzungen erfahren haben. In diesen Bereichen sind also keine durchgreifenden Verbesserungen eingetreten. Um dies zu veranschaulichen, sollen *erregende Signalereignisse* und *schleichende Prozesse* beschrieben und im Hinblick auf ihre Bedeutung für die *Gruppenbezogene Menschenfeindlichkeit* thematisiert werden.

a) Zu den *Signalereignissen*, die sich als *Beunruhigungen* ins öffentliche wie private Gedächtnis der individuell, sozial und materiell betroffenen Menschen und Gruppen eingekerbt haben, gehören die Folgen unterschiedlicher Krisen. Dazu zählt der 11. September 2001 mit seinen Auswirkungen auf das Zusammenleben religiöser Gruppen und die damit verbundene Islamfeindlichkeit. Es ist auch an die öffentlichen Signalereignisse rund um die Einführung von Hartz IV im Jahr 2005 zu erinnern, die für unterschiedliche Gruppen eine Statusbedrohung oder einen zeitweiligen bzw. dauerhaften Statusabsturz bedeutet haben, etwa in Form der Abwertung und Diskriminierung von Langzeitarbeitslosen. Schließlich sind die verschiedenen Stadien der ökonomisch verursachten Krisen zu nennen, beginnend 2008 mit der Finanz- und anschließend der Wirtschafts-, zeitversetzt auch der Fiskalkrise (Heitmeyer 2010, S. 18ff., DZ 8). Überwölbt werden diese Krisen derzeit von der nach wie vor ungelösten Schuldenkrise, die ganze Volkswirtschaften bzw. Staatengebilde erfasst hat (Peukert 2011). All diese Phänomene sind Ausdruck einer Entsicherung. Dahinter verbergen sich:

- die Kontrollverluste der Politik gegenüber dem Finanzkapital und seiner Erpressungslogik,
- die *Undurchschaubarkeit* der Finanzkrise mit all den hochriskanten Finanzprodukten und Spekulationstaktiken,
- die *Unkalkulierbarkeit* der (Welt-)Märkte, unter anderem ausgelöst durch chronische Schwächen der nicht länger amtierenden Ordnungsmacht USA, die derzeit nicht in der Lage ist, die Realwirtschaft zu stabilisieren,
- eine *Entmachtung* demokratisch legitimierter Parlamente, aktuell zu beobachten angesichts der höchst bedrohlichen volkswirtschaftlichen Lage im Zuge der Schuldenkrise,
- sowie schließlich die prekäre *Unkontrollierbarkeit* insbesondere des islamistisch legitimierten Terrors, der sich zu einer latenten Dauerbedrohung mit den entsprechenden psychischen Auswirkungen entwickelt hat.

Die *Entsicherung* verbindet sich mit einer politischen und kulturellen Richtungslosigkeit, die ihren Ausdruck findet in

- *fehlenden* politischen und öffentlichen Debatten über das Verhältnis von Kapitalismus und Demokratie,
- der *Beschleunigung* schwerwiegender *Entscheidungsabfolgen* wie zum Beispiel in der Schuldenkrise,
- einem Verlust des gesellschaftlichen *Zusammenhaltes* (»Rette sich wer kann«).

Entsicherung und Richtungslosigkeit (etwa in Form von Demokratieentleerung) sind Symptome und Folgen der prognostizierten Kontrollverschiebung zwischen Kapital und Politik (Heitmeyer 2001, S. 506ff.). In diesem Feld haben wir viele Untersuchungen durchgeführt und ausgewertet, Studien, deren Fortsetzung dringend notwendig ist (Heitmeyer 2012b, S. 20, DZ 10).

b) Gleichzeitig müssen *ereignisunabhängige Prozesse* aufgerufen werden, die ebenfalls mit Entsicherung und Richtungslosigkeit in Verbindung zu bringen sind und als *beunruhigende Normalisierung* gekennzeichnet werden können. Auch dazu haben wir – immer wieder mit Blick auf die Folgen für *Gruppenbezogene Menschenfeindlichkeit* – zahlreiche Analysen durchgeführt (Heitmeyer 2012b, S. 21, DZ 10).

Die Ergebnisse verweisen auf Entwicklungen, im Zuge welcher die Gesellschaft unterhalb des Radars der öffentlichen Aufmerksamkeit zunehmend vergiftet wird. Dadurch verändern sich auch die Einstellungen in der Bevölkerung. Im Jahr 2011 sind fast 37 Prozent der Befragten der Auffassung, bestimmte soziale Gruppen seien nützlicher als andere, und fast dreißig Prozent finden, dass eine Gesellschaft sich Menschen, die wenig nützlich sind, nicht leisten kann.

3. Verarbeitung von Krisen

Die erregenden Signalereignisse und die schleichenden Prozesse müssen allerdings »zusammengedacht« werden, selbst wenn die öffentliche Kommunikation auf Erstere fokussiert und Letztere weitgehend unthematisiert bleiben. Entsicherungen und Richtungslosigkeit hinterlassen Spuren. Die unterschiedlichen und zeitlich zu differenzierenden Folgen dieser Entwicklungen für *Gruppenbezogene Menschenfeindlichkeit* lassen sich in zahlreichen Beiträgen nachlesen (Heitmeyer 2012b, S. 20f., DZ 10). Sie bekommen unter dem Druck der andauernden Krisen, insbesondere angesichts der Schuldenkrise, eine anhaltende und (möglicherweise) stärkere Bedeutung.

Welche Erfahrungen machen Menschen in solchen Krisen und wie verarbeiteten sie sie subjektiv? Diesen Aspekten haben wir uns bereits in der achten Folge (Heitmeyer 2010, DZ 8) zugewandt. Wie Menschen in solchen Situationen reagieren, hängt unter anderem davon ab, in welchem Stadium einer Krise die Menschen von ihren Auswirkungen erfasst werden. Aktuell stehen wir vor der Frage, ob Menschen, die bereits unter den Folgen der Finanz- bzw. Bankenkrise zu leiden hatten, nun auch von der Schuldenkrise betroffen sind bzw. sein werden. Deshalb müssen wir diese Verarbeitungsmuster erneut thematisieren und unsere Analysen gegebenenfalls ergänzen.

Zu diesen Reaktionsmustern gehört etwa die *Aufspaltung der gesellschaftlichen Realität* in eine gesellschaftliche und eine individuelle Sphäre nach dem Motto »Der Gesellschaft geht es schlecht, aber mir geht es gut«. Wir haben es dabei mit der Konstruktion bzw. Aufrechterhaltung eines positiven Selbstbildes im Sinne einer *Immunisierung* zu tun.

Kollektive Schuldzuschreibungen in Form eines »Umleitens« von Verantwortungszuschreibungen auf andere Gruppen haben zum Beispiel Knappertsbusch/Kelle sowie Becker/Wagner/Christ (2010, DZ 8) untersucht. *De-Moralisierung* im Sinne eines »Alles ist möglich, alles erlaubt« analysierten Zick/Lobitz/Groß (2010, DZ 8) im selben Band. Den Optionen einer verstärkten *politischen Partizipation* und *des anwachsenden Protests*, die Ende 2011 angesichts der Schuldenkrise bereits in mehreren EU-Ländern zu beobachten sind, gingen Klein/Heitmeyer bereits vor zwei Jahren nach.

Die Verlaufsdaten zur wahrgenommenen Belastung durch die wirtschaftliche Situation und zur individuellen Angst vor Arbeitslosigkeit seit Beginn der Untersuchung (hier unter besonderer Beobachtung des Zeitraumes 2008 bis 2011) zeigen nun einen bemerkenswerten Verlauf.

Die Daten zeigen, dass sich die Wahrnehmung der ökonomischen Situation trotz der bereits im Erhebungszeitraum Juni/Juli 2011 gärenden Schuldenkrise »aufgehellt« hat. Unsere Ergebnisse stehen dabei durchaus in Übereinstimmung mit anderen fast zeitgleich durchgeführten Bevölkerungsbefragungen.[1]

Dabei bleibt die Zustimmung zu Fragen, mit denen wir Orientierungslosigkeit messen (wenn auch mit Schwankungen, etwa zwischen 2009 bis 2011), vergleichsweise hoch: Um die fünfzig Prozent der Befragten haben ein Gefühl der Unordnung, niemand wisse mehr, wo man eigentlich steht, die Dinge seien heute sehr schwierig und undurchschaubar geworden, so dass man nicht mehr sagen könne, was eigentlich los ist.

Wie lassen sich diese Ergebnisse interpretieren, wenn man bedenkt, dass die Befragten sich derzeit mit der Schuldenkrise mit einer weiteren Phase in einer Serie krisenhafter Entwicklungen konfrontiert sehen? Folgende Erklärungen weisen zumindest eine gewisse Plausibilität auf:

- Der permanente Krisendruck erzeugt eine *Sehnsucht nach Beruhigung*, die von der herrschenden politischen Verschleierungspsychologie bedient – und vom Publikum angenommen wird. Völlig unabhängig übrigens von sehr skeptischen Äußerungen wie zum Beispiel jener Jean-Claude Trichets, des Präsidenten der Europäischen Zentralbank, der im Spätsommer 2011 diagnostizierte, wir befänden uns in der schwersten Krise seit dem Zweiten Weltkrieg.
- Ungleichzeitige, ihrem je eigenen Rhythmus folgende und dabei als undurchsichtig wahrgenommene ökonomische Vorgänge, über die in den Medien sehr schnell sehr viele widersprüchliche Informationen verbreitetet werden und die mit politischen Kontrollverlusten einhergehen, erzeugen eine Überkomplexität, auf

welche Menschen zum Teil reagieren, indem sie die *Realität ausblenden*, weil diese Entwicklungen für sie *abstrakte Turbulenzen* sind.

- Die dritte Erklärungsvariante bezieht sich auf *Vergleichsprozesse.* In den Medien wird die ökonomische Situation in Deutschland immer wieder mit der in anderen EU-Ländern oder in den USA verglichen. Diese Vergleiche sind auf wenige statistische Kennwerte reduziert, aus denen das deutsche Publikum bis zum Spätsommer 2011 immer wieder den Schluss ziehen konnte, dass es »uns« im Vergleich zu anderen Gesellschaften gut geht – und beim Vergleich zwischen dem gesellschaftlichen und dem individuellen Zustand greift dann der bereits angeführte Mechanismus der Aufspaltung.

Unabhängig davon, wie die Menschen die Krisen nun individuell verarbeiten, und auch unabhängig von den Ausmaßen, Verdichtungen und Zusammenhängen zwischen den einzelnen Elementen des GMF-Syndroms (vgl. Entwicklung in den Krisenzeiten 2009–2011 in Prozent), die sich im Verlauf der letzten Jahre beobachten ließen, ist es für uns von großem Interesse, wie Menschen in unterschiedlichen Soziallagen bzw. Einkommensklassen reagieren, wenn sie sich bedroht fühlen, wenn sie ihre Privilegien sichern wollen usw. Deshalb fokussieren die folgenden Ausführungen auf Untersuchungsergebnisse zu diesen Entwicklungen und Zuständen.

4. Empirische Verläufe

Die empirischen Verläufe zu den Syndromelementen lassen sich auf der Basis von Einkommensgruppen mit ihren je unterschiedlichen Chancen zur Abfederung der Folgen von Entsicherungen auf unterschiedliche Weise beschreiben. Erstens geht es dabei um die *Ausmaße* der *Gruppenbezogenen Menschenfeindlichkeit*, zweitens um ihre *Entwicklung im Zeitverlauf.*

Abb. 2: Gruppenbezogene Menschenfeindlichkeit *nach Bedrohung durch die Krise (2011)*

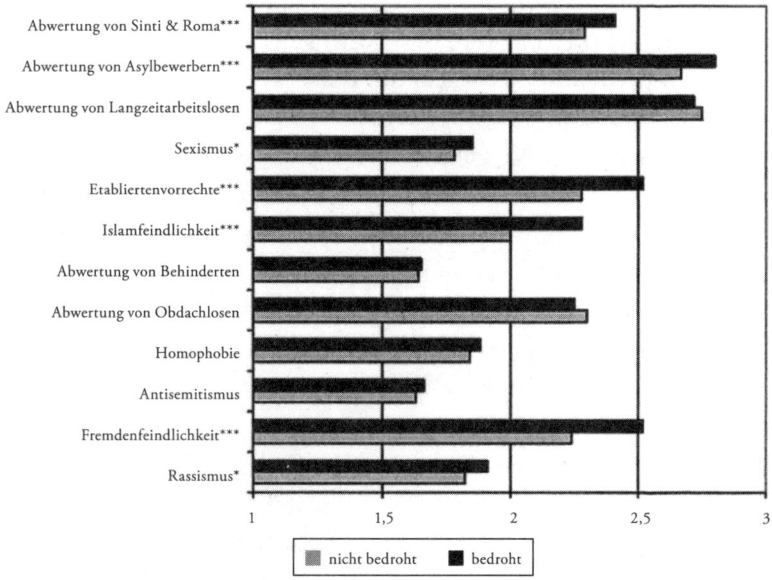

*Anmerkung: Signifikanz der Unterschiede zwischen Bedrohten und Nichtbedrohten: * p < 0.05, ** p > 0,01, *** p < 0,001*

Die Frage nach der sozialen Spaltung und den Folgen ökonomistischer Einstellungen in Zeiten der Krisen und der Ökonomisierung des Sozialen verdient – im Rückgriff auf das analytische Ausgangskonzept – besondere Aufmerksamkeit. Betrachtet man diese Zusammenhänge genauer, stellt sich heraus, dass ausgerechnet diejenigen, die sich selbst dem oberen Teil der Gesellschaft zurechnen, die soziale Spaltung der Gesellschaft signifikant weniger stark wahrnehmen. Diese Spaltung lässt sich allerdings objektiv belegen, etwa über das Netto-Geldvermögen (vgl. Mansel/Heitmeyer 2005, DZ 3, 51; DIW-Bericht 2011;[2] Dritter Armuts- und Reichtumsbericht der Bundesregierung 2008). Trotzdem beklagen Personen mit höherem Einkommen mittlerweile zunehmend, sie würden nicht in einem gerechten Maß am allgemeinen Wachstum partizipieren. Sie bekämen also nicht das, was ihnen aus ihrer Sicht zusteht.

Dass die oberen Einkommensgruppen die soziale Spaltung weniger stark wahrnehmen, hat ganz unterschiedliche Folgen. So nehmen zum Beispiel die Solidarität und die Bereitschaft zur Hilfe für – auch krisenbedingt – schwache Gruppen ab, das Ideal der Gleichwertigkeit wird von manchen aufgekündigt (Zick/Lobitz/Groß 2010, DZ 8). Insbesondere in Bezug auf Langzeitarbeitslose und Hartz-IV-Empfänger plädiert man für Leistungskürzungen. Im Sinne des Kapitals und im Einklang mit dem ökonomistischen Denken werden diese Menschen als nutzlos etikettiert. Sie müssten nun endlich selbst Verantwortung übernehmen, die Solidargemeinschaft könne nicht alle auffangen. Tatsächlich gibt es statistisch eindeutige Zusammenhänge zwischen der Forderung, die sozial Schwachen sollten ihr Leben endlich selbst in die Hand nehmen, und der Abwertung von Langzeitarbeitslosen, niedrig qualifizierten Zuwanderern und Behinderten: Angehörige höherer Einkommensgruppen betrachten diese Gruppen immer seltener als gleichwertig.

Insgesamt ist eine ökonomistische Durchdringung sozialer Verhältnisse empirisch belegbar. Es wird deutlich, dass der autoritäre Kapitalismus, dessen Zähmung in den ersten Jahrzehnten der alten Bundesrepublik noch zu gelingen schien, inzwischen außer Kontrolle geraten ist. Die spezifische Form der Gewalt, die mit diesem in den höheren Stockwerken der Wirtschaft und Politik verbreiteten Desinteresse an sozialer Integration, das längst tief in die Poren einer sich aufspaltenden Gesellschaft eingedrungen ist, einhergeht, wird zum Motor einer fortgesetzten sozialen Polarisierung. Gerade deshalb sind die Befunde so interessant, die die britischen Soziologen Richard Wilkinson und Kate Pickett (2009) in ihren ländervergleichenden Studien präsentiert haben. Wilkinson und Pickett haben nämlich herausgefunden, dass eine Gesellschaft sich im Zuge zunehmender Ungleichheit immer mehr zersetzt. Damit korrelieren soziale Probleme und auch Gewalt. Ein deutliches Warnzeichen.

Bei der Betrachtung der empirischen Ergebnisse zu den Syndromelementen im Längsschnitt soll noch einmal betont werden, dass unterschieden werden muss zwischen den Ausmaßen der Abwertungen und den Entwicklungen in den verschiedenen Einkommensgruppen. Insgesamt zeigt sich im Verlauf seit 2003[3] fast allen Syndromelementen ein deutliches Bild: Je höher das Einkommen, desto weniger geben die Befragten an, schwache Gruppen in der Gesellschaft abzuwerten.

Gleichwohl gibt es einige Ausnahmen. So übersteigt in 2010 beispielsweise das Niveau der Abwertung von Langzeitarbeitslosen unter den Befragten aus der höheren Einkommensgruppe dasjenige unter den Armen. Ebenso fordern die Befragten aus der höheren Einkommensgruppe in 2006 und 2010 mehr Rechte für Alteingesessene (Etabliertenvorrechte) als die mittlere Einkommensgruppe, die niedrigeren Einkommensgruppen weisen jedoch durchweg höhere Werte auf. Auch beim Antisemitismus übersteigt die höchste Einkommensgruppe im Jahr 2004 die niedrige und mittlere Einkommensgruppe.

Betrachtet man die Verläufe insgesamt, so zeigt sich erfreulicherweise, daß das Niveau in 2011 das Anfangsniveau aus dem Jahr 2002 in einigen Varianten unterschreitet. Die deutlichsten Abnahmen zeigen sich für den Sexismus – und zwar in allen Einkommensgruppen.

Der abnehmende Trend schien sich allerdings von 2005 auf 2006 (Einführung der Hartz-IV-Gesetze) und von 2009 auf 2010, also in der Zeit, als die Menschen die Folgen der Krisen zu spüren bekamen, vor allem in der höheren Einkommensgruppe in Bezug auf viele Vorurteile umzukehren.

Die deutlichsten Anstiege verzeichnen wir in der höheren Einkommensgruppe von 2009 auf 2010 für den Rassismus, die Fremdenfeindlichkeit, die Homophobie, die Obdachlosenabwertung, die Behindertenabwertung sowie die schon erwähnte Abwertung von Langzeitarbeitslosen und den Sexismus. Während diese Vorurteile in diesen Gruppen zunahmen, stagnierten sie in den anderen Einkommensgruppen weitgehend.

Islamfeindlichkeit und das Einfordern von Etabliertenvorrechten nahmen von 2009 auf 2010 in allen Einkommensgruppen zu, der Anstieg unter Befragten aus den höheren Einkommensgruppen stach aber insbesondere in Bezug auf diese beiden Syndromelemente hervor.

Der Anstieg in der Abwertung schwacher Gruppen unter den Befragten mit höherem Einkommen, den wir für die Jahre 2009 auf 2010 verzeichnen, setzt sich im Folgejahr (2010 auf 2011) insgesamt nicht in dem Maße fort, gleichwohl stagnieren die Werte in den höheren Einkommensgruppen auf relativ hohem Niveau im Vergleich zum Trend der Jahre 2006 bis 2009.

5. Ein vorläufiges Fazit nach zehn Jahren

Die Entwicklungen, die das vergangene Jahrzehnt als ein entsichertes kennzeichnen, sind in allen zentralen Lebenssphären erfahrbar.

- In der religiösen Sphäre ist das friedliche und vom Ideal der Gleichwertigkeit geprägte *Zusammenleben* der Menschen unterschiedlichen Glaubens immer noch latent gefährdet. Immer weniger Menschen wollen in Gebieten mit vielen Moslems leben. Auch die verschiedenen Varianten des Antisemitismus geben Grund zur Sorge, wie bereits Heyder/Iser/Schmidt (2005, DZ 3) in ihrer Analyse zum israelbezogenen Antisemitismus deutlich gemacht haben.
- In der sozialen Sphäre haben die *Ökonomisierung des Sozialen* und die *Statusunsicherheit* mit den verschiedenen Desintegrationsängsten und -erfahrungen eine Kernrelevanz für die steigenden Abwertungen der als »Nutzlose« und »Ineffiziente« deklarierten Gruppen, also von Hartz-IV-Empfängern und Langzeitarbeitslosen.
- In der Sphäre der *Lebensstile* bleibt auch die Abwertung von Homosexuellen oder Obdachlosen auf der gesellschaftlichen Tagesordnung.

- In der politischen Sphäre gibt es mit der Wahrnehmung einer *Demokratieentleerung*, also von Vertrauensverlusten und einem Gefühl der Machtlosigkeit, ernste Warnsignale, da die Anfälligkeit für rechtspopulistische Mobilisierungen auffällig ist.
- In der ökonomischen Sphäre scheint weiterhin eine Mentalität vorzuherrschen, die von der grundgesetzlichen Maxime, laut der Eigentum verpflichtet (etwa zur *Verhinderung sozialer Desintegration),* wenig wissen will. So diagnostiziert Rainer Geißler (2010, S. 11) eine sozialstrukturelle »Polarisierung zwischen Armen und Reichen bei schrumpfender Mitte« und eine höhere Anzahl von Abstiegen unter den Angehörigen der sogenannten »Mittelschicht«. Diese objektive Entwicklung nehmen die Menschen subjektiv auch auf hohem Niveau wahr, gleichzeitig setzt das Öffnen der Schere allerdings offensichtlich auch polarisierende Einstellungen frei. So glauben 2011 im Vergleich zu 2006 signifikant mehr Befragte mit höheren Einkommen, denen, die an ihrer Not eine Mitschuld tragen, solle nicht geholfen werden.

Zwar kann man im Spätsommer 2011 konstatieren, dass bislang keine *Kumulation* der Effekte der unterschiedlichen Krisen eingetreten ist, sondern dass diese zeitlich *gestaffelt* spürbar werden. Dies ist allerdings kein Grund zur Beruhigung, denn es konnte keine der Krisen gelöst werden, nirgends gelang die Rückkehr zum stabileren Status quo ante, die Krisen wurden und werden bestenfalls »prozessiert«. Zudem haben sich die krisenhaften Entwicklungen seit 2008 zeitlich massiv verdichtet, wobei die *Schuldenkrise*, die alle anderen Probleme überwölbt, da sie nicht länger lediglich einzelne Sektoren betrifft, in denen sie eingehegt werden könnte, diesen Zustand der Staffelung und des Prozessierens nun möglicherweise beendet.

Entsicherung, Richtungslosigkeit und Instabilität sind zur neuen Normalität geworden, die Nervosität scheint über alle sozialen Gruppen hinweg zu steigen. Wir erleben, wie sich ein neuer Standard etabliert: *volatility* (New York Times, 19. September 2011). Eine explosive Situation als Dauerzustand.

Daher sollten wir der rohen Bürgerlichkeit auch weiterhin unsere Aufmerksamkeit widmen, einer Bürgerlichkeit, die sich bei der Beurteilung sozialer Gruppen an den Maßstäben der kapitalistischen Nützlichkeit, der Verwertbarkeit und Effizienz orientiert und somit die Gleichwertigkeit von Menschen sowie ihre psychische wie physische Integrität *antastbar* macht und dabei zugleich einen *Klassenkampf von oben* inszeniert (vgl. Sloterdijk 2009 und 2010; kritisch Hofmann 2012, S. 42–62, DZ 10).

Diese Rohheit zeichnet sich dadurch aus, dass in bürgerlichen Kreisen offensichtliche Versuche unternommen werden, privilegierte Positionen zu wahren und abzusichern. Scheinbar gibt es hier ein »entsichertes Bürgertum«, das sich infolge ökonomischer wie gesellschaftlicher Krisen bedroht fühlt und seine Sicherungsversuche auch über liberale Tages- und Wochenzeitungen ventiliert. Der Einfluss, den diese höheren Einkommensgruppen auf negative Veränderungen des sozialen und politischen Klimas haben, ist nicht zu unterschätzen.

Rohe Bürgerlichkeit zeichnet sich – befeuert von politischen Entscheidungen – durch Tendenzen eines Rückzugs aus der Solidargemeinschaft aus. Die Entkultivierung des Bürgertums offenbart sich im Auftreten seiner Angehörigen und in der Art und Weise, wie sie versuchen, eigene Ziele mit rabiaten Mitteln durchzusetzen. Das zeigt sich nicht zuletzt in der Abwertung schwacher Gruppen. Zivilisierte, tolerante, differenzierte Einstellungen, die in höheren Einkommensgruppen einmal anzutreffen waren, scheinen sich in unzivilisierte, intolerante – ja: verrohte – zu verwandeln. Vor allem wenn jene Gruppen dem Mantra des »Unternehmerischen Selbst« anhängen (Groß/Gundlach/Heitmeyer 2010, DZ 9, 138ff.), hat dies eine hohe Erklärungskraft in Bezug auf die Abwertung vorgeblich »nutzloser« Gruppen.

Es geht hier offenkundig darum, eigene *soziale Privilegien* durch die Abwertung und Desintegration von als »nutzlos« etikettierten Menschen zu sichern oder auszubauen, sowie um eine *kulturelle Abwehrhaltung* (etwa im Hinblick auf die Islamfeindlichkeit), wobei es in diesem Fall keinen dämpfenden Bildungseffekt mehr zu geben scheint (vgl. Zick/Hövermann/Krause 2012, S. 64–86, DZ 10). Es mehren sich die Hinweise darauf, dass die angebliche Liberalität der höheren Einkommensgruppen erodiert.

Die geballte Wucht, mit der die Eliten einen rabiaten Klassenkampf von oben inszenieren, und die Transmission der sozialen Kälte durch eine rohe Bürgerlichkeit, die sich selbst in der Opferrolle wähnt und deshalb schwache Gruppen ostentativ abwertet, zeigen, dass eine gewaltförmige Desintegration auch in dieser Gesellschaft nicht unwahrscheinlich ist.

Anmerkungen

1 Zu diesen Bevölkerungsbefragungen zählen die Studie *Die Ängste der Deutschen 2011* der R+V Versicherung (Wiesbaden) und die Studie des Allensbacher Instituts (vgl. *Spiegel online,* »Mehrheit der Deutschen lässt die Euro-Krise kalt« [13. August 2011], online verfügbar unter: (http://www.spiegel.de/wirtschaft/soziales/umfragen-mehrheit-der-deutschen-laesst-die-euro-krise-kalt-a-780047.html) (Zugriff: 14.7.2013).

2 Bericht über DIW-Auswertung mit SOEP-Daten, laut dem die Einkommensentwicklung seit 2000 rückläufig ist. Besonders betroffen ist, wer ohnehin nur wenig verdient (vgl. Bohsem 2011).

3 Die Einkommensgruppen sind erst ab 2003 vergleichbar erhoben worden.

Literatur

Allport, G. W. (1954): The Nature of Prejudice. Addison-Wesley, Reading.

Becker, J. / Wagner, U. / Christ, O. (2010): Ursachenzuschreibungen in Krisenzeiten: Auswirkungen auf Antisemitismus und Fremdenfeindlichkeit. In: Heitmeyer, W. (Hg.): Deutsche Zustände. Folge 8. Suhrkamp, Berlin, S. 128–143.

Geißler, R. (2010): Die Sozialstruktur Deutschlands. Aktuelle Entwicklungen und theoretische Erklärungsmodelle. Berlin (Friedrich Ebert Stiftung).

Groß, E. M. / Gundlach, J. / Heitmeyer, W. (2010): Die Ökonomisierung der Gesellschaft. Ein Nährboden für Menschenfeindlichkeit in oberen Status- und Einkommensgruppen. In: Heitmeyer, W. (Hg.): Deutsche Zustände. Folge 9. Suhrkamp, Berlin, S. 138–157.

Heitmeyer, W. (2001): Autoritärer Kapitalismus, Demokratieentleerung und Rechtspopulismus. Eine Analyse von Entwicklungstendenzen. In: Loch, D. /

Heitmeyer, W. (Hg.): Schattenseiten der Globalisierung. Suhrkamp, Frankfurt am Main, S. 497–534.

Heitmeyer, W. (2010): Krisen – Gesellschaftliche Auswirkungen, individuelle Verarbeitungen und Folgen für die *Gruppenbezogene Menschenfeindlichkeit.* In: ders. (Hg.): Deutsche Zustände. Folge 8. Suhrkamp, Berlin, S. 13–46.

Heitmeyer, W. (Hg.) (2012a): Deutsche Zustände. Folge 10. Suhrkamp, Berlin.

Heitmeyer, W. (2012b): *Gruppenbezogene Menschenfeindlichkeit* (GMF) in einem entsicherten Jahrzehnt. In: ders. (Hg.): Deutsche Zustände. Folge 10. Suhrkamp, Berlin 2012, S. 15–41.

Heyder, A. / Iser, J. / Schmidt, P. (2005): Israelkritik oder Antisemitismus? Meinungsbildung zwischen Öffentlichkeit, Medien und Tabus. In: Heitmeyer, W. (Hg.): Deutsche Zustände. Folge 3. Suhrkamp, Frankfurt am Main, S. 144–170.

Hofmann, G. (2012): Das Soziale und der Zeitgeist. Eine Einlassung auf das letzte Jahrzehnt. In: Heitmeyer, W. (Hg.): Deutsche Zustände. Folge 10. Suhrkamp, Berlin, S. 42–62.

Knappertsbusch, F. / Kelle, U. (2010): „Mutterland des nomadisierenden Finanzkapitals“ – Zum Verhältnis von Antiamerikanismus und Antisemitismus vor dem Hintergrund der Finanzkrise. In: Heitmeyer, W. (Hg.): Deutsche Zustände. Folge 8. Suhrkamp, Berlin, S. 144–163.

Mansel, J. / Heitmeyer, W. (2005): Spaltung der Gesellschaft. Die negativen Auswirkungen auf das Zusammenleben. In: Heitmeyer, W. (Hg.): Deutsche Zustände. Folge 3. Suhrkamp, Frankfurt am Main, S. 39–72.

Sloterdijk, P. (2009): »Die Revolution der gebenden Hand«. In: Frankfurter Allgemeine Zeitung (10. Juni 2009), S. 29ff.

Wilkinson, R. / Pickett, K. (2009): Gleichheit ist Glück. Warum gerechte Gesellschaften für alle besser sind. Tolkemitt bei Zweitausendeins, Berlin.

Zick, A. / Hövermann, A. / Krause, D. (2012): Die Abwertung von Ungleichwertigem. Erklärung und Prüfung eines erweiterten Syndroms der *Gruppenbezogenen Menschenfeindlichkeit.* In: Heitmeyer, W. (Hg.): Deutsche Zustände. Folge 10. Suhrkamp, Berlin, S. 64–86.

Zick, A. / Lobitz, R. / Groß, E.M. (2010): Krisenbedingte Kündigung der Gleichwertigkeit. In: Heitmeyer, W. (Hg.): Deutsche Zustände. Folge 8. Suhrkamp, Berlin, S. 72–86.

Zick, A. / Wolf, C. / Küpper, B. / Davidov, E. / Schmidt, P. / Heitmeyer, W. (2008): The Syndrome of Group Focused Enmity – theory and empirical test. In: Journal of Social Issues 64, S. 363–383.

Anhang

Bildnachweis

13 PRISM (Pictorial Representation of Illness and Self Measure). © Stefan Büchi.
27 Paul Klee: woher? wo? wohin?, 1940, Aquarell, Rötel und Kreide auf Papier auf Karton, 29,7 × 20,8 cm, Privatsammlung. © Zentrum Paul Klee, Bern, Archiv.
40 C. G. Jung: Das Erscheinen des Selbst als Stern aus dem Chaos. In: GW 9/I, Bild 29. © Stiftung der Werke von C. G. Jung, Zürich.
59 Henne Anna und Henne Berta. Zeichnung: Roland Heinzel.
80 Die vier Himmelrichtungen im indianischen Medizinrad. Darstellung: Geseko von Lüpke.
115 Ausschnitt der Außenansicht der Sphinx im Tarotgarten von Niki de Saint Phalle, Capalbio (Italien). Foto: Luzia Sutter Rehmann.
116 Blick auf den Turm, Figur aus dem Tarotgarten von Niki de Saint Phalle, Capalbio (Italien). Foto: Luzia Sutter Rehmann.
190 Das erweiterte Syndrom *Gruppenbezogene Menschenfeindlichkeit*. In: Wilhelm Heitmeyer: Gruppenbezogene Menschenfeindlichkeit (GMF) in einem entsicherten Jahrzehnt. In: ders. (Hg.): Deutsche Zustände. Folge 10. (Edition Suhrkamp, 2647) Suhrkamp, Berlin 2012, S. 17. © Suhrkamp Verlag Berlin 2012.
196 *Gruppenbezogene Menschenfeindlichkeit* nach Bedrohung durch die Krise (2011). In: Wilhelm Heitmeyer: Gruppenbezogene Menschenfeindlichkeit (GMF) in einem entsicherten Jahrzehnt. In: ders. (Hg.): Deutsche Zustände. Folge 10. (Edition Suhrkamp, 2647) Suhrkamp, Berlin 2012, S. 26. © Suhrkamp Verlag Berlin 2012.

Quellennachweis

188–203: Kurzfassung von: Wilhelm Heitmeyer: *Gruppenbezogene Menschenfeindlichkeit* (GMF) in einem entsicherten Jahrzehnt. In: ders. (Hg.): Deutsche Zustände. Folge 10. (Edition Suhrkamp, 2647) Suhrkamp, Berlin 2012, S. 15–41. © Suhrkamp Verlag Berlin 2012. Abdruck mit freundlicher Genehmigung des Suhrkamp Verlags, Berlin.

Kurzbiografien

Linda Briendl

Baden/Schweiz. lic. phil., Psychologin, Psychotherapeutin ASP und Supervisorin in eigener Praxis, Jung'sche Lehranalytikerin und Ausbilderin in verschiedenen Institutionen. Seit vielen Jahren hält sie Vorträge und Seminare, vor allem zum Thema therapeutische Arbeit mit Bildern und Träumen, und ist in der psychotherapeutischen Fort- und Weiterbildung tätig. Buchveröffentlichung: *Bilder als Sprache der Seele* (2008). lindabriendl@bluewin.ch

Stefan Büchi

Zürich. Prof. Dr. med., Titularprofessor für Psychosoziale Medizin und Psychiatrie an der Universität Zürich. Ärztlicher Direktor und Leiter des Kompetenzzentrums Psychosomatik der Privatklinik Hohenegg in Meilen am Zürichsee. Ehem. Präsident der Schweizerischen Gesellschaft für Konsiliar- und Liaisonpsychatrie. Entwickler des Forschungs- und Therapieinstrumentes PRISM (Pictorial Representation of Illness and Self Measure). Forschungstätigkeit in den Bereichen Krankheitsverarbeitung, Psychoonkologie, Lebensqualität, Leiden, shared decision making sowie Therapieziele.

Brigitte Dorst

Münster. Prof. Dr. phil., Diplom-Psychologin, approbierte Psychotherapeutin und Jung'sche Psychoanalytikerin, Professorin für Psychologie, Trainerin für Gruppendynamik, Supervisorin, Wissenschaftliche Leiterin der Internationalen Gesellschaft für Tiefenpsychologie e. V., Leiterin des Sophia-Zentrums für Meditation und spirituelle Psychologie in Münster. Arbeitsschwerpunkte: Symbolpsychologie, Analytische Psychologie und Gruppentherapie, weibliche Identität und Individuation, Transpersonale Psychologie und Spiritualität. Zahlreiche Veröffentlichungen, zuletzt: *Therapeutisches Arbeiten mit Symbolen* (2007), *Lebenskrisen. Die Seele stärken durch Bilder, Geschichten und Symbole* (2010), *C. G. Jung: Schriften zu Spiritualität und Transzendenz* (2013, Hg.).

Roland Heinzel

Steißlingen. Dr. med. Dipl.-Psych. Facharzt für Neurologie, Psychiatrie und Psychosomatische Medizin. Psychoanalytiker, Gruppentherapeut, zertifizierter Bioenergetischer Analytiker, Balintgruppen-Leiter, Gründungsmitglied des Verbands der Approbierten Gruppentherapeuten (BAG), Lehrtherapeut des Centrums für Integrative Psychotherapie (CIP) München, Dozent am C.G. Jung-Institut Stuttgart, Supervisor der Dt. Gesellschaft für Gruppenanalyse und Gruppenpsychotherapie (D3G). Arbeitsschwerpunkte und Veröffentlichungen zu: Gruppentherapie, Körpertherapie und Psychoanalyse, Therapieforschung, Psychologie der Ökonomie und Ökologie, Patienten-Großgruppen, Chaosforschung, Spiritualität. Buchveröffentlichung: *Die Wiederentdeckung der Zuversicht* (2008). www.psychotherapie-heinzel.de

Wilhelm Heitmeyer

Bielefeld. Prof. Dr., Professor für Sozialisation und von 1996 bis 2013 Direktor des Instituts für interdisziplinäre Konflikt- und Gewaltforschung der Universität Bielefeld. Arbeitsschwerpunkte: soziale Desintegration, Gruppenbezogene Menschenfeindlichkeit, ethnisch-kulturelle Konflikte, Rechtsextremismus und Gewalt. Zuletzt veröffentlicht: *Deutsche Zustände, Folge 10* (2012, Hg.), *Zerstörerische Vorgänge: Missachtung und sexuelle Gewalt gegen Kinder und Jugendliche in Institutionen* (2012, Hg. zus. mit S. Andresen), *School Shootings. International Research, Case Studies, and Concepts for Prevention* (2013, Hg. zus. mit N. Böckler, Th. Seeger und P. Sitzer).

Verena Kast

St. Gallen. Prof. Dr. phil., Professorin für Psychologie und Psychotherapeutin in eigener Praxis, Dozentin und Lehranalytikerin am C. G. Jung-Institut Zürich, Vorsitzende der Internationalen Gesellschaft für Tiefenpsychologie e. V., Mitglied der Wissenschaftlichen Leitung der Lindauer Psychotherapiewochen. Arbeitsschwerpunkte: Psychologie der Emotionen, Grundlagen der Psychotherapie. Veröffentlichungen u. a. zu Kreativität, Trauern, Freude, Neid, Angst, Partnerschaft, Krisen, Symbolik, zuletzt: *Was wirklich zählt, ist das gelebte Leben* (2010), *C. G. Jung: Ausgewählte Schriften* (2011, Hg. zus. mit I. Riedel), *Interesse und Langeweile als Quellen schöpferischer Energie* (2011), *Imagination* (2012), *Die Blume des Glücks* (2012), *Seele braucht Zeit* (2013). kast@swissonline.ch

Michaela Kopp-Marx

Mannheim. Privatdozentin für Neuere Deutsche Literatur an der Ruprecht-Karls-Universität Heidelberg. Seit 1998 Leitung der Heidelberger Poetikdozentur und des Clemens-Brentano-Förderpreises für Literatur. Arbeits- und Forschungsgebiete: die Wechselbeziehungen zwischen Bildender Kunst, Film und Literatur; die Literatur der Moderne und der Gegenwart; die Analytische Psychologie C. G. Jungs; Ästhetische Theorie vom 18. Jahrhundert bis zur Gegenwart. Zahlreiche Veröffentlichungen, zuletzt: *Zwischen Petrarca und Madonna. Der Roman der Postmoderne* (2005), *Der lebendige Mythos. Das Schreiben von Patrick Roth* (2010), *Die Seelendialoge. Ein Commentary Track zu Patrick Roths Christus-Trilogie* (2012).

Sylvia Kotting-Uhl MdB

Berlin. Atompolitische Sprecherin der Bundestagsfraktion BÜNDNIS 90 / DIE GRÜNEN. Eingetreten 1989 in die grüne Partei, 1995–1999 und seit 2001 Mitglied des Landesvorstandes, 2003–2005 Landesvorsitzende, seit 2005 MdB, in der 16. Wahlperiode Sprecherin für Umweltpolitik, seit der 17. Wahlperiode atompolitische Sprecherin, stellv. Mitglied im Ausschuss für Bildung, Forschung und Technikfolgenabschätzung, Mitglied im Ausschuss für Umwelt, Naturschutz und Reaktorsicherheit, Obfrau im 1. Parlamentarischen Untersuchungsausschuss der 17. Wahlperiode (Gorleben-Ausschuss), Sprecherin der baden-württtembergischen Landesgruppe im Bundestag.

Geseko von Lüpke
Olching. Dr. rer. pol., Studium der Politologie und Ethnologie, Journalist für Rundfunk und Printmedien, Sachbuchautor. Arbeitsschwerpunkte: nachhaltige Zukunftsgestaltung, Tiefenökologie, ökologische Ethik, ganzheitliche Wissenschaft, alternative Lebensformen, Schamanismus, Spiritualität. Zahlreiche Veröffentlichungen, zuletzt: *Zukunft entsteht aus Krise* (2009), *Vision Quest* (2009, zus. mit Sylvia Koch-Weser), *Projekte der Hoffnung* (2010), *Politik des Herzens* (2011), *Altes Wissen für eine neue Zeit* (2012).

Oskar Negt
Hannover. Prof. Dr. Dr. hc. Studium der Soziologie und Philosophie bei Max Horkheimer und Theodor W. Adorno, Promotion bei Adorno, von 1970 bis 2002 Professor für Soziologie in Hannover. Für sein politisches Engagement wurde er vielfach ausgezeichnet: 2006 erhielt er das Bundesverdienstkreuz (1. Klasse), 2008 den Bruno-Kreisky-Preis für das politische Buch (zus. mit Alexander Kluge), 2011 den August-Bebel-Preis. Zahlreiche Veröffentlichungen, zuletzt: *Der politische Mensch* (2010), *Nur noch Utopien sind realistisch* (2012), *Gesellschaftsentwurf Europa: Plädoyer für ein gerechtes Gemeinwesen* (2012).

Christiane Neuen
Münster/Ostfildern. Dr. phil., Lektorin für Psychologie und Lebenshilfe, im Vorstand der C. G. Jung-Gesellschaft Köln e. V., seit 2004 (Mit-)Herausgeberin der Tagungsbände der Internationalen Gesellschaft für Tiefenpsychologie e. V.

Luzia Sutter Rehmann
Basel. Prof. Dr. theol., Titularprofessorin für Neues Testament an der Theologischen Fakultät der Universität Basel, Studienleiterin am Arbeitskreis für Zeitfragen, Biel. Schwerpunkte: Befreiungstheologische und feministische Bibellektüre; Mitarbeit am Übersetzungswerk der *Bibel in gerechter Sprache* (Gütersloh 2006) mit der Übersetzung des Lukas-Evangeliums; Sozialgeschichte des frühen Christentums. Veröffentlichungen zuletzt: *Der springende Punkt. Anleitung zur Bibellektüre in sieben Schritten* (2010, zus. mit Kerstin Rödiger), *Decisive Meals. Table Politics in Biblical Literature* (2012, Hg. zus. mit Kathy Ehrensperger und Nathan MacDonald).

Wolfgang Teichert
Hamburg. Theologe und Publizist, Wissenschaftlicher Leiter der Internationalen Gesellschaft für Tiefenpsychologie e. V. Seit 2004 leitet er die Christliche Akademie in Hamburg. Vorher war er 20 Jahre lang Leiter der Evangelischen Akademie Nordelbien. Zehn Jahre lang arbeitete er als Publizist beim Deutschen Allgemeinen Sonntagsblatt. Er ist Lehrbibliodramatiker (GfB). Seit über 30 Jahren ist er Mitglied der IGT.